Crianças Pequenas Continuam Reinventando a Aritmética

SOBRE A AUTORA

Constance Kamii é professora de educação infantil na Universidade do Alabama (Birmingham, Estados Unidos). Anteriormente trabalhou de forma simultânea na Faculdade de Educação da Universidade de Illinois (Chicago) e na Faculdade de Psicologia e Ciências da Educação da Universidade de Genebra (Suíça). Após obter seu doutorado na Universidade de Michigan em 1965, teve a oportunidade de, entre idas e vindas em um período de 15 anos, estudar sob o comando de Jean Piaget. Durante essa época, não deixou de trabalhar junto a professores em sala de aula, visando a desenvolver um currículo para a primeira infância com base na teoria do pensador suíço. Tem os seguintes títulos publicados pela Artmed: *Crianças pequenas reinventam a aritmética*, com Leslie Boker Housman (2002); *Piaget para a educação pré-escolar*, com Rheta DeVries (1991); *Jogos em grupos na educação infantil*, com Rheta DeVries (1991); *O conhecimento físico na educação escolar*, com Rheta DeVries (1986).

K15c   Kamii, Constance
        Crianças pequenas continuam reinventando a aritmética (séries iniciais): implicações da Teoria de Piaget / Constance Kamii com Linda Leslie Joseph; trad. Vinicius Figueira. – 2.ed. – Porto Alegre : Artmed, 2005.

        ISBN 978-85-363-0520-2

        1. Educação – Aritmética – Crianças – Piaget. I. Joseph, Linda Leslie. II. Título.

        CDU 372.47(Piaget)

Catalogação na publicação: Mônica Ballejo Canto – CRB 10/1023

CRIANÇAS PEQUENAS CONTINUAM REINVENTANDO A ARITMÉTICA
Implicações da teoria de Piaget
(séries iniciais)
2ª Edição

CONSTANCE KAMII
&
LINDA LESLIE JOSEPH

Tradução:
Vinicius Figueira

Consultoria, supervisão e revisão técnica desta edição
Marta Rabioglio

Pedagoga e mestra em Educação pela FEUSP.
Atua na capacitação de professores de redes públicas e privadas.
Assessora a área de educação matemática na escola de educação infantil
e nos ciclos iniciais do ensino fundamental.

Reimpressão 2008

2005

Obra originalmente publicada sob o título
Young children continue to reinvent arithmetic: implications of Piaget's Theory

© 2004 by Teachers College, Columbia University
ISBN 0-8077-4403-4

Capa
Mário Röhnelt

Preparação do original
Solange Canto Loguercio

Leitura Final
Aline Pereira

Supervisão editorial
Mônica Ballejo Canto

Projeto e editoração
Armazém Digital Editoração Eletrônica – Roberto Vieira

Reservados todos os direitos de publicação, em língua portuguesa, à
ARTMED® EDITORA S.A.
Av. Jerônimo de Ornelas, 670 - Santana
90040-340 Porto Alegre RS
Fone (51) 3027-7000 Fax (51) 3027-7070

É proibida a duplicação ou reprodução deste volume, no todo ou em parte, sob quaisquer formas ou por quaisquer meios (eletrônico, mecânico, gravação, fotocópia, distribuição na Web e outros), sem permissão expressa da Editora.

SÃO PAULO
Av. Angélica, 1091 - Higienópolis
01227-100 São Paulo SP
Fone (11) 3665-1100 Fax (11) 3667-1333

SAC 0800 703-3444

IMPRESSO NO BRASIL
PRINTED IN BRAZIL
Impresso sob demanda na Meta Brasil a pedido de Grupo A Educação.

Sumário

Introdução à segunda edição 7

PARTE I
Fundamentos teóricos

1. Por que defender a reinvenção da aritmética? 11
2. Valor posicional: como se aprende e como se desaprende? 21
3. A importância da interação social 41

PARTE II
Metas e objetivos

4. Autonomia: a meta da educação para Piaget 53
5. Objetivos para a aritmética na segunda série 61

PARTE III
Atividades

6. Discussões sobre cálculos e problemas 79
   com Linda Joseph
7. O uso de situações do cotidiano e outras atividades 97
   por Linda Joseph

8. Jogos em grupo 111
   com Linda Joseph

PARTE IV
A perspectiva de uma professora e a avaliação

9. Metamorfose 159
   por Linda Joseph

10. Avaliação 167

Apêndice 189
Referências 191
Índice 197

Introdução à segunda edição

Sentimos necessidade de revisar a primeira edição deste livro quando percebemos os efeitos nocivos de ensinar o "transporte" e o "empréstimo" aos estudantes da segunda série. Quando escrevemos a primeira edição, em 1988, não sabíamos o quanto essa forma de ensinar era prejudicial. Apenas pensávamos que nossos estudantes, que inventavam seus próprios procedimentos para a adição e a subtração de números com mais de um dígito, tinham um resultado melhor do que os estudantes da educação tradicional.

Em 1990, contudo, começamos a pensar que muitas crianças inventavam regras ilógicas para calcular (freqüentemente chamadas, em inglês, de *buggy algorithms*, algo como "algoritmos não-convencionais") porque não entendiam o "transporte" e o "empréstimo". Pesquisas feitas por Ashlock (1972, 1976, 1982, 1986), Brown e Burton (1978), nos Estados Unidos; Plunkett (1979), na Inglaterra; Carraher, Carraher e Schliemann (1985), Carraher e Schliemann, (1985), no Brasil; e por muitos outros, convergiam para a hipótese de que o ensino de algoritmos tradicionais estava sendo prejudicial às crianças. Confirmamos essa hipótese em 1992, como pode se ver em *Young Children Continue to Reinvent Arithmetic, 3rd Grade* (Kamii, 1994). Desde então, sentimos a necessidade de revisar nosso livro sobre a segunda série, levando em consideração tal aspecto. O Capítulo 2 deste livro explica por que tais algoritmos são prejudiciais.

Outros fatores também motivaram a revisão. Primeiro, a pesquisa que realizamos sobre a subtração (Kamii, Lewis e Kirkland, 2001) fez com que entendêssemos por que a subtração é muito mais difícil do que a adição e por que não deve receber muita ênfase até que o conhecimento da soma esteja sólido. Também aprendemos que a subtração de números com mais de um dígito e com reagrupamento é difícil até para alguns estudantes da quarta e quinta séries.

Outros estudos, realizados na década de 1990, fizeram com que entendêssemos a diferença entre adição repetida e multiplicação (Clark e Kamii, 1996). Também aprendemos que os estudantes da escola de educação infantil sabem resolver problemas simples de multiplicação e de divisão (Carpenter, Ansell, Franke, Fennema e Weisbeck, 1993). As crianças pequenas usam a adição repetida para resolver tais problemas, que achávamos terem de ser solucionados pela multiplicação e pela divisão. Essas questões são discutidas no Capítulo 5 deste livro, juntamente com os princípios de ensino no Capítulo 6, que são mais bem conceitualizados do que antes.

Desde 1988, o ensino da matemática progrediu em alguns aspectos e regrediu em outros. Em favor do progresso está o fato de que inúmeros pesquisadores e professores nos Estados Unidos e no exterior estão agora estimulando as crianças a inventar seus próprios procedimentos, em vez de utilizar livros didáticos, com a tradicional fórmula "livro-texto e caderno de exercícios" (Carpenter, Fennema, Franke, Levi e Empson, 1999; Economopoulos e Russel, 1998; Fosnot e Dolk, 2001; Hiebert et al., 1997; Richardson, 1999; Shifter, Bastable e Russel, 1999; Trafton e Thiessen, 1999; Yackel, Cobb, Wood, Wheatley e Merkel, 1990). Quando Linda Joseph e eu começamos a trabalhar juntas, em 1984, pensávamos que éramos as únicas pessoas no país a encorajar as crianças a inventar seus próprios procedimentos. O fato de que muitos professores e pesquisadores tenham feito a mesma coisa é um prenúncio de que se pode esperar maior progresso no futuro.

Por outro lado, a mania dos testes e do "vença a qualquer preço" tornou-se pior desde então, fazendo com que aparecessem as chamadas "batalhas matemáticas". É lamentável que tanto dinheiro e trabalho tenham de ser aplicados em verdadeiras "soluções rápidas". Quando se provar que a mania dos testes está errada, o caminho estará aberto para quem estudou o modo pelo qual as crianças aprendem matemática. Forçar as crianças e coagir os educadores a atingir metas estatisticamente inalcançáveis só pode resultar em fracasso.

Linda Joseph era uma professora excepcional quando escrevemos a primeira edição deste livro, e agora atua como diretora de uma escola de ensino fundamental. Embora a mania de testes e de "soluções rápidas" esteja dominando a educação atualmente, o fato de Linda ter passado a uma posição de liderança é sinal de que uma forte tendência construtivista mais cedo ou mais tarde surgirá como força dominante. Se os educadores basearem sua prática em uma explicação científica de como as crianças aprendem matemática, o ensino construtivista continuará a crescer. A ciência não vai para frente e para trás como o velho pêndulo que caracteriza a educação, e o ensino construtivista provavelmente ganhará cada vez mais aceitação.

PARTE I
Fundamentos teóricos

1

Por que defender a reinvenção da aritmética?

   or que desejamos que as crianças reinventem a aritmética quando podemos simplesmente dizer a elas como somar, subtrair, multiplicar e dividir? A resposta para essa pergunta é apresentada neste capítulo e desenvolvida ao longo do livro. Começaremos com o conteúdo epistemológico que está por trás do construtivismo de Piaget, a fim de demonstrar como seu pensamento era fundamentalmente diferente dos argumentos do empirismo e do senso comum, nos quais a educação há séculos se baseia. De acordo com o senso comum, os seres humanos adquirem o conhecimento pela *internalização* que dele fazem a partir do ambiente (ou seja, de fora para dentro). Piaget demonstrou cientificamente que cada criança *constrói* ou *cria* o conhecimento matemático interiormente (de dentro para fora).

A conservação do número será discutida como prova de que as crianças em todo o mundo constroem conceitos numéricos por meio de seu próprio pensamento, sem qualquer instrução. O capítulo será concluído com a importância de basear o ensino em uma teoria científica que explique como as crianças *constroem* a aritmética. Já é hora de os educadores pararem de ensinar tendo como base a mera tradição, os modismos, as filosofias pessoais e a ciência ultrapassada.

O CONSTRUTIVISMO DE PIAGET NA HISTÓRIA DA EPISTEMOLOGIA

Em geral se pensa que Piaget foi um psicólogo, mas, na verdade, foi um epistemólogo. A epistemologia é o estudo do conhecimento que responde questões como: "Como sabemos o que pensamos saber?" e "Como podemos saber se o que pensamos é ou não é verdadeiro?".

Desde a época anterior aos gregos, duas correntes principais se desenvolveram para responder a essas questões: o empirismo e o racionalismo. Os empiristas (tais como Locke, Berkeley e Hume) defendiam que a fonte do conhecimento é exterior ao indivíduo e que o conhecimento é adquirido pela *internalização*, realizada por meio de nossos sentidos. Os empiristas também argumentavam que a mente de um bebê é como uma tábula rasa e que as experiências são nela "escritas" à medida que a criança cresce. Locke (1690/1947) é bastante conhecido por ter dito que "os sentidos primeiramente deixam penetrar determinadas idéias, mobiliando a sala ainda vazia, e a mente progressivamente se habitua com algumas delas, que se alojam na memória" (p. 22).

Os racionalistas (tais como Descartes, Spinoza e Kant) não negavam a importância da experiência sensória, mas argumentavam que a *razão* é mais importante e poderosa do que a informação dos sentidos. Eles indicavam, por exemplo, que, pelo fato de nossos sentidos nos *enganarem* por meio das ilusões perceptivas, não se pode confiar nas experiências dos sentidos como fonte da verdade. O rigor, a precisão e a certeza da matemática foram a melhor prova que os racionalistas obtiveram do poder da razão. Outro exemplo que os racionalistas nos deram foi o conhecimento de que todo evento tem uma causa, muito embora não possamos examinar todos os eventos do passado e do futuro do universo. Quando tiveram de explicar a origem do poder da razão, os racionalistas disseram que certos tipos de conhecimento ou conceitos são inatos, desenvolvendo-se à medida que o indivíduo amadurece.

Piaget via elementos de verdade e de inverdade em ambas as tradições. Como cientista com conhecimento biológico, ele se recusava a continuar o debate com base na especulação filosófica. A única maneira de resolver o conflito epistemológico, dizia ele, era estudar cientificamente a origem e o desenvolvimento do conhecimento. Com essa convicção, ele queria estudar como a humanidade construiu a matemática e a ciência desde os tempos pré-históricos, pois acreditava que, para entender o conhecimento humano, era necessário estudar sua origem e seu desenvolvimento, e não apenas o produto final. Contudo, as provas pré-históricas e históricas já não mais lhe estavam disponíveis, e foi por isso que ele decidiu estudar o desenvolvimento do conhecimento empírico e da razão nas crianças. O seu estudo foi, assim, um modo de responder cientificamente a questões epistemológicas.

Embora Piaget soubesse da importância tanto da informação sensorial quanto da razão, ele se juntava aos racionalistas quando tinha de colocar-se em alguma categoria. Os seus 60 anos de pesquisas com as crianças foram motivados em grande parte pelo desejo de provar a inadequação do empirismo. As bem conhecidas tarefas de conservação devem ser entendidas sob esse aspecto. Para esclarecer tal afirmação, é necessário discutir os três tipos de conhecimento de que Piaget falava.

A NATUREZA DO CONHECIMENTO LÓGICO-MATEMÁTICO

Os três tipos de conhecimento

Piaget (1967/1971; ver também Piaget, 1945/1951) identificou três tipos de conhecimento, de acordo com suas principais fontes e modos de estruturação – conhecimento físico, conhecimento social (convencional) e conhecimento lógico-matemático.

O *conhecimento físico* é o conhecimento dos objetos do mundo exterior. Nosso conhecimento da cor e do peso de uma ficha ou de qualquer outro objeto é um exemplo de conhecimento físico. A principal fonte do conhecimento físico está parcialmente *nos* objetos, e o conhecimento físico pode ser adquirido empiricamente por meio da experiência e da observação (nossa razão para dizer "parcialmente" será explicada no Capítulo 2).

Exemplos de *conhecimento social* são palavras como "um-dois-três" e "one-two-three", que são uma convenção criada pelas pessoas. Outros exemplos de conhecimento social são as unidades-padrão de medida, como as polegadas ou os centímetros, bem como as regras sociais como "primeiro as damas". A principal fonte de conhecimento social reside parcialmente em convenções criadas pelas pessoas, e a transmissão social é necessária para que as crianças adquiram tal conhecimento (nossa razão para dizer "parcialmente" também será esclarecida no Capítulo 2).

O *conhecimento lógico-matemático* consiste em relações mentais, e a principal fonte dessas relações é a mente de cada indivíduo. Quando, por exemplo, vemos uma ficha vermelha e uma ficha azul, podemos pensar nelas como sendo *diferentes, semelhantes* ou *duas*. Se nos concentrarmos nas cores, as fichas serão diferentes; se ignorarmos as cores, as fichas passarão a ser similares; se pensarmos nelas numericamente, serão duas.

(Escolher o número dois, como no exemplo das duas fichas acima, para ilustrar a natureza lógico-matemática dos conceitos numéricos não foi uma boa idéia, pois o dois é um número pequeno, *perceptivo*. Os números pequenos, isto é, até quatro ou cinco, são números perceptivos que podem ser distinguidos em um só olhar, de uma só vez, até pelos pássaros. Contudo, "dois" pode também ser um número *lógico-matemático*. Escolhemos o número dois porque com dois objetos foi possível ilustrar outras relações mentais, como "semelhante" e "diferente".)

As crianças constroem o conhecimento lógico-matemático sujeitando relações já feitas a novas relações. Por exemplo, coordenando as relações de "mesmo" e "diferente", que inicialmente criaram entre dois objetos, as crianças começam a produzir classes e subclasses (Inhelder e Piaget, 1959/1964). Quando são capazes de criar classes e subclasses, elas passam a deduzir logicamente que há mais animais (em geral) no mundo do que há cachorros, sem ter de contar empiricamente todos os animais do mundo. Da mesma forma, ao colocar quatro "dois" em relação, elas passam a deduzir que $2 + 2 + 2 + 2 = 8$, que $4 \times 2 = 8$ e que se $4x = 8$, x deve ser 2.

Piaget, assim, reconheceu fontes externas e internas de conhecimento. A fonte do conhecimento físico e do conhecimento social é parcialmente externa ao indivíduo, mas a fonte do conhecimento lógico-matemático é interna. Essa afirmação será esclarecida no Capítulo 2, em que discutiremos os dois tipos de abstração distinguidos por Piaget. Vejamos agora a tarefa de conservação de números, que esclarecerá a diferença entre o conhecimento empírico e físico e o conhecimento lógico-matemático.

A tarefa de conservação de números

Nesta atividade (Inhelder, Sinclair e Bovet, 1974; Piaget e Szeminska, 1941/1965), o entrevistador primeiro faz uma linha com oito fichas vermelhas. Oferecendo cerca de 20 fichas azuis à criança, o entrevistador pede-lhe que produza "o mesmo número" (ou "a mesma quantidade" ou "tanto quanto"). Usam-se oito objetos porque não é possível distinguir, por exemplo, "ooooooo" de "oooooooo" pela percepção.

Se a criança colocar o mesmo número de fichas em relação de correspondência biunívoca, isto é, uma ficha azul para uma ficha vermelha, o entrevistador dirá: "Observe o que eu vou fazer", comprimindo uma das fileiras de fichas e ampliando a outra (ver Figura 1.1). A questão que se faz então é: "Há tantas fichas aqui quanto ali [correndo o dedo ao longo de cada uma das fileiras] ou há mais fichas aqui [correndo o dedo por uma fileira] do que ali [indicando a outra fileira]?". A questão seguinte é: "Como você sabe?".

Quem não conserva os números acha que há mais fichas em uma fileira, em geral a mais longa. Aqueles que conservam os números, por outro lado, respondem que há o mesmo número de fichas vermelhas e azuis, dando uma das seguintes explicações lógicas:

- "Você não adicionou ou tirou nada" (o argumento da *identidade*).
- "A gente poderia colocar as fichas vermelhas de volta na posição em que estavam e você veria que o número seria o mesmo" (o argumento da *reversibilidade*).
- "A fileira vermelha é mais longa, mas é porque há mais espaço entre as fichas. O número ainda é o mesmo" (o argumento da *compensação*).

A tarefa de conservação é, assim, um teste do conhecimento lógico-matemático das crianças. Saber que as fichas permanecem na mesa sem derreter como se fossem cubos de gelo é conhecimento físico. Contudo, a capacidade de deduzir logicamente que a quantidade nas duas fileiras têm de ser a mesma é conhecimento lógico-matemático. Somente quando as crianças souberem fazer relações numéricas entre as fichas, elas saberão raciocinar, com a *força da necessidade lógica*, que as duas fileiras contêm o mesmo número.

Figura 1.1 A disposição das fichas quando se faz a pergunta sobre conservação.

Número: A síntese da inclusão hierárquica e da ordem

Piaget explicou que as crianças constroem os conceitos numéricos sintetizando dois tipos de relações mentais – a inclusão hierárquica e a ordem.

Inclusão hierárquica. A inclusão hierárquica se refere à capacidade mental que a criança tem de incluir "um" em "dois", "dois" em "três", "três em quatro", e assim sucessivamente. Se pedirmos às crianças de quatro anos para contar oito objetos organizados em uma fileira, elas com freqüência os contam corretamente, dizendo-nos que o total é "oito". Se, a seguir, perguntarmos: "o que é oito?", elas em geral apontam para o oitavo objeto, dizendo "é aquele", como se demonstra na Figura 1.2(a). Esse comportamento indica que, para essas crianças, as palavras *um, dois, três,* etc. são nomes para os elementos individuais de uma série, como *segunda-feira, terça-feira, quarta-feira* e assim sucessivamente (conhecimento socioconvencional). Para essas crianças, a palavra *oito* representa o último objeto da série, e não o grupo inteiro.

Para quantificar um conjunto de objetos numericamente (conhecimento lógico-matemático), a criança tem de colocá-los em uma relação de inclusão hierárquica, como se demonstra na Figura 1.2(b). Quando se depara com oito

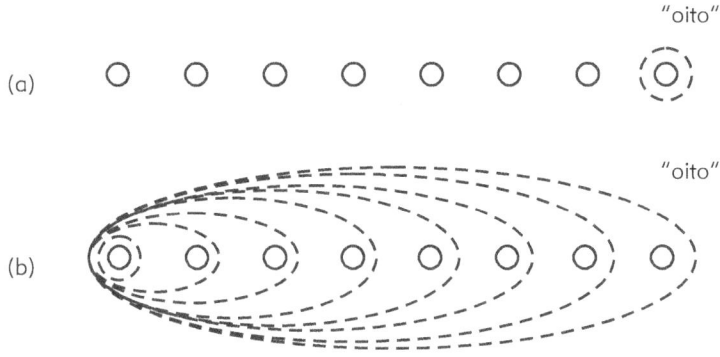

Figura 1.2 A (a) ausência e a (b) presença da inclusão hierárquica na mente da criança.

objetos, a criança só saberá quantificar o conjunto numericamente se puder mentalmente incluir "um" em "dois", "dois" em "três", e assim sucessivamente.

A reação das crianças de 4 anos à tarefa de inclusão de classe ajuda a entender o quanto é difícil para elas criar uma estrutura hierárquica (Inhelder e Piaget, 1959/1964). Na tarefa de inclusão de classe, apresentam-se seis fichas plásticas circulares à criança – quatro azuis e duas vermelhas, por exemplo. Primeiro se pergunta "Como chamamos estas coisas?", a fim de que o entrevistador possa usar as palavras do vocabulário da criança. Depois se pede à criança para mostrar "*todas* as fichas", "*todas* as fichas azuis" e "*todas* as fichas vermelhas", usando as palavras que ela usou para nomear as fichas. Só depois de certificar-se que a criança compreende as palavras utilizadas é que o adulto faz a seguinte pergunta de inclusão de classe: "Há mais fichas azuis ou mais fichas?".

As crianças de 4 anos em geral respondem "há mais fichas azuis". Partindo disso, o adulto pergunta: "do que o quê?". A resposta em geral é: "do que vermelhas". Em outras palavras, o entrevistador pergunta "Há mais fichas azuis ou mais fichas?", mas as crianças "ouvem" essa questão como "Há mais fichas azuis ou mais fichas vermelhas?". As crianças pequenas ouvem uma pergunta diferente da que o adulto fez porque quando mentalmente dividem o todo (as fichas) em duas partes (fichas azuis e fichas vermelhas) só conseguem pensar em duas partes. Para elas, naquele momento, o todo não existe mais. Elas conseguem pensar no todo, mas não quando estão pensando nas partes. Para comparar o todo com uma parte, a criança tem de executar duas ações mentais *ao mesmo tempo* – dividir o todo em duas partes e fazer com que essas duas partes voltem a formar um todo. É precisamente isso que as crianças de quatro anos não conseguem fazer.

Por volta dos 7 ou 8 anos de idade, a maior parte das crianças torna-se "reversível". A reversibilidade é a capacidade de executar mentalmente duas ações opostas *simultaneamente* – nesse caso, dividir o todo em duas partes e juntar as partes em um todo novamente. Na ação física, é impossível fazer duas coisas opostas simultaneamente. Mentalmente, contudo, isso é possível quando o pensamento é móvel o suficiente para tornar-se reversível. Somente quando conseguir reunir as partes mentalmente, a criança "verá" que há mais fichas do que fichas azuis.

A tarefa de inclusão de classe prova a inadequação do empirismo. Todas as fichas estão diante da criança de quatro anos, mas ela não conseguirá *ver* tais fichas enquanto não souber como *pensar* nelas. Ela vê "as fichas", "as fichas azuis" e "as fichas vermelhas", um grupo de cada vez, mas não consegue *ver* o grupo como um todo e como um subgrupo ao mesmo tempo, pois não consegue pensar neles ao mesmo tempo.

Ordem. A ordem se refere à capacidade que a criança tem de arranjar mentalmente um conjunto de objetos em "primeiro", "segundo", "terceiro", e assim sucessivamente. Todos os professores de crianças pequenas já viram a tendência, bastante comum entre os estudantes de 4 anos, de contar objetos pulando alguns e repetindo outros mais de uma vez. Quando recebe dez objetos quaisquer, uma criança que sabe contar "um, dois, três, quatro..." até 30 (conhecimento socioconvencional) talvez conte os mesmos objetos mais de uma vez, alegando que há 30 objetos no todo. Esse comportamento demonstra que a criança não sente a *necessidade lógica* (conhecimento lógico-matemático) de colocar os objetos em uma relação de ordem para ter certeza de não pular nenhum deles ou de não contar o mesmo objeto mais de uma vez. A única maneira de ter certeza disso é colocar os objetos em uma relação de ordem. Não é necessário que a criança os coloque em uma ordem espacial; o importante é que os ordene *mentalmente*.

Por que algumas pessoas conservam (os números) e outras não?

A conservação pode agora ser explicada pela estrutura mental que as crianças constroem gradualmente. Essa estrutura (conhecimento lógico-matemático) resulta da síntese da inclusão hierárquica e da ordem, como se discutiu antes. Quem sabe conservar, o faz porque já construiu esse conhecimento lógico-matemático. Quem não conserva, não o faz porque seu conhecimento lógico-matemático não é ainda forte o bastante para superar a aparência empírica das duas fileiras.

O leitor deve ter percebido que as crianças conservam ou não quantidades por meio de seu próprio pensamento. Contudo, a maior parte dos autores de livros sobre a teoria de Piaget interpreta mal a conservação quando assemelha essa teoria ao seu (deles) pensamento empírico. Ginsburg e Opper (1988), por exemplo, dizem que as pessoas que não conservam "não conseguem entender" a conservação, e que não conseguem "apreciar determinadas constantes ou invariantes básicas do ambiente" (p. 141). Mas a conservação não está "lá fora" para que as crianças a entendam ou apreciem. A conservação é uma *dedução lógica*, que ocorre na cabeça de cada criança.

Muitos outros autores nos dizem que as crianças "descobrem" e "reconhecem" a conservação. Esses termos também refletem uma interpretação errônea e empirista da teoria de Piaget. Como Piaget indicou, a América já estava onde está quando foi descoberta, mas o automóvel não. O automóvel foi *inventado* porque não estava em lugar nenhum para ser descoberto. Quando dizemos que as crianças inventam a aritmética, estamos afirmando com clareza que as crianças inventam sua própria matemática, em vez de descobri-la.

A universalidade do conhecimento lógico-matemático

Os estudos interculturais no Iêmen (Hyde, 1959), Argélia (Bovet, 1974), Irã (Mohseni, 1966), Martinica (Piaget, 1966), Nigéria (Price-Williams, 1961), Montreal e Ruanda (Laurendeau-Bendavid, 1977), Escócia e Gana (Adjei, 1977) e Tailândia (Opper, 1977) estão entre as investigações que dão prova de que as crianças de todo o mundo tornam-se capazes de conservar quantidades contínuas e descontínuas (tanto números quanto quantidades de líquido e argila). As crianças de povos nativos, como os aborígines da Austrália (Dasen, 1974; De Lemos, 1969) e o povo Atayal em Taiwan (Kohlberg, 1968), também conservam os números sem qualquer instrução.

As idades em que a conservação acontece variam de grupo para grupo, mas não há dúvida de que ela ocorra. Pesquisadores que estudaram crianças surdas (Furth, 1966), cegas (Hatwell, 1966) e crianças e adolescentes com retardo mental grave (Inhelder, 1943/1968) também relataram que essas crianças sabem conservar quantidades contínuas e descontínuas. O conhecimento lógico-matemático é, assim, universal, e 2 mais 2 são 4 em todos os países.

Por que queremos que as crianças inventem a aritmética quando poderíamos simplesmente mostrar a elas como adicionar e subtrair? Com base em hipóteses empiristas, os educadores acreditaram durante séculos que, sem instrução, as crianças seriam incapazes de adicionar e subtrair. Afinal de contas, elas eram apenas folhas em branco ou receptáculos vazios quando nasciam, e o conhecimento tinha de ser fornecido de fora. Eu, porém, em 1980, com base na pesquisa e na teoria revolucionária de Piaget, bem como em sua verificação intercultural, criei a hipótese de que, se as crianças constroem os seus próprios conceitos numéricos, elas deveriam ser capazes de inventar a aritmética por si mesmas, sem instrução. Se 5, por exemplo, é (1 + 1+ 1+ 1+ 1), algo que as crianças inventam, 5 + 3 é (1 + 1+ 1+ 1+ 1) + (1 + 1+ 1), que também pode ser inventado. Essa hipótese foi amplamente verificada em 1980-81 pelos estudantes da primeira série do colégio Georgia DeClark (Kamii, 1985). E continua a ser verificada todo ano em um número cada vez maior de salas de aula nos Estados Unidos (Kamii, 2000) e no exterior.

Na segunda série, há outra razão importante para estimular as crianças a inventar a sua própria aritmética: a aritmética da segunda série inclui a adição e a subtração de números com mais de um dígito, e descobriu-se que o ensino do tipo "transporte" e "empréstimo" é prejudicial, como se explicará no Capítulo 2. Defendemos, portanto, que os estudantes da segunda série inventem a aritmética não só porque sabem inventá-la, mas também porque essa invenção os protege do prejuízo causado pelo ensino do tipo "transporte" e "empréstimo".

A IMPORTÂNCIA DE UMA TEORIA CIENTÍFICA E EXPLANATÓRIA

Os *Principles and Standards for School Mathematics* (National Council of Teachers of Mathematics, 2000) [*Princípios e padrões para a matemática escolar* (Conselho Nacional dos Professores de Matemática dos Estados Unidos)] representam um enorme progresso na educação matemática, e a maior parte de seus autores em geral apoiava o construtivismo. Contudo, o seu pensamento era ainda difuso e empirista, como se pode notar em afirmações como "o entendimento do número se desenvolve do maternal até a segunda série, quando as crianças contam e aprendem a reconhecer 'quanto' há em um conjunto de objetos" (p. 33). Para nós, porém, as crianças *constroem* o número internamente, em vez de aprender a "reconhecê-lo" como se o número fosse algo disponível para ser *reconhecido* empiricamente.

O parágrafo anterior pode parecer excessivamente acadêmico, mas ilustra como os educadores não baseiam seus princípios de ensino em uma teoria científica rigorosa que *explica como as crianças aprendem*. A falta de uma teoria científica e explanatória torna a educação vulnerável a modismos, como "as batalhas matemáticas", e ao balanço do pêndulo pelo qual a educação é famosa.

A medicina tem uma base científica sólida, e não há desacordo, por exemplo, sobre o fato de que a causa do câncer ainda não foi explicada cientificamente. O desacordo sobre como tratar o câncer sempre começa com o acordo sobre o que se conhece e o que se desconhece cientificamente sobre a(s) sua(s) causa(s). Na medicina, o balanço do pêndulo não ocorre porque a ciência não volta à verdade de ontem.

A teoria heliocêntrica levou 150 anos para ser aceita universalmente (Taylor, 1949), mas, uma vez aceita, jamais a humanidade voltou à teoria geocêntrica. Falando mais especificamente, o negócio da ciência é apenas *descrever* e *explicar* os fenômenos. A aplicação prática de uma teoria explanatória a campos como a medicina, a navegação, a arquitetura e a educação não é o propósito da ciência. Contudo, uma teoria científica pode ser extremamente útil em um campo aplicado porque permite que *concentremos o debate* em *como as crianças aprendem* a aritmética (ou qualquer outra matéria), em vez de nos concentrarmos na competição entre este ou aquele método.

Muitas pessoas na educação e na política insistem agora que o ensino tenha como base "evidências científicas". Essas pessoas estão apenas comparando a eficácia "deste método" em relação "àquele método", sem nenhuma consciência de que muitos dados baseiam-se em uma ciência antiga, ultrapassada e empirista. Tais comparações somente levam a descobertas contraditórias, pois cada campo tem metas e objetivos diferentes, coletando diferentes tipos de dados que considera válidos. Exemplos muito claros de resultados contraditórios podem ser encontrados no Capítulo 10 deste livro. No mesmo capítulo também se dirá que os testes de aquisição de conhecimento não avaliam os estudantes da segunda série sobre assuntos como estimativa, aritmética mental ou a lógica envolvida em problemas com enunciado. Os testes de múltipla escolha podem dar conta apenas de pequenas parcelas superficiais do conhecimento. A "evidência" contraditória é inevitável porque dados diferentes são baseados em hipóteses diferentes sobre a natureza do conhecimento, e pode-se esperar que as "batalhas matemáticas" continuem ainda por muitos anos.

A natureza das revoluções científicas foi elucidada por Kuhn (1970), o qual indicou que a primeira reação dos cientistas a uma teoria revolucionária é a resistência. A aceitação de uma nova teoria revolucionária demora algum tempo, e o autor dá muitos exemplos disso, porque a verdade é um fenômeno social. Uma verdade exige consenso para que seja aceita como verdade científica, e mesmo os cientistas demoram a desistir das velhas maneiras de pensar. A teoria heliocêntrica, revolucionária nos séculos XVI e XVII, levou 150 anos para tornar-se universalmente aceita também por causa da resistência da Igreja. Hoje, as instituições poderosas que sustentam crenças antigas e empiristas na repetição e na prática são de ordem política e econômica. Os políticos aprovam leis em nome da "responsabilidade", e os empresários dão total apoio a tais leis. Em alguns negócios, além disso, essas leis são sinônimos de lucros imensos obtidos com a venda de testes, livros didáticos e paradidáticos que sustentam a mesma perspectiva, materiais para a preparação de testes e serviços.

Porém, um número cada vez maior de professores, diretores de escola, educadores, elaboradores de programas de ensino e pesquisadores defende agora o ensino construtivista. Quando Linda Joseph e eu começamos a trabalhar juntas em 1984, pensávamos que éramos as únicas educadoras no país a defender que as crianças inventassem seus próprios procedimentos para a adição e a subtração de números com mais de um algarismo. Hoje, apenas 19 anos depois, há um número inestimável de professores e educadores nos Estados Unidos e no exterior que não mais usam livros-texto e livros de exercícios, incentivando as crianças a criar o seu próprio pensamento. Tendo uma vez observado a criatividade, a confiança e o orgulho das crianças no que diz respeito à sua própria capacidade de pensar, os professores não podem dar um passo atrás e voltar a usar as mesmas lições e exercícios utilizados para ensinar o método do "transporte" e do "empréstimo". Temos plena confiança que, a longo prazo, derrotaremos as "batalhas matemáticas".

2

Valor posicional: Como se aprende e como se desaprende?

O "valor posicional" se refere ao conhecimento socioconvencional que, por exemplo, em 333, o primeiro 3 significa trezentos (três centenas), o segundo 3 significa trinta (três dezenas) e o terceiro 3 significa três (três unidades). O valor posicional é agora ensinado na primeira série e, subseqüentemente, em todas as séries do ensino fundamental. Pesquisas demonstraram, contudo, que a maior parte das crianças até mais ou menos a quarta série pensa que o "1" em "16" significa *um*. Tais descobertas foram relatadas pela primeira vez por Mieko Kamii (1980, 1982) e mais tarde confirmadas por outros pesquisadores, como Ross (1986). Neste capítulo, revisaremos seu estudo e o de Cauley (1988), explicaremos a natureza da representação e como se aprende o valor posicional, discutindo como os algoritmos de "transporte" e "empréstimo" "desensinam" o valor posicional.

O CONHECIMENTO DEFICIENTE QUE AS CRIANÇAS TÊM DO VALOR POSICIONAL

O estudo de Ross

Ross (1986) partiu do trabalho de Mieko Kamii (1980, 1982), e também do de Resnick (1982, 1983) e de outros, em um estudo abrangente do conhecimento que as crianças têm do valor posicional. Os sujeitos de seu estudo foram 60 crianças da segunda à quinta série (15 de cada série). Sua amostragem foi incomum pelo fato de ela ter selecionado aleatoriamente crianças de 33 turmas "a partir da matrícula de cinco escolas de ensino fundamental de Butte County, Califórnia... As escolas foram selecionadas para representar as comunidades urbanas e rurais, públicas e privadas, e a diversidade no que diz respeito à série de livros de matemática utilizada, ao tamanho da escola e à classe social" (p. 3).

Em uma das suas tarefas, Ross apresentou 25 palitos (abaixadores de língua utilizados pelos médicos) para cada criança, em entrevistas individuais, e pediu a elas para contá-los e "escrever o número". Então, Ross circulou o 5 do número 25 e perguntou: "Esta parte tem alguma coisa a ver com a quantidade de palitos que vocês têm?".

Depois da resposta da criança, a professora circulava o 2 e fazia a mesma questão sobre o seu significado.

Os quatro níveis de resposta encontrados foram os seguintes:

Nível 1. A criança pensa que "25" representa a quantidade numérica inteira, mas que os algarismos individuais não têm significado numérico.
Nível 2. A criança pensa que o "25" representa a quantidade numérica total, mas *inventa* significados numéricos para os algarismos individuais. Por exemplo, a criança pensa que "5" representa grupos de cinco palitos e que "2" significa grupos de dois palitos.
Nível 3. A criança acha que "25" representa a quantidade numérica total e que os algarismos individuais têm significados relacionados a grupos de dez ou de um, mas tendo apenas uma idéia parcial ou confusa de como tudo isso funciona. A soma das partes não precisa ser igual ao todo. Por exemplo, a criança acha que os dois algarismos individuais são unidades, ou que o "5" representa as dezenas e o "2" as unidades.
Nível 4. A criança acha que "25" representa a quantidade numérica total, que o "5" representa as unidades e que o "2" representa as dezenas, e que o todo deve ser igual à soma das partes (Ross, 1986, p. 5).

Como se pode ver na Tabela 2.1 e na afirmação seguinte, Ross basicamente descobriu as mesmas coisas que Mieko Kamii (1980, 1982): "Embora toda criança que participou do estudo tenha sido capaz de determinar o número de palitos e escrever o numeral adequado, somente na quarta série metade das crianças demonstrou saber que o 5 representava cinco palitos e que o 2 representava vinte palitos" (p. 5).

TABELA 2.1 Desempenho da tarefa realizada com os palitos (por número de crianças)

Série	Nível de desempenho			
	1	2	3	4
2ª	5	2	5	3
3ª	7	1	2	5
4ª	0	7	0	8
5ª	1	4	0	10
Total	13	14	7	26

$n = 15$ para cada série
Qui-quadrado = 30,1; $df = 9$; $p < 0,0004$
Retirado de *The development of children's place-value numeration concepts in grades two through five*, de S. H. Ross, 1986, trabalho apresentado ao encontro anual da American Educational Research Association, San Francisco, p. 6. Utilizado sob permissão.

O estudo de Cauley

O estudo realizado por Cauley (1988) é diferente do anterior, pois envolveu a subtração e revelou a incapacidade de as crianças entenderem o valor posicional e produzir respostas corretas. Em uma escola pública dos arredores de Delaware e em uma escola urbana e católica da mesma localidade, Cauley, em um total de 90 estudantes de segunda e terceira séries, identificou 34 que sabiam fazer contas utilizando o procedimento "empréstimo". Ela entrevistou os 34 estudantes individualmente, e eles deram respostas corretas, como se demonstra na Figura 2.1. Uma das questões que ela perguntou foi: "Antes de pedir algo emprestado vocês tinham [56], depois de pedir emprestado vocês

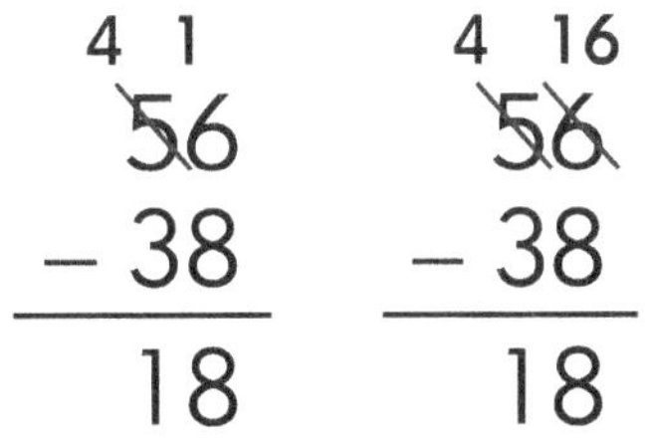

Figura 2.1 O que as crianças escreveram no estudo de Cauley sobre a subtração com "empréstimo".

tinham isto tudo [circulando o 56 e todas as marcações de empréstimo]. Pergunto: vocês tinham mais antes de pedir emprestado, depois de pedir emprestado ou não houve mudança?" (p. 203).

Apenas 41% dos 34 estudantes responderam que o número era o mesmo depois do empréstimo. Trinta e dois por cento disseram que eles tinham mais antes de pedir emprestado (porque, por exemplo, 5 é mais do que 4), e 24% disseram que tinham mais depois de pedir emprestado (porque, por exemplo, 16 é mais do que 6). Como os 34 estudantes representavam cerca de um terço dos 90 estudantes, a proporção de todos os estudantes da segunda e da terceira séries que disseram que o 56 permaneceu sendo o mesmo foi cerca de 14%.

COMO SE APRENDE O VALOR POSICIONAL?

Os educadores que trabalham com matemática geralmente não fazem a distinção entre abstração e representação, pensando que o uso de objetos concretos faz com que uma atividade se torne automaticamente concreta, e que uma atividade é necessariamente abstrata quando envolve números escritos. Piaget, porém, fazia uma clara distinção entre abstração e representação, indicando que as crianças podem usar objetos concretos em um nível alto ou baixo de abstração, e que podem usar símbolos escritos também em um nível alto ou baixo de abstração. Essa teoria possibilita-nos entender que, no estudo de Ross, as crianças que disseram que o 2 em 25 significava "vinte" o disseram porque estavam em um nível mais alto de abstração do que as que disseram que ele significava "dois". Discutamos agora a teoria da abstração de Piaget para esclarecer esse ponto.

A teoria da abstração de Piaget

Piaget (1978) fazia uma distinção entre dois tipos de abstração: a abstração *empírica* e a abstração *construtiva*. Na *abstração empírica*, concentramo-nos em uma determinada propriedade do objeto e ignoramos as demais. Por exemplo, quando abstraímos a cor de um objeto, concentramo-nos na cor e ignoramos todas as outras propriedades, tais como o peso e o material do qual o objeto é feito (plástico, madeira, etc.).

A *abstração construtiva* envolve a realização de relações mentais entre dois ou vários objetos, tais como "semelhante", "diferente" e "dois". Como foi dito no Capítulo 1, essas relações não têm existência no mundo externo. A semelhança ou diferença que se faz, por exemplo, entre uma ficha e outra é construída, ou feita mentalmente, por todo indivíduo por meio da abstração construtiva.

A abstração construtiva também é conhecida como "reflexiva" ou "de reflexão". O termo francês que Piaget normalmente utilizava era *abstraction réfléchissante*, algo como "abstração reflexionante". Piaget ocasionalmente usava a expressão "abstração construtiva", que parece ser de mais fácil compreensão. Os leitores já devem ter inferido, corretamente, que o conhecimento lógico-matemático é construído pela abstração construtiva e que a abstração empírica se relaciona à construção do conhecimento físico.

A tarefa de conservação do número demonstra que os objetos concretos podem ser utilizados em um nível mais alto ou mais baixo de abstração. As crianças que não conseguem conservar não o fazem porque seu pensamento está em um nível baixo de abstração construtiva. Elas possuem o conhecimento físico dos objetos das duas fileiras, mas não o conhecimento lógico-matemático do número. Quando essas crianças alcançam um nível mais alto de abstração construtiva, começam a conservar a equivalência numérica.

Tendo feito a distinção teórica entre abstração empírica e abstração construtiva, Piaget dizia que, na realidade psicológica da criança pequena, uma espécie de abstração não pode ocorrer sem a outra. Seria, por exemplo, impossível que as crianças fizessem a relação "diferente" ou "semelhante" (conhecimento lógico-matemático) se não houvesse objetos diferentes ou semelhantes em seu mundo (conhecimento físico). Da mesma forma, a criança não poderia ver que uma ficha é vermelha (conhecimento físico) sem criar a categoria "cor" (conhecimento lógico-matemático), a qual permite que se concentre na cor e esqueça todas as outras propriedades, tal como o peso. O conhecimento lógico-matemático (construído pela abstração construtiva) é assim necessário para a abstração empírica, porque as crianças não poderiam "ler" os fatos a partir da realidade externa se cada fato fosse uma parcela isolada de conhecimento, sem nenhuma relação com o conhecimento já construído e organizado. É por isso que dissemos no Capítulo 1 que a fonte do conhecimento físico está apenas *parcialmente* nos objetos e que a fonte do conhecimento social está apenas *parcialmente* nas convenções feitas pelas pessoas.

Embora a abstração construtiva não possa ocorrer independentemente da abstração empírica até que se chegue a mais ou menos seis anos de idade, a abstração construtiva se torna gradualmente independente depois dessa idade. Depois de, por exemplo, construir os números (por abstração construtiva), a criança consegue operá-los, fazendo 5 + 5 + 5 + 5 e 4 x 5 sem a abstração empírica dos objetos. A aritmética e a álgebra são construídas por cada criança quando esta faz as relações de nível mais alto derivarem das relações de nível mais baixo criadas anteriormente.

A teoria da representação de Piaget

No pensamento empírico, é correto dizer que o símbolo "+" representa a adição, que o "2" em "23" representa "vinte", e que o Material Dourado representa o sistema cuja base é dez. Na teoria de Piaget, contudo, todas essas afirmações estão incorretas, pois a representação é o que um ser humano faz.

Os símbolos não representam; é sempre um ser humano que usa um símbolo para representar uma idéia. Portanto, um ser humano que esteja em um nível baixo de abstração construtiva usa símbolos em um nível baixo de abstração. Quando tal pessoa atingir um nível mais alto de abstração construtiva, começará a usar os mesmo símbolos em um nível mais alto.

No Capítulo 1, vimos o exemplo de crianças de 4 anos que contam oito objetos corretamente, dizendo que são "oito" os objetos que têm à sua frente. Quando, porém, se pergunta a elas o que é oito ou se pede para que indiquem esse número, elas em geral apontam para o oitavo objeto. A inclusão hierárquica do "um" no "dois", do "dois" no "três", etc. é atingida pela abstração construtiva, e as crianças que não podem fazer essas relações mentais só conseguem pensar em um objeto de cada vez. É por isso que, para elas, "um" significa o primeiro objeto, "dois", o segundo e "oito", o oitavo. As crianças de 4 anos que "contam" pulando alguns objetos e contando alguns deles mais de uma vez estão usando os numerais oralmente (conhecimento socioconvencional) em um nível baixo de abstração (conhecimento lógico-matemático). Quando sentem a necessidade lógica de colocar os objetos em uma relação de ordem, elas começam a contar cada objeto uma, e apenas uma, vez.

As crianças também representam as quantidades numéricas fazendo desenhos ou escrevendo os numerais. Kato, Kamii, Ozaki e Nagahiro (2002) mostraram pequenos grupos de objetos (tais como quatro pratos, seis lápis e oito pequenos blocos) para crianças de 4 a 7 anos no Japão, pedindo a elas que desenhassem/escrevessem "em uma folha de papel o que vêem, para que sua mãe possa entender o que eu mostrei a vocês" (em japonês as palavras "desenhar" e "escrever" têm exatamente o mesmo som). As crianças demonstraram que há uma relação íntima entre o nível de abstração e o de representação.

Os estudantes que não conseguiram fazer uma correspondência de um para um na tarefa de conservação (demonstrando, portanto, um nível baixo de abstração construtiva) desenharam um número incorreto de objetos. Ao contrário, aqueles que conseguiam fazer tal correspondência na tarefa de conservação desenharam o número correto de objetos. Os numerais foram utilizados apenas pelos estudantes que sabiam fazer a conservação. Uma descoberta interessante foi a de que 42% dos estudantes que sabiam como escrever os números fizeram desenhos, o que revela sua preferência por representar cada objeto do conjunto, não utilizando um número para representar a quantidade total.

Ross (1986) apresentou outra tarefa, usando Material Dourado, às mesmas 60 crianças de que falamos antes. Ela deu 40 cubinhos, várias barras (dezenas) e algumas placas (centenas) para cada criança, pedindo a ela que "usasse o material para chegar a 52". Nove das crianças da segunda série (60%) e a maior parte das crianças mais velhas usaram cinco barrinhas e dois cubinhos para representar 52. Se a criança conseguisse chegar a 52, Ross perguntava: "Você pode encontrar outro modo de representar 52?". Dos 15 estudantes de cada série, apenas 2 (13%), 8 (53%), 9 (60%) e 11 (73%), da segunda à quinta séries, respectivamente, mudaram sua representação inicial para 4 barras e 12 cubinhos. Apenas para 13% dos estudantes da segunda série "dez *unidades*" era a mesma coisa que "uma *dezena*".

Os dois estudos de Ross, a pesquisa de Cauley e também a de Kato e seus colegas demonstraram que a representação é o que as pessoas fazem em seus respectivos níveis de abstração. As crianças que estão em um nível alto de abstração usam os objetos (tais como o Material Dourado), desenhos e números para representar idéias numéricas em um nível alto de abstração. As crianças que estão em um nível de abstração baixo usam os mesmos objetos, desenhos e números para representar as idéias numéricas em um nível baixo de abstração.

O conhecimento lógico-matemático das dezenas e das unidades

A Figura 2.2 (a) demonstra como os estudantes da Escola de Educação Infantil e a maior parte dos estudantes da primeira série pensam em "trinta e quatro". Para eles, 34 são 34 *unidades*, que eles construíram por abstração construtiva. A Figura 2.2(b) demonstra como os adultos e as crianças mais velhas pensam o mesmo "trinta e quatro". Para nós, 34 são 3 *dezenas* e 4 *unidades*. O que é importante observar na Figura 2.2(b) é que os adultos e as crianças mais velhas pensam em "uma *dezena*" e "dez *unidades*" *simultaneamente*. Muitos dos estudantes da segunda série conseguem pensar em "uma *dezena*" e em "dez *unidades*" em dois momentos distintos, mas não no mesmo momento. Outra tarefa elaborada por Ross (1986) demonstra a diferença entre o pensamento das crianças pequenas sobre *dezenas* e *unidades* em dois momentos diferentes e o pensamento simultâneo das crianças mais velhas.

(a) Trinta e quatro unidades

(b) Três dezenas e quatro unidades

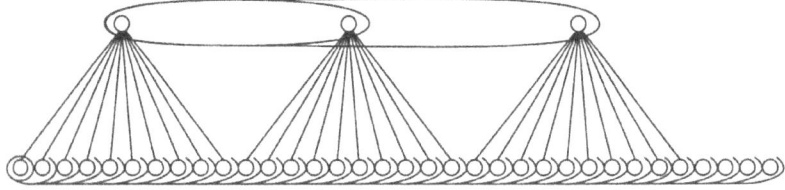

Figura 2.2 A estrutura de (a) 34 *unidades* e (b) 3 *dezenas* e 4 *unidades*.

Em entrevistas individuais, Ross deu muitos grãos de feijão e nove copinhos plásticos às mesmas crianças de que se falou anteriormente, pedindo a elas para colocar 10 grãos em cada copinho. Quando uma criança havia enchido quatro copinhos (cada um contendo 10 grãos) e ainda restavam oito grãos soltos, Ross perguntou: "Quantos grãos você acha que tem no total?". Foram dadas as seguintes respostas:

Nível 1. As crianças simplesmente não sabiam contar os grãos.
Nível 2. As crianças contavam os grãos por unidades, em vez de usar o conhecimento que tinham de que havia 10 grãos em cada copinho.
Nível 3. As crianças usavam as dezenas para contar 40 grãos, contando o resto por unidades. Algumas delas usaram a multiplicação implícita ou explícita, dizendo: "Quatro dezenas é quarenta" ou "Quatro vezes dez é quarenta".

Pode-se ver na Tabela 2.2 que apenas nove estudantes da segunda série (60%) contaram os 48 grãos corretamente. Pode-se também ver que a proporção de contagem realizada pelas dezenas aumentou de acordo com a idade. As crianças contam objetos usando os números que construíram mentalmente e, se tiverem apenas *unidades* em mente, como se demonstra na Figura 2.2(a), só saberão contar usando unidades. Só usarão as dezenas se as tiverem em suas mentes, como se vê na Figura 2.2(b).

É possível ensinar as crianças a contar utilizando dezenas. Contudo, muitas crianças chegarão a 300 grãos de feijão contando como se demonstra na Figura 2.3. Essas crianças aprenderam a contar por dezenas, mas não conseguem passar para as unidades depois de "quarenta", porque, para fazê-lo, precisam pensar *simultaneamente* em *dezenas* e *unidades*. Essa capacidade de pensar em

TABELA 2.2 Desempenho na atividade com grãos de feijão (por número de crianças)

Série	Nível de desempenho		
	1	2	3
2ª	2	4	9
3ª	0	4	11
4ª	1	1	13
5ª	0	0	15
Total	3	9	48

$n = 15$ para cada série
qui-quadrado = 11,0; $df = 6$; $p < 0,0884$
Retirado de *The development of children's place-value numeration concepts in grades two through five*, de S. H. Ross, 1986, trabalho apresentado no encontro anual da American Educational Research Association, San Francisco, p. 17. Utilizado sob permissão.

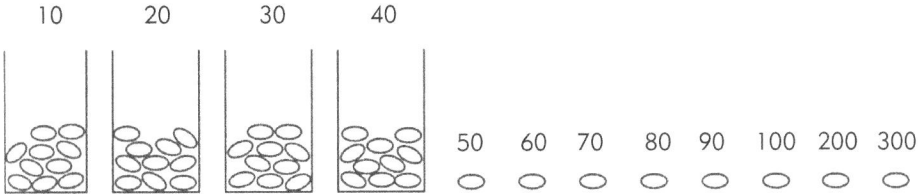

Figura 2.3 Como algumas crianças contam 48 grãos sem alternar para as *unidades* depois de "quarenta".

dois níveis hierárquicos simultaneamente é conhecimento lógico-matemático. A maneira pela qual os nossos estudantes da segunda série constroem esse conhecimento lógico-matemático é o tópico ao qual agora nos voltamos.

O sistema decimal tem de ser construído por toda criança a partir de seu próprio sistema de unidades. A melhor maneira de incentivar as crianças a começar a fazer isso é estimulá-las a *pensar*. Quando, por exemplo, elas têm de pensar em "uma maneira rápida e fácil" de lidar com 9 + 6, pensarão em uma *dezena* e em *unidades* simultaneamente se souberem que 9 + 1 = 10. Como se pode ver no Capítulo 6, um dos modos que elas inventam é (9 + 1) + 5. Se, mais tarde, pedirem-lhes que somem 19 + 6, elas provavelmente inventarão (19 + 1) + 5 ou [10 + (9 + 1) + 5]. Quando chegarem a 29 + 36, elas talvez façam 20 + 30 = 50, 9 + 6 = 15, e 50 + 15 =65; ou ainda talvez mudem o problema para 30 + 35. Quando as crianças esforçam-se por *pensar* em *dezenas* e *unidades simultaneamente*, sentem-se incentivadas a construir a estrutura mental ilustrada na Figura 2.2(b).

Os estudantes da segunda série já possuem o conhecimento social de que a maneira ideal para se escrever "dez" ou "uma dezena" é "10" e de que "vinte" é "20", e assim sucessivamente. No Capítulo 6, mostraremos como o professor escreve e apaga partes de números de dois dígitos quando as crianças constroem o conhecimento lógico-matemático das dezenas e das unidades.

A Figura 2.2(b) demonstra por que o Material Dourado ou 10 canudinhos amarrados juntos não podem empiricamente ensinar as crianças a pensar em "uma dezena" e em "dez unidades" *simultaneamente*. Ao olhar para uma barrinha com 10 segmentos ou para 10 canudinhos amarrados juntos, a criança só pensa em "uma dezena" e "dez unidades" em dois momentos diferentes. Os adultos já têm o conhecimento lógico-matemático das dezenas e das unidades, e é por isso que podem ver "uma dezena" e "dez unidades" simultaneamente em um bloco de dez.

COMO SE DESAPRENDE O VALOR POSICIONAL?

Quando escrevemos a primeira edição deste livro, no final da década de 1980, não tínhamos idéia de que o ensino do "transporte" e do "empréstimo" fazia com que os estudantes desaprendessem o valor posicional. Percebemos que aqueles que vinham de outras escolas apegavam-se a algoritmos que não sabiam explicar e que seu conhecimento do valor posicional era muito fraco. Ao lidar com

$$\begin{array}{r} 15 \\ + 27 \\ \hline \end{array}\text{, por exemplo}$$

as crianças que haviam freqüentado nossa escola desde a educação infantil faziam primeiro 10 + 20 = 30, pois não haviam jamais sido ensinadas a somar 5 + 7 em primeiro lugar. Os estudantes da segunda série provenientes de outras escolas já haviam aprendido a somar primeiro as unidades e continuavam a usar tal método. Notamos, contudo, que os estudantes transferidos mais avançados rapidamente também começaram a somar as dezenas em primeiro lugar. Os estudantes da faixa "normal" ou que estivessem aquém dela, por sua vez, continuaram a fazer o "transporte" por muito tempo.

Por volta de maio de 1990, criamos a hipótese de que os algoritmos eram a causa do conhecimento deficiente que as crianças tinham do valor posicional e entrevistamos todos os estudantes da segunda série de nossa escola, usando uma variedade de problemas de cálculo. Em maio de 1991, usando problemas similares, entrevistamos as mesmas crianças ao final da terceira série, além de quatro turmas da quarta série. Uma análise dessas e de outras entrevistas indicaram claramente que os algoritmos eram prejudiciais às crianças, e o Capítulo 3 de *Young children continue to reinvent arithmetic, 3rd Grade* (Kamii, 1994) chamou-se "Os efeitos nocivos dos algoritmos".

Por isso, deveríamos ter pensado nos efeitos nocivos dos algoritmos quando escrevemos a primeira edição deste volume. Contudo, não conseguíamos ver essa possibilidade, acreditando que as crianças que inventavam seus próprios procedimentos eram apenas melhores do que as que aprendiam pelo modo tradicional. Em outras palavras, presumíamos que os algoritmos eram bons, mas que nosso método era melhor. Também pensávamos que o valor posicional era algo muito difícil para as crianças pequenas e nunca cogitamos a hipótese que algum aspecto do ensino em uma escola pública lhes poderia ser prejudicial. Muitos dados podem ser apresentados para provar os efeitos nocivos dos algoritmos, mas nos limitaremos às reações das crianças a cinco problemas.

7 + 52 + 186

Havia três turmas de segunda série em nossa escola em maio* de 1990, e todas as crianças foram entrevistadas individualmente. Um dos problemas

---

*O ano letivo nos EUA inicia-se em setembro e finaliza em junho. Dessa forma, maio já é quase final do ano escolar.

dados na entrevista de aritmética com cálculo mental foi 7 + 52 + 186, apresentado duas vezes – uma sob a forma vertical e, mais tarde, na forma horizontal. As três turmas não diferiram muito quando o problema foi apresentado verticalmente, mas diferenças gritantes surgiram quando o mesmo problema foi apresentado horizontalmente.

Todas as respostas para o problema escrito horizontalmente estão listadas na Tabela 2.3. A professora da primeira turma (chamada turma "Algoritmos") ensinou algoritmos, mas as professoras das outras duas turmas não. As duas turmas diferiram, porém, no fato de que apenas a professora (Linda Joseph) cuja turma foi chamada de "Sem algoritmos" imediatamente telefonava aos pais quando as crianças eram ensinadas a "transportar" e a "emprestar".

TABELA 2.3 Respostas a 7 + 52 + 186 dadas por três turmas da segunda série em maio de 1990

Algoritmos n = 17	Alguns algoritmos ensinados em casa n = 19	Sem algoritmos n = 20
9308		
1000		
989		
986		
938	989	
906	938	
838	810	
295	356	617
		255
		246
245 (12%)	245 (26%)	245 (45%)
		243
		236
		235
200	213	138
198	213	–
30	199	–
29	133	–
29	125	–
–	114	
–	–	
	–	
	–	
	–	

Obs.: Os travessões indicam que a criança recusou-se a tentar resolver o problema.

A maior parte dos estudantes da turma "Sem algoritmos" começava em geral a dizer "Cento e oitenta com cinqüenta são duzentos e trinta" e depois somava as unidades. É por isso que quase quatro vezes mais estudantes da turma "Sem algoritmos" acertou a resposta se comparados à turma "Algoritmos" (45% e 12%, respectivamente).

Mais esclarecedoras foram as respostas *incorretas* que as crianças deram. O espaço entre as duas linhas tracejadas da Tabela 2.3 indica uma faixa de respostas incorretas, mas razoáveis. Todas as respostas incorretas dadas pela turma dos "Algoritmos" estavam acima ou abaixo da faixa, revelando um conhecimento fraco dos números e do valor posicional. Três crianças do grupo "Algoritmos" deram 29 ou 30 como resposta para 7 + 52 + 186. Essas crianças consideraram todos os dígitos como sendo *unidades* (7 + 5 + 2 + 1 + 8 + 6 = 29). Muitas crianças da mesma turma deram respostas como 9308, 938 e 838, pois leram da direita para a esquerda e fizeram algo como 2 + 6 = 8, 5 + 8 = 13, vai 1, e 1 + 7 + 1 = 9. Uma característica dessa turma foi a indiferença emocional das crianças, além do fato de que ninguém parecia perceber que havia alguma coisa errada com as respostas que chegavam à casa dos 800, 900 ou mais. As crianças pareciam funcionar como máquinas, sem nenhuma intuição ou senso numérico.

As crianças da turma "Sem algoritmos" também cometeram erros, mas suas respostas erradas foram mais razoáveis porque a maior parte delas chegou a 230, começando por 180 + 50 = 230, como foi dito antes. Os erros que elas cometeram ocorreram, em sua maioria, ao lidar com as unidades. A criança que deu a resposta 617 aprendeu algoritmos em casa com seus pais, os quais disseram que parariam de ensiná-la desse jeito.

A turma classificada como "Alguns algoritmos ensinados em casa" na Tabela 2.3 ficou em posição intermediária. O percentual de estudantes que obteve a resposta correta foi de 26, número que está entre os 12% e os 45% das duas outras turmas. A faixa de respostas incorretas não foi tão fora da realidade quanto a do grupo "Algoritmos", mas também não foi tão razoável quanto o grupo "Sem algoritmos".

Todos os estudantes da segunda série foram misturados antes de passarem para a terceira série, sendo divididos em três grupos tão heterogêneos quanto possível. Em maio de 1991, um problema semelhante, 6 + 53 + 185, foi apresentado a todas as turmas da terceira e da quarta séries; os resultados são apresentados nas Tabelas 2.4 e 2.5.

Apenas uma das três professoras da terceira série era "Sem Algoritmos". Embora tivesse 20 estudantes em sua turma, apenas 13 jamais haviam aprendido algoritmos na escola e três deles estavam ausentes no dia da entrevista. Pode-se observar que, novamente, o grupo "Sem algoritmos" deu o maior número de respostas corretas (50%) se comparado aos grupos "Algoritmos" (32% e 20%, respectivamente). As respostas incorretas do grupo "Sem algoritmos" foram também muito mais razoáveis do que as respostas incorretas dos outros grupos.

Crianças pequenas continuam reinventando a aritmética **33**

TABELA 2.4 Respostas para 6 + 53 + 185 dadas por três turmas da terceira série em maio de 1991

Algoritmos n = 19	Algoritmos n = 20	Sem algoritmos n = 10
	800 + 38	
838	800	
768	444	
533	344	284
246		245
244 (32%)	244 (20%)	244 (50%)
235	243	243
234	239	238
	238	
	234	
213	204	221
194	202	
194	190	
74	187	
29	144	
–	139	
–	–	
	–	

Obs.: Os travessões indicam que a criança recusou-se a tentar resolver o problema.

Todas as professoras da quarta série ensinaram algoritmos em 1990-1991, e as crianças da Tabela 2.5 haviam aprendido algoritmos durante um período de um a quatro anos. No que diz respeito à proporção de respostas corretas, podemos notar que todas as turmas da quarta série tiveram um resultado pior do que as turmas da segunda e da terceira séries que nunca haviam aprendido algoritmos (30%, 24%, 19% e 17% contra 45% e 50%). As respostas incorretas dadas pelos estudantes da quarta série foram tão improváveis quanto aquelas das turmas "Algoritmos" da terceira série, mas um novo sintoma apareceu: respostas tais como "oito, três, sete", que indicam que cada coluna permaneceu separada nas mentes dessas crianças, da direita para a esquerda. Esses estudantes não só tinham um conhecimento inadequado do valor posicional, mas também pensavam em cada coluna como algo isolado, nem sequer se preocupando em ler a resposta como "setecentos e trinta e oito".

Por volta da quarta série, esperávamos que pelo menos as crianças se sentissem no mínimo incomodadas se suas respostas fossem maiores do que 400 ou menores do que 200. Contudo, nenhum dos estudantes que deram respostas incorretas demonstrou algum sinal de hesitação, e 19% disseram que não saberiam somar os três números sem um lápis. Pode-se dizer que os estudantes da quarta série que haviam aprendido algoritmos durante um pe-

TABELA 2.5 Respostas para 6 + 53 + 185 dadas por quatro turmas da quarta série em maio de 1991

Algoritmos n = 20	Algoritmos n = 21	Algoritmos n = 21	Algoritmos n = 18
	1215		
	848		
	844		
	783		
1300	783		10.099
814	783		838
744	718	791	835
715	713	738	745
713 + 8	445	721	274
---	---	---	---
	245		
244 (30%)	244 (24%)	244 (19%)	244 (17%)
243	234		234
	224		234
			234
---	---	---	---
194	194	144	225
177	127	138	"8, 3, 8"
144	–	134	"4, 3, 2"
143	–	"8, 3, 7"	"4, 3, 2"
134		"8, 1, 7"	–
"4, 4, 4"		–	–
"1, 3, 2"		–	–
–		–	
		–	
		–	
		–	
		–	

Obs.: Os travessões indicam que a criança recusou-se a tentar resolver o problema.

ríodo de um a quatro anos tiveram um resultado consideravelmente pior do que os estudantes da segunda série que não aprenderam tais regras.

22 +7 na Primeira Série

Alguns anos mais tarde, no início de maio, uma das pesquisadoras (Kamii) entrevistou 37 crianças de duas turmas da primeira série, e um dos problemas que lhes apresentou foi:

$$\begin{array}{r}22\\+7\\\hline\end{array}$$

As duas turmas vinham recebendo um ensino tradicional de matemática, e uma das professoras havia ensinado algoritmos para a adição de dois dígitos sem reagrupamento. Como se pode ver na tabela 2.6, 67% da turma que não havia aprendido com algoritmos deu a resposta correta, mas apenas 37% da turma "Algoritmos" o fez.

A maior parte dos erros cometidos pela turma "Sem algoritmos" foram 24, 25, 27 ou 28. Tais erros foram bem mais razoáveis do que respostas como 11, que foi dada por 32% da turma "Algoritmos". Pelo fato de que as crianças da turma "Sem algoritmos" contavam a partir de 22, seus erros foram maiores do que 22. Por outro lado, 53% (32% + 11% + 5% + 5%) da turma "Algoritmos" obteve respostas inferiores a 22, principalmente porque trata-

TABELA 2.6 Respostas para $\begin{array}{r}22\\+7\\\hline\end{array}$ dadas por duas turmas da primeira série na mesma escola

Respostas dadas	Algoritmos n = 19	Sem algoritmos n = 18
29	7 (37%)	12 (67%)
24, 25, 27 ou 28	1 (5%)	4 (22%)
11	6 (32%)	0 (0%)
10 ou 12	2 (11%)	0 (0%)
"9 e 2, 92"	1 (5%)	0 (0%)
"um 2 e um 9"	1 (5%)	0 (0%)
9	1 (5%)	0 (0%)
Não progride depois de fazer 2 +2 = 4	0 (0%)	1 (6%)
Senta-se em silêncio e acaba por concordar em desistir do problema		1 (6%)

ram todos os algarismos como se fossem unidades. Cerca de um terço da turma "Algoritmos" obteve a resposta 11 somando 2 + 2 + 7 = 11. Ficamos surpresas ao descobrir que poucas aulas sobre a adição de duas colunas puderam fazer com que os estudantes da primeira série desaprendessem o pouco que sabiam sobre valor posicional.

$$\begin{array}{r}13\\\times4\\\hline\end{array}$$ na Terceira Série

Na primavera de 1992, isto é, próximo do final do ano letivo 1991-1992, entrevistamos individualmente 13 estudantes da terceira série de nossa escola, os quais jamais haviam aprendido algoritmos, e 39 estudantes da terceira série de outra escola onde a matemática era ensinada tradicionalmente. A entrevistadora escreveu o problema de multiplicação em uma folha de papel em branco e pediu às crianças que "resolvessem o problema", oferecendo-lhes uma caneta. Quando a criança terminava de escrever sua resposta, a entrevistadora trazia uma sacola de fichas plásticas e perguntava: "Se fizermos quatro pilhas de 13, 13, 13 e 13 fichas (indicando locais diferentes na mesa em frente à criança), teremos feito o que o problema diz?". Todas as crianças responderam que sim, e quatro pilhas de 13 fichas foram feitas. A entrevistadora então perguntou: "Se colocássemos todas essas fichas juntas, quantas fichas teríamos?". Todas as crianças responderam "52", e a entrevistadora pediu que as crianças explicassem com as fichas (que ainda estavam em quatro pilhas de 13 fichas cada) "como isso funciona", apontando para o que a criança havia escrito.

Se a criança mostrasse apenas 4 fichas (oooo) para explicar 4 x 1, a entrevistadora fazia a seguinte observação: "Você usou todas essas fichas [apontando para as fichas que a criança havia usado para explicar 4 x 3 e 4 x 1] para explicar como 'tudo isso' funciona [apontando para a escrita da criança]. Mas você não usou nenhuma destas fichas aqui [apontando para as fichas não utilizadas]. Você tinha que usar todas as fichas ou não?" A entrevistadora fazia, assim, questões que poderiam propiciar uma melhor explicação quando a criança não explicava adequadamente o procedimento de escrita por conta própria.

Como se pode ver na Tabela 2.7, todas as crianças em ambos os grupos escreveram a resposta correta, que era 52. Quase todas as crianças (97%) no grupo de comparação utilizou algoritmos, ao passo que nenhuma fez uso deles no grupo construtivista. A proporção que explicou adequadamente todos os passos do que seu relato escrito indicava foi de 92% para o grupo construtivista e de apenas 5% para o grupo de comparação (uma diferença significativa no nível 0,001). A incapacidade do grupo de comparação em explicar o algoritmo que havia utilizado corretamente se deveu em grande parte ao conhecimento deficiente que tinham do valor posicional. Oitenta e sete por cento interpretaram o 1 em 13 como sendo uma *unidade* e mostraram-nos apenas quatro fichas (oooo) para explicar o 4 x 1 da conta. Foi realmente intrigante que os estudantes da terceira série tenham dito que não eram necessárias todas as fichas para explicar o algoritmo.

$\underline{32}$
$\underline{-18}$ na Terceira Série

Esse problema de subtração foi apresentado imediatamente após o problema anterior, de multiplicação. Depois que a criança terminava de escrever sua resposta, a entrevistadora colocava todas as fichas diante dela e dizia:

TABELA 2.7 Percentuais do grupo construtivista e do grupo de comparação na explicação de como chegaram à resposta para 13
                                                              × 4

	Grupo construtivista (n = 13)	Grupo de comparação (n = 39)	Diferença	Significância (teste unilateral)
Resposta correta (52)	100	100	0	
Uso de algoritmos	0	97	97	0,001
Explicação apropriada de todos os passos	92	5	87	0,001
Interpretação do "1" em "13" como se fosse um	0	87	87	0,001

"Gostaria que você explicasse com essas fichas como é que funciona isso que você escreveu. Vamos contar 32 fichas para este número que você tinha antes de tirar 18 [apontando para o 32 no papel]".

Oitenta e cinco por cento do grupo construtivista e 97% do grupo de comparação obtiveram a resposta correta, que era 14 (ver Tabela 2.8). Dos estudantes que deram a resposta correta, 100% do grupo construtivista e apenas 21% do grupo de comparação puderam explicar como chegaram a ela. A dificuldade do grupo de comparação se deveu novamente em grande parte ao conhecimento deficiente do valor posicional. Eles usaram três fichas (ooo) para explicar como funcionava "pedir emprestado um de três" e para "tirar um de dois".

17
+16 na Segunda Série

Na primavera de 2002, eu (Constance Kamii) apresentei esse problema a dois grupos de estudantes de baixa renda na Califórnia. Os estudantes do grupo construtivista estavam no grupo mais fraco de matemática no começo da primeira série. Estavam em um nível cognitivo tão baixo que não sabiam conservar os números ou dizer quantas fichas de um total de quatro a entrevistadora havia escondido. Essas crianças receberam instrução construtivista na primeira e na segunda séries e, é claro, não aprenderam algoritmos. Esse grupo de estudantes de segunda série foi comparado com um grupo semelhante em outra escola do mesmo bairro e também de baixa renda. Nessa escola, a matemática era ensinada com um livro aprovado pelo Estado e que

TABELA 2.8 Percentuais do grupo construtivista e do grupo de comparação na explicação de como chegaram à resposta para 32
                                                                                           − 18

	Grupo construtivista (n = 13)	Grupo de comparação (n = 39)	Diferença	Significância (teste unilateral)
Resposta correta (14)	85	97	12	n.s.
Uso de algoritmos	0	100	100	0,001
Explicação apropriada de todos os passos (percentual apenas daqueles que obtiveram a resposta correta)	100	21	79	0,001
Interpretação das dezenas como se fossem unidades	0	87	87	0,001

trazia algoritmos. Para que tivéssemos um grupo de comparação do mesmo tamanho, trabalhei com seis estudantes de baixo rendimento de quatro turmas de segunda série (isso foi necessário porque os estudantes de baixo rendimento da primeira série em geral se tornam estudantes de baixo rendimento na segunda série).

Como se pode ver na Tabela 2.9, um número bastante mais significativo de alunos do grupo construtivista escreveu a resposta correta, que era 33 (86% contra 52%). Quando se pediu aos estudantes que explicassem o que escreve-

TABELA 2.9 Números e percentuais dos dois grupos da segunda série na resolução de 17
                                                                                      + 16

	Grupo construtivista (n = 21)	Grupo de comparação (n = 23)	Diferença	Significância (teste unilateral)
Resposta correta (33)	18 (86%)	12 (52%)	34%	0,01
Uso de algoritmos	2 (10%)	13 (57%)	47%	0,001
Explicação perfeita de dezenas e unidades	12 (57%)	0 (0%)	57%	0,001

ram fazendo uso de uma pilha de 17 fichas e de outra pilha com 16 fichas, nenhum dos estudantes do grupo que havia aprendido algoritmos conseguiu explicar o "transporte". Por outro lado, a maior parte do grupo construtivista (57%) explicou seu procedimento com dezenas e unidades (os outros contaram somente unidades).

Conhecimento dos estudantes da segunda e terceira séries sobre o "1" em "17"

Eu mostrei um cartão em que estava escrito "17" aos mesmos grupos da segunda série a quem havia apresentado há pouco, pedindo a cada criança que contasse tal quantidade utilizando fichas. Depois, fiz um círculo ao redor do "7" e pedi para que as crianças me mostrassem com as fichas "o que tal parte significava", e depois circulei o "1" e fiz a mesma pergunta.

Como se pode ver na Tabela 2.10, 67% dos estudantes da segunda série do grupo construtivista e apenas 4% dos estudantes do grupo de comparação mostraram-me 10 fichas para explicar o significado do "1" em "17". A diferença entre os dois grupos foi significativa no nível 0,001.

A Tabela 2.10 também demonstra o conhecimento dos estudantes da terceira série sobre o "1" em "17". Os estudantes da terceira série do grupo construtivista estavam no grupo de mais baixo rendimento na primeira série e haviam passado por três anos de matemática construtivista sem nenhum algoritmo. Os estudantes da terceira série do grupo de comparação eram quatro estudantes de baixo rendimento de quatro turmas diferentes que haviam tido três anos de ensino de algoritmos.

Pode-se ver na Tabela 2.10 que 100% do grupo construtivista mostrou-nos 10 fichas para indicar o significado do "1" em "17". Por outro lado, apenas 35% do grupo de comparação indicou possuir este conhecimento (p < 0,001). O fato de que 100% dos estudantes do grupo construtivista da terceira série tenham demonstrado o conhecimento do valor posicional indica que mesmo estudantes de baixo rendimento e de baixa renda podem aprender o valor posicional se não tiverem aprendido coisa alguma sobre algoritmos.

TABELA 2.10 Números e percentuais de dois grupos da segunda e terceira séries que mostraram 10 fichas para o "1" em "17"

	Grupo construtivista (a)	Grupo de comparação (b)	Diferença	Significância (teste unilateral)
Segunda série	14 (67%)	1 (4%)	63%	0,001
Terceira série	12 (100%)	6 (35%)	65%	0,001

(a) n = 21 para a segunda série; n = 12 para a terceira série
(b) n = 23 para a segunda série; n = 17 para a terceira série

CONCLUSÃO

Muito mais dados sobre os efeitos prejudiciais do ensino de algoritmos podem ser encontrados no Capítulo 10 deste livro e nos Capítulos 3 e 13 de *Young children continue to reinvent arithmetic, 3rd Grade* (Kamii, 1994). Para concluir, os algoritmos são prejudiciais por duas razões: (1) Eles fazem com que as crianças desistam de pensar e (2) "desensinam" o valor posicional, impedindo que as crianças desenvolvam o senso numérico.

Como foi dito antes, as crianças procedem da esquerda para a direita quando pensam na adição e subtração de números de mais de um dígito. Pelo fato de ser impossível conciliar a leitura para a direita com a leitura para a esquerda, as crianças têm de desistir do seu próprio modo de pensar para obedecer ao professor. Percebemos a indiferença emocional das crianças e a falta de intuição quando chegam a resultados como 29 ou 900 para 7 + 52 + 186. Esses são sintomas de que as crianças desistiram de pensar, agindo como máquinas.

O algoritmo de "transporte" serve para "desensinar" o valor posicional, incentivando as crianças a pensarem sobre todo dígito como se fosse uma unidade. Ao lidar com um problema como, por exemplo,

$$\begin{array}{r} 48 \\ + 25 \\ \hline \end{array},$$

as crianças dizem "oito e cinco são treze, vai um. Um e quatro são cinco, mais dois são sete".

O algoritmo é conveniente para os adultos que já sabem que o "4" e o "2" representam 40 e 20. Para os estudantes da segunda série, que tendem a pensar em todos os dígitos como unidades, o algoritmo serve apenas para reforçar esse erro, como vimos nos exemplos dados anteriormente.

Há alguns poucos estudantes da segunda série que são cognitivamente mais avançados que a maioria, que conhecem as dezenas muito bem e que, conseqüentemente, não são prejudicados pelas regras de "transporte". Os adultos certamente não desaprendem o valor posicional quando dizem "um e quatro são cinco, mais dois são sete" na situação anterior. Contudo, a grande maioria dos estudantes da segunda série pensa "um", "quatro" e "dois" quando dizem essas palavras.

Os efeitos prejudiciais dos algoritmos já estavam sob suspeita desde os anos 1970 e 1980 (Carraher, Carraher e Schliemann, 1985; Carraher e Schliemann, 1985; Jones, 1975; Plunkett, 1979). Nos anos 1990, um número cada vez maior de educadores estava dizendo que o ensino de algoritmos era prejudicial às crianças (Kamii, 1994; McNeal, 1995; Narode, Board e Davenport, 1993; Pack, 1997; Parker, 1993; Richardson, 1996). Contudo, os autores de livros didáticos ainda defendem o ensino de tais regras, e a "reforma educacional" parece ser sinônimo de apenas mais e mais testes, sem nenhuma melhora no modo pelo qual ensinamos. Concluímos perguntando se serão necessários mais 10 ou 20 anos para que os algoritmos desapareçam dos livros de matemática para a segunda série.

3
A importância da interação social

Os educadores freqüentemente dizem que a interação é importante porque as crianças aprendem com os colegas. Concordamos que as crianças aprendem mais com outras crianças, mas não é essa a razão pela qual defendemos a interação social entre elas nas aulas de matemática. O conhecimento lógico-matemático tem sua fonte no interior de cada criança e é elaborado por meio das ações mentais de cada uma delas. No campo lógico-matemático, portanto, as outras pessoas não são fontes de conhecimento. Em vez disso, as idéias das outras pessoas são importantes porque propiciam o surgimento de ocasiões para que as crianças pensem criticamente sobre suas próprias idéias em relação às idéias dos outros. Se, por exemplo, uma criança disser que 5 + 4 = 8, e outra disser que 5 + 4 = 9, essa discordância levará ambas a pensarem criticamente por meio da troca de pontos de vista. Quando as crianças se convencem de que a idéia de outra pessoa faz mais sentido do que a delas, elas mudam de idéia e corrigem a si próprias *a partir do seu interior*.

Piaget (1980b) atribuiu grande importância à interação social. Para ele, tais trocas eram indispensáveis, tanto para que as crianças elaborem o pensamento lógico quanto para que os adultos construam as ciências:

> Certos educadores às vezes dizem que minha teoria é apenas "cognitiva" e que eu negligenciei a importância dos aspectos sociais do desenvolvimento da criança. É verdade que a maior parte das minhas publicações lidam com vários aspectos do desenvolvimento cognitivo, especialmente o desenvolvimento da operatividade, mas nas minhas primeiras obras enfatizei o bastante a importância das trocas entre os indivíduos para não sentir necessidade de, depois, ter de voltar a elas. Na verdade, está claro que o confronto de pontos de vista já é indispensável na infância para a elaboração do pensamento lógico, e tais confrontos se tornam cada vez mais importantes para a elaboração das ciências

por parte dos adultos. Sem a diversidade das teorias e a busca constante de ir além das contradições entre elas, o progresso científico não teria sido possível. (p. vii)

Piaget não verificou experimentalmente sua teoria sobre a importância da interação social, mas outros pesquisadores da Universidade de Genebra o fizeram. Selecionamos dois estudos de Doise e Mugny (1981/1984) como exemplos para este capítulo. Tais estudos demonstram que mesmo um debate de 10 minutos entre duas pessoas cujas idéias estejam igualmente erradas pode resultar na construção de uma lógica de nível mais alto.

A TROCA ENTRE A CRIANÇA E O ADULTO

Condições experimentais

Para estudar os efeitos da interação social no desenvolvimento da lógica na criança, Doise e Mugny (1981/1984) selecionaram uma tarefa que envolve a conservação do comprimento. Dois trilhos de 4 cm de largura e 22 cm de comprimento foram utilizados nas sessões de experimentação. Alguns vagões de brinquedo também estavam disponíveis no começo do experimento, para que a criança pudesse brincar com o material e entender o significado dos trilhos.

Os dois trilhos foram primeiramente colocados em posição de correspondência visual, como demonstra a Figura 3.1(a), e a criança julgava que eles tinham o mesmo comprimento. Um dos trilhos foi então levemente empurrado para a direita (ver Figura 3.1[b]), e se perguntava à criança se os trilhos eram do mesmo tamanho ou se um era mais comprido que o outro. Pelo fato de todas as crianças que participaram do estudo não conservarem medidas, tendo idade média de 6 anos e 3 meses, todas disseram que um trilho era maior do que o outro. Quando se pedia a elas que explicassem suas respostas, elas diziam que um dos trilhos ia mais longe do que o outro. Essa é uma

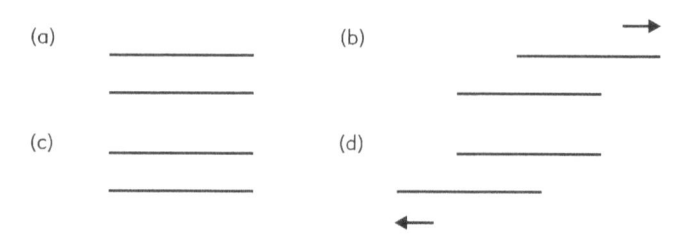

Figura 3.1 Configurações sucessivas na tarefa de conservação de comprimentos iguais.

resposta típica. Quem não consegue conservar medidas focaliza, em geral, o ponto de chegada do trilho que foi empurrado, comparando a extremidade desse trilho com a do outro, sem prestar atenção ao ponto de partida.

Doise e Mugny idealmente queriam conduzir esse experimento com duplas de crianças que discordassem. Mais especificamente, queriam comparar os resultados das três condições seguintes, duas das quais envolviam um ajudante, que fingiria determinadas atitudes.

1. *O ajudante daria uma resposta igualmente incorreta.* O estudante que não conserva comprimentos faria um intercâmbio de pontos de vista com um ajudante que discordaria dele, dando uma resposta igualmente incorreta no mesmo nível cognitivo. Se o estudante que não conserva dissesse que o trilho de cima na Figura 3.1(b) é mais comprido, tal condição faria com que o ajudante dissesse: "Eu acho que o trilho de baixo é mais longo, porque ele vai mais longe aqui [apontado para a extremidade oposta]". A resposta do ajudante seria sempre oposta à do estudante, e as duas respostas estariam igualmente erradas, no mesmo nível cognitivo. O pesquisador diria então aos dois que pareceu haver um desacordo, pedindo a eles para "conversarem sobre o assunto" para ver se conseguiam chegar a um acordo.
2. *O ajudante daria a resposta correta.* O estudante que não conserva o que foi visto faz um intercâmbio de pontos de vista com um ajudante que discordaria dele, dando a resposta correta. Em tal situação o ajudante diria, olhando a Figura 3.1(b): "Acho que os dois trilhos têm o mesmo comprimento porque o trilho de cima vai mais longe aqui deste lado, mas o de baixo vai mais longe do outro". O pesquisador então estimularia a criança e o ajudante a conversarem e a considerarem seus pontos de vista (diferentemente da situação anterior, a compreensão do ajudante estaria em um nível cognitivo mais alto do que o da criança).
3. *Nenhum ajudante estaria envolvido (o grupo-controle).* O estudante que não conserva o que viu não trocaria pontos de vista com um ajudante e trabalharia somente com o pesquisador. As questões que lhe fossem feitas seriam as mesmas das outras duas condições, mas o número de itens seria dobrado para chegar à mesma quantidade de tempo das outras duas condições.

Como foi impossível esperar que um estudante de 6 anos atuasse como ajudante, Doise e Mugny decidiram usar um adulto nesse experimento. Nas duas primeiras condições, portanto, havia dois adultos e uma criança. O ajudante respondeu diferentemente às diferentes afirmações feitas pela criança. Se a criança, na primeira situação, adotasse a resposta incorreta do ajudante, o que aconteceu com freqüência, o ajudante mudava para a resposta inicial da criança, dizendo: "Mas eu concordo com você que este aqui é mais comprido", apontando para o trilho que a criança havia escolhido no primeiro momento. Se, por outro lado, a criança, na mesma situação, mudasse para a resposta correta, o ajudante repetia a resposta errada. Quando a criança persistia na resposta correta, o pesquisador decidia passar ao próximo item ou parar a experiência sem utilizar os cinco minutos por item, como havia sido planejado originalmente.

Pré-teste, primeiro pós-teste e segundo pós-teste

Como foi dito antes, as crianças que participaram deste estudo eram todos estudantes que não conservavam o que haviam visto no pré-teste. As crianças que conservavam ou que estavam em situação intermediária foram excluídas do estudo. O primeiro pós-teste foi dado imediatamente depois que a sessão experimental terminou. Um segundo pós-teste foi dado 10 dias depois para avaliar a estabilidade dos ganhos.

O pré-teste, o primeiro pós-teste e o segundo pós-teste consistiram todos de duas tarefas de conservação que foram administradas individualmente. Uma envolveu varetas de comprimento igual, e a outra envolveu correntes de comprimento igual. Essas tarefas foram apresentadas conforme mostramos a seguir.

Conservação de comprimentos iguais. Mostrava-se à criança duas varetas da mesma cor, cada uma com 10 cm de comprimento. "Aqui temos duas varetas, mas vamos fazer de conta que são estradas", dizia a pesquisadora. Quando ela colocava as varetas em posição de correspondência visual, como na Figura 3.1(a), corria o dedo por uma das varetas e perguntava: "Você acha que teria que caminhar aqui tanto quanto na outra estrada?", passando o dedo pela outra vareta. Se a criança não entendesse a pergunta, a pesquisadora a repetia fazendo referência a uma formiga: "Você acha que uma formiga teria de caminhar a mesma coisa aqui e aqui? Ou você acha que ela teria de caminhar mais em uma das duas estradas?". Depois se fazia à criança uma pergunta sobre comprimento: "Você acha que as duas varetas têm o mesmo comprimento? Ou você acha que uma é mais comprida do que a outra?". (Todas essas perguntas foram feitas com cuidado porque as crianças pequenas, com freqüência, dizem que as estradas são do mesmo tamanho, mas não o comprimento. Para muitas das crianças, o comprimento se refere ao ponto de chegada da vareta, e não à distância do ponto de partida ao ponto de chegada.)

Os mesmos tipos de pergunta foram feitos com todas as quatro configurações mostradas na Figura 3.1. Em (a), as duas varetas estão em posição de correspondência visual. Em (b), uma das varetas foi empurrada para a direita. A vareta retorna à sua posição original em (c), e a outra vareta é empurrada para a esquerda em (d).

As crianças foram classificadas em três grupos depois do pré-teste, primeiro pós-teste e segundo pós-teste: "conservadores", "não-conservadores" e intermediários. Os estudantes "conservadores" julgavam que as duas varetas tinham o mesmo comprimento em todas as quatro situações da Figura 3.1. Quando se pedia para que justificassem suas respostas, eles confiantemente argumentavam com uma resposta como "Você somente movimentou esta vareta, e a gente pode colocar ela de volta no lugar em que estava" ou "Essa vareta vai mais longe deste lado, mas a outra vai mais longe do outro; então o comprimento é o mesmo".

Os estudantes que não conservam disseram que as estradas tinham o mesmo comprimento em (a) e em (c) da Figura 3.1, mas, quando uma vareta era movimentada como em (b) e em (d), eles diziam que uma era mais longa do que a outra. Em geral, mas nem sempre, eles diziam que uma das varetas empurrada em uma das duas direções era mais longa, explicando que ela ia mais longe do que aquela que não havia sido empurrada.

Entre as crianças classificadas como intermediárias estavam aquelas que davam respostas corretas, mas que não conseguiam justificá-las. Outras crianças desta categoria davam a resposta correta em um dos itens, mas não em outro. Também havia crianças que vacilavam e mudavam constantemente de idéia.

Conservação de comprimentos diferentes. Duas correntes foram usadas nesta tarefa, uma de 10 cm e outra de 15 cm. Elas foram apresentadas de acordo com as configurações da Figura 3.2, e as perguntas feitas às crianças foram semelhantes às feitas anteriormente.

Os estudantes que sabiam como conservar julgavam que a corrente de 15cm era mais longa em todas as quatro situações da Figura 3.2. Eles também puderam justificar suas opiniões logicamente.

Os estudantes que não sabiam como conservar disseram que na situação (b) as duas correntes tinham o mesmo comprimento, e que uma formiga teria

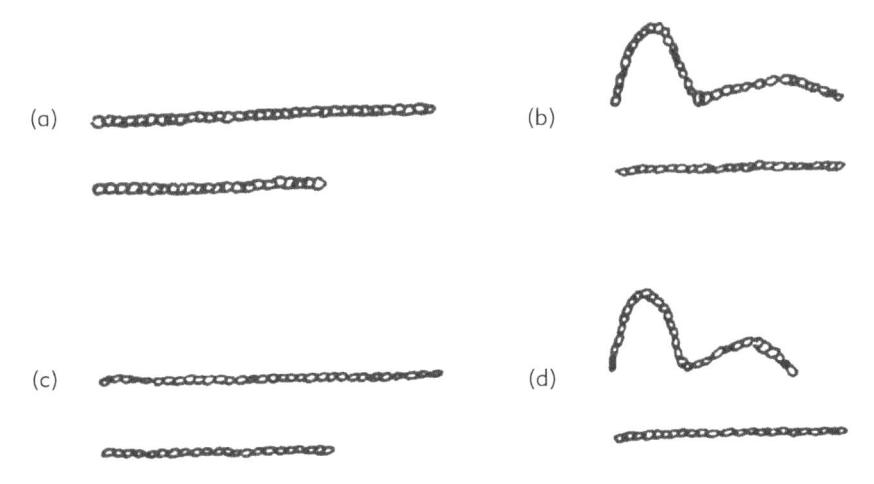

Figura 3.2 Configurações sucessivas na tarefa de conservação de comprimentos diferentes.

de caminhar a mesma distância tanto em uma quanto na outra. A sua justificativa para essa afirmação foi a de que as extremidades de ambas as estradas coincidiam. Na situação (d), os estudantes que não conservavam disseram que a estrada de baixo era mais longa porque ia além da estrada de cima. Esses estudantes mantiveram sua resposta, mesmo quando eram lembrados que sua afirmação anterior indicava que a estrada de cima era mais longa.

Os estudantes intermediários geralmente disseram que a corrente de 15 cm era mais longa na situação (b), mas não na situação (d). Eles também tiveram problemas para justificar sua resposta correta. Além disso, suas respostas caracterizavam-se pela hesitação e pela vacilação.

Resultados

Como foi dito antes, todos os participantes deste estudo eram estudantes que não conservavam no pré-teste. Pela comparação da freqüência do primeiro pós-teste e do segundo pós-teste, Doise e Mugny determinaram se as crianças faziam mais progressos sob a condição 1, 2 ou 3. Os dados são apresentados na Tabela 3.1.

O primeiro aspecto que se pode defender é o de que os estudantes que não conservavam e que trocaram pontos de vista com o ajudante progrediram consideravelmente mais do que aqueles do grupo-controle, que apenas tiveram acesso ao material e às questões. No primeiro pós-teste, todas as 13 crianças do grupo-controle permaneceram não conservando na tarefa de conservação de comprimentos iguais, e 12 dos 13 continuaram a não conservar na tarefa de conservação de comprimentos diferentes. No segundo pós-teste, esses números tinham mudado muito pouco, para 12 e 10, respectivamente. Por outro lado, pelo menos a metade dos estudantes dos dois outros grupos progrediram, passando ao nível intermediário ou ao de conservação.

Talvez não seja surpreendente descobrir que as crianças que tiveram acesso à resposta correta progrediram. A descoberta que causou surpresa e foi significativa neste estudo foi a de que discordar de um adulto que deu uma resposta igualmente incorreta no mesmo nível cognitivo é algo proveitoso. Se tomarmos a tarefa de conservação de comprimentos diferentes como sendo o teste mais rigoroso, poderemos ver que na Tabela 3.1, no primeiro pós-teste, as crianças que se depararam com uma resposta incorreta tiveram ganhos levemente melhores do que as que se depararam com a resposta correta (8/20 comparados a 4/19 passaram a conservar, e 5/20 comparados com 5/19 passaram ao nível intermediário). Já no segundo pós-teste, um número ainda maior de crianças obteve mais ganhos, com o grupo da resposta incorreta ainda na liderança (7/20 comparados com 5/19 passaram a conservar, e 8/20 comparados com 6/19 passaram ao nível intermediário).

TABELA 3.1 Resultados dos intercâmbios de pontos de vista entre os alunos que não conservavam e um adulto

	Comprimentos iguais			Comprimentos diferentes		
	Não-conservação	Intermediário	Conservação	Não-conservação	Intermediário	Conservação
Primeiro pós-teste						
Resposta incorreta (n = 20)	11	1	8	7	5	8
Resposta correta (n = 19)	1	2	16	10	5	4
Controle (n = 13)	13	0	0	12	1	0
Segundo pós-teste						
Resposta incorreta (n = 20)	11	2	7	5	8	7
Resposta correta (n = 19)	2	4	13	8	6	5
Controle (n = 13)	12	1	0	10	2	1

Adaptado de *The Social Development of the Intellect* (p. 86-87), de W. Doise e G. Mugny, 1981/1984, New York: Pergamon.

Uma teoria de transmissão e internalização do ensino da matemática não poderia explicar por que as crianças podem avançar na lógica quando fazem um intercâmbio de pontos de vista com um adulto que tem uma resposta igualmente errada, mas diferente. Contudo, o construtivismo de Piaget afirma que as crianças constroem uma lógica de nível mais alto de dentro para fora, a partir dos níveis mais baixos que já haviam construído. Na situação da Figura 3.1 (b), por exemplo, está igualmente incorreto pensar que a vareta superior ou que a vareta inferior é mais longa. A única forma de resolver esse conflito é construir um nível mais alto que *inclua ambas as idéias de nível mais baixo*. Quando os estudantes que não conservavam tentaram eliminar a contradição entre a sua idéia e a do ajudante adulto, eles ajustaram os pontos de vista opostos e construíram uma relação de nível mais alto que incluía os pontos de vista opostos.

Os ganhos do grupo que teve contato com a resposta correta são consideráveis. Os ganhos desse grupo na tarefa de comprimentos iguais podem ser explicados pelo construtivismo ou pela teoria de transmissão e internalização. Contudo, o progresso realizado na tarefa de comprimentos diferentes pode ser explicado apenas pelo construtivismo de Piaget. Apresentar a resposta correta às crianças produziu mais respostas corretas na tarefa de comprimentos iguais (16/19 comparados com 8/20 no primeiro pós-teste, e 13/19 comparados com 7/20 no segundo pós-teste). Ainda assim, os dados sobre a tarefa de comprimentos diferentes nos dão razão para ficarmos céticos quanto a ganhos tão rápidos.

TROCAS ENTRE DUPLAS DE CRIANÇAS

O experimento anterior foi um dos quatro de uma série relatada por Doise e Mugny (1981/1984). Outro experimento será descrito porque envolve a troca, ou intercâmbio, de pontos de vista entre duplas de crianças, e não entre um adulto e uma criança.

Condições experimentais

Havia duas condições nesse experimento, cujos resultados estão na Tabela 3.2. Na primeira, a condição de controle, as crianças foram questionadas individualmente de maneira similar à terceira condição do estudo anterior. Na segunda condição, as crianças foram entrevistadas em duplas. As duas crianças sentaram-se a uma mesa, frente a frente, e pediu-se a elas que trocassem pontos de vista e chegassem a um acordo. Se, ao longo do experimento, não houvesse evidência de desacordo na fita gravada, as crianças passavam à categoria "sem conflito". Se houvesse evidência de desacordo em algum momento do experimento, as crianças passavam à categoria "com conflito".

Resultados

Como no estudo anterior, todas as crianças que participaram foram aquelas classificadas como não-conservadoras no pré-teste. As tarefas usadas no pré-teste, primeiro pós-teste e segundo pós-teste foram as mesmas do experimento com um adulto que atuou como ajudante.

Como se pode ver na Tabela 3.2, apenas uma dupla do grupo-controle progrediu. As duplas que progrediram mais foram aquelas que discordaram e trocaram idéias em uma tentativa de chegar a um acordo. Onze das 18 duplas

TABELA 3.2 Resultados de trocas de pontos de vista entre duplas de crianças que não conservavam

	Comprimentos iguais			Comprimentos diferentes		
	Não-conservação	Intermediário	Conservação	Não-conservação	Intermediário	Conservação
Pós-teste Controles individuais ($n = 12$)	11	0	1	11	1	0
Duplas sem conflito ($n = 18$)	14	3	1	12	6	0
Duplas com conflito ($n = 18$)	7	10	1	7	10	1

Adaptado de *The Social Development of the Intellect* (p. 94), de W. Doise e G. Mugny, 1981/1984, New York: Pergamon.

de crianças "com conflito" progrediram, tanto nas tarefas de comprimentos iguais quanto nas tarefas de comprimentos diferentes. Por outro lado, apenas 4 e 6 pares de crianças, respectivamente, de um total de 18 pares "sem conflito" progrediram nas tarefas de comprimentos iguais e nas tarefas de comprimentos diferentes. Esses ganhos foram bastante estáveis no segundo pós-teste, de acordo com Doise e Mugny (1981/1984).

As autoras levantaram hipóteses sobre os modestos ganhos obtidos pelas duplas que não discordavam, de acordo com o que puderam determinar a partir das fitas que registravam o experimento. Sua hipótese foi a de que mesmo as crianças que verbalmente não desafiaram uma à outra podem ter intercambiado pontos de vista de maneira não-verbal.

CONCLUSÃO

Os estudos experimentais citados neste capítulo são pequenos demais e de número baixo para serem convincentes por si mesmos. A importância da interação social, contudo, pode ser percebida a partir de muitas outras experiências relatadas por Doise e Mugny (1981/1984), bem como por Perret-Clermont (1979/1980, descrito em parte por Kamii, 2000). Provas da importância da troca de pontos de vista também podem ser encontradas na longa história da matemática e da física (Kuhn, 1970; Piaget, 1980b; Piaget e Garcia, 1983/1989). Como apontamos no Capítulo 1, a ciência é um empreendimento social, e a aceitação de uma verdade científica é um fenômeno social. Se os adultos constroem a matemática e a ciência por meio dos debates sobre pontos conflituosos, pode-se esperar que as crianças também construam o conhecimento lógico-matemático pelo mesmo processo. Os experimentos discutidos neste capítulo tomaram apenas 10 minutos, mas as descobertas podem ser extrapoladas ao resultado de 10 anos de ensino. Os *Principles and Standards for School Mathematics* (National Council of Teachers of Mathematics, 2000) foram bem longe na defesa da comunicação, e esperamos que a próxima edição defenda os debates em vez da mera comunicação.

A importância da interação social continuará a ser discutida no próximo capítulo, que trata da autonomia como meta maior da educação. A história da matemática e a ciência confirmam a autonomia intelectual que é característica da espécie humana. Os seres humanos constroem conhecimentos tentando entender cada vez mais suas experiências. Não somos recipientes passivos que somente assimilam o conhecimento que é despejado em nossas cabeças.

PARTE II
Metas e objetivos

4
Autonomia: a meta da educação para Piaget

Atualmente, muitas escolas têm detectores de metal e reservam espaços de tempo em seus programas para a solução de conflitos, prevenção às drogas e à AIDS. Algumas escolas chegam a ter de 10 a 30 minutos por semana de "educação do caráter", como se a integridade moral pudesse ser transmitida às crianças em pequenas doses semanais. Toda essa descarga sociomoral é parte da autonomia e da heteronomia, que são nutridas a cada minuto do dia na escola, estejamos nós cientes disso ou não.

No campo intelectual, temos programas isolados de testes com conseqüências coercitivas e/ou recompensas monetárias para os professores. A obsessão por testes também reforça a heteronomia de crianças e professores em nome da "responsabilidade final" e da "reforma educacional". Talvez em 20 anos, quando olharmos para trás, para essas interpretações precárias, nos admiraremos com o retrocesso inerente a todos esses esforços.

Iniciamos este capítulo revendo o que Piaget (1932/1965) entendia por autonomia e heteronomia e discutindo o que ele disse (Piaget, 1948/1973) sobre a autonomia como meta da educação.

O QUE É AUTONOMIA E COMO SE DESENVOLVE?

Autonomia significa governar-se a si próprio. É o oposto de heteronomia, que significa ser governado por outra pessoa. *Autonomia* na teoria de Piaget não se refere ao *direito* político de tomar decisões, como quando dizemos "autonomia palestina". Na teoria de Piaget, autonomia significa a *capacidade* de tomar decisões por conta própria, sobre o certo e o errado, no campo moral, e sobre o verdadeiro e o falso, no campo intelectual, levando em consideração fatores relevantes, independentemente de recompensa e castigo. Primeiramente, discutiremos a autonomia moral e depois prosseguiremos, esclarecendo o que Piaget queria dizer com autonomia intelectual.

Autonomia moral

Um exemplo extremo de autonomia moral foi a luta de Martin Luther King pelos direitos civis. Levando em consideração fatores pertinentes, tais como o bem-estar de todos os cidadãos, King convenceu-se de que as leis que discriminavam os afro-americanos eram imorais. Assim, desafiou sistematicamente as leis discriminatórias, apesar das prisões, brutalidade policial, cães, jatos de água e tentativas de assassinato usados para detê-lo. Uma pessoa com autonomia moral é governada pelo que ela acredita ser correto e não por recompensa e castigo.

Um exemplo de heteronomia moral é o caso Watergate. Os homens abaixo do Presidente Nixon eram por ele governados e concordavam com o que sabiam ser moralmente incorreto, colhendo a recompensa que o presidente dispensou àqueles que o ajudassem na tentativa de encobrimento.

Em *The moral judgment of the child*, Piaget (1932/1965) deu-nos exemplos comuns de autonomia e heteronomia. Entrevistou crianças de 6 a 14 anos, perguntando-lhes, por exemplo, por que mentir não era bom. As crianças pequenas heterônomicas responderam: "Porque se é castigado quando se mente". "Seria correto mentir se não houvesse castigo por isso?", questionava Piaget, e as crianças pequenas respondiam: "Sim". Ele continuou, perguntando: "O que é pior, mentir para um adulto ou para outra criança?". As crianças pequenas heterônomicas responderam que era pior mentir a um adulto. "Por quê?" "Porque os adultos podem descobrir quando algo não é verdade." As crianças maiores e mais autônomas tendiam a dizer que era necessário mentir às vezes para os adultos, mas que era horrível mentir para outra criança.

A pergunta essencial que pais e professores devem fazer é: O que faz com que certas crianças se tornem mais autônomas do que outras? A resposta de Piaget a essa questão é que os adultos reforçam a heteronomia natural das crianças quando lançam mão de recompensa e castigo, impedindo, assim, o desenvolvimento da autonomia. Ao nos abstermos do uso de recompensas e castigos, trocando pontos de vista com as crianças, incentivamos o desenvolvimento da autonomia, dizia ele.

Por exemplo, se uma criança conta uma mentira, um adulto poderá puni-la privando-a da sobremesa. Mas, em vez de punir, o adulto poderia olhar a criança firmemente nos olhos com afeição e ceticismo, dizendo: "Eu *realmente* não consigo acreditar no que você está dizendo, porque ... [falando a razão].

Na próxima vez que você me contar algo, não sei se poderei acreditar, pois acho que você está mentindo agora. Quero que vá para o seu quarto e pense sobre o que você deve fazer na próxima vez".

As crianças que crescem com esse tipo de troca de pontos de vista provavelmente terão mais condições de construir o valor da honestidade a partir de seu próprio interior. As crianças que se confrontam com o fato de que outras pessoas não acreditam nelas podem construir internamente a conclusão de que no final das contas é melhor para as pessoas que possam confiar umas nas outras.

Um elemento essencial aqui é uma relação humana calorosa de respeito mútuo e afeição entre a criança e o adulto. Se as crianças acreditarem que o adulto não lhes dá importância, elas não terão razão para quererem ser confiáveis.

Em geral, os castigos levam a três tipos de resultado. O primeiro é o cálculo de riscos. As crianças que são castigadas aprenderão a calcular suas chances de serem pegas na próxima vez e o preço que pagarão se forem descobertas. Embora essa estimativa possa ser boa para as crianças em relação à aprendizagem da probabilidade, seu valor para o desenvolvimento moral é obviamente questionável.

O segundo resultado possível do castigo é o oposto do primeiro, ou seja, a obediência cega. Em nossa cultura, especialmente, as meninas sensíveis farão qualquer coisa para evitar serem castigadas, e é assim que elas dão a impressão de que o castigo funciona. Quando as crianças se tornam cegamente obedientes, passam a sentir-se psicologicamente seguras, pois se tornam respeitáveis e não precisam mais tomar decisões. Em vez de pensar nos fatores relevantes, tudo o que essas crianças têm a fazer é obedecer.

O terceiro resultado comum do castigo deriva-se do segundo, a saber, a revolta. Muitas crianças "boas" acabam por nos surpreender, faltando às aulas, usando drogas e participando de outros atos que caracterizam delinqüência. Sua razão para a mudança de comportamento é que estão cansados de viver para seus pais e professores, achando que chegou o momento de começar a viver para si próprias. Embora atos de revolta possam se parecer com atos autônomos, há uma grande diferença entre autonomia e revolta. Na revolta, a criança entende o que se espera dela, fazendo o oposto deliberadamente. Uma criança que sempre tem de ir contra a norma não é autônoma.

Muitos behavioristas acreditam que o castigo é ruim, pois é negativo, mas que as recompensas são positivas e boas. Contudo, as recompensas não tornam as crianças mais autônomas do que o castigo. A criança que preenche uma folha de exercícios somente para receber um adesivo e aquela que faz uma pequena tarefa apenas para receber dinheiro, estão sendo manipuladas por outras pessoas tanto quanto a criança que é "boa" apenas para evitar o castigo. O caso Watergate ocorreu porque os homens abaixo do presidente esperavam ser recompensados por ele.

Quando os adultos trocam pontos de vista com as crianças, essa troca propicia o desenvolvimento da autonomia por capacitá-las a considerar diversas perspectivas. Quando as crianças podem levar fatores importantes em consideração, tais como os direitos e sentimentos de outras pessoas, elas constroem a partir de seu interior a regra, por exemplo, de que é melhor para o ser humano agir de forma honesta para com os outros. Uma pessoa que tiver construído essa convicção não poderá mentir em uma situação como o caso Watergate, não interessando qual recompensa é oferecida. (Para mais informações sobre recompensas, castigos e sanções por reciprocidade, ver Kamii, 2000, p. 60-61.)

Autonomia intelectual

Também no campo intelectual, autonomia significa governar-se a si próprio, sendo capaz de considerar fatores relevantes, e heteronomia significa ser governado por outra pessoa. Um exemplo extraordinário de autonomia intelectual é Copérnico, que criou a teoria heliocêntrica em 1543, quando todos acreditavam que o sol girava em torno da terra. Os cientistas contemporâneos a ele zombavam de suas idéias e não o deixavam concluir suas exposições. Mas Copérnico era autônomo o suficiente para continuar persistindo na veracidade de sua teoria.

Uma pessoa intelectualmente heteronômica, ao contrário, acredita indiscriminadamente no que lhe é dito, inclusive em conclusões ilógicas, propagandas e *slogans*. Também no campo intelectual, os elementos que reforçam a heteronomia natural das crianças e que, portanto, impedem o desenvolvimento da autonomia são a recompensa e o castigo. O que facilita o desenvolvimento da autonomia, no campo intelectual, também é a troca de pontos de vista, como vimos no Capítulo 3. Vimos naquele capítulo que uma criança que ainda não conserva o número poderá progredir intelectualmente por meio da troca crítica de idéias com outra pessoa que tenha uma idéia diferente, ainda que igualmente equivocada.

Infelizmente, no ensino da matemática, a maioria das crianças é educada de forma a reforçar sua heteronomia. Por exemplo, se uma criança de primeira série escrever "8" abaixo da conta mostrada a seguir, a maioria dos professores dará essa resposta como errada. Se, por outro lado, um estudante de primeira série escrever "26", a maioria dos professores dará algum tipo de "reforço".

$$\begin{array}{r}13\\+13\\\hline\end{array}$$

Conforme apontado no Capítulo 2, os estudantes de primeira série não entendem o valor posicional e acham que o 1 do 13 significa *um*. Se forem ensinados a escrever "26" e a lê-lo como "vinte e seis", conseqüentemente não entenderão por que essa resposta está correta. Para eles, esse problema são dois problemas isolados: 3 + 3 e 1 + 1. Eles seguem a regra de escrever duas respostas verticalmente no local determinado e de ler os números horizontalmente, fazendo uma só resposta com os dois.

Para o leitor que esteja cético em relação à afirmação precedente, damos outro exemplo, usando o seguinte problema de divisão:

$$\begin{array}{r|l} 938 & 4 \\ \hline 2 & \end{array}$$

Se o leitor perguntar a qualquer criança de quarta série por que ela inicia o cálculo dividindo o número da esquerda por 4, em vez de dividir o da direita (no caso o 8), como na adição, na subtração e na multiplicação de números com mais de um algarismo, a resposta provavelmente será: "Não sei por que, mas a professora disse-me para fazer assim". Esse é um exemplo de heteronomia intelectual. Seguir regras cegamente para obter respostas corretas reforça a heteronomia natural das crianças pequenas e impede o desenvolvimento da autonomia.

Voltando ao problema de adição dado anteriormente, 13 + 13, seria muito melhor que o professor estimulasse a troca de pontos de vista entre as crianças do que reforçar respostas "certas" ou corrigir as "erradas". Uma forma de estimular a troca de pontos de vista é perguntar à turma: "Todos concordam?". Nessa situação, as crianças que tiverem chegado à resposta "correta" não poderão convencer os colegas dizendo: "A professora disse para resolver o problema desse jeito". Aquelas que chegarem a respostas incorretas poderão corrigir as suas próprias respostas se e quando estiverem convencidas de que outra resposta faz mais sentido. No campo lógico-matemático, as crianças certamente chegarão à verdade de forma autônoma se debaterem suficientemente.

A AUTONOMIA COMO META DA EDUCAÇÃO

O leitor poderá ter concluído, até o momento, que a autonomia como meta para a educação é uma conseqüência necessária do construtivismo. Tanto regras morais específicas quanto pequenas informações podem ser adquiridas pela *internalização* do meio, mas as convicções morais profundas e o conhecimento lógico-matemático devem ser *construídos* a partir do interior de cada indivíduo. Uma vez entendida a diferença entre a moralidade da autonomia e a moralidade da heteronomia, convencemo-nos de que a primeira é mais desejável. Uma vez entendida a superioridade da autonomia intelectual, do mesmo modo nos convencemos que a independência, a honestidade e o pensamento crítico são mais desejáveis do que a recitação de respostas "corretas".

A Figura 4.1 mostra a relação entre a autonomia como meta da educação e os objetivos da maioria dos educadores e do público de hoje em dia. Quisemos colocar o rótulo "Heteronomia" no círculo à direita, mas não o fizemos, pois muitos educadores nunca ouviram falar de autonomia e heteronomia e não tentam *intencionalmente* estimular a heteronomia em seus estudantes.

À parte hachurada do círculo à direita pertencem todas as palavras que memorizamos na escola apenas para passar em um teste após o outro. Todos nós nos lembramos da alegria de não precisarmos mais lembrar todas as palavras com que abarrotamos nossos cérebros apenas para o exame. A maior parte de nós era conformista, governada pelas notas. Ainda na parte hachurada da Figura 4.1, estão as regras e algoritmos que seguimos cegamente na matemática com o objetivo de obtermos a resposta "certa". As crianças da escola de educação infantil não pegam imediatamente suas borrachas quando lhe perguntamos como chegaram a uma determinada resposta. Na primeira série, ao contrário, se escolhemos uma resposta correta de uma folha de exercícios que uma criança está preenchendo e perguntamos "Como você chegou a esta resposta?", ela, freqüentemente, começa a apagá-la. Esse é um sintoma da heteronomia. Essa criança aprendeu a não confiar em seu próprio raciocínio e a ser governada pelo raciocínio de outra pessoa.

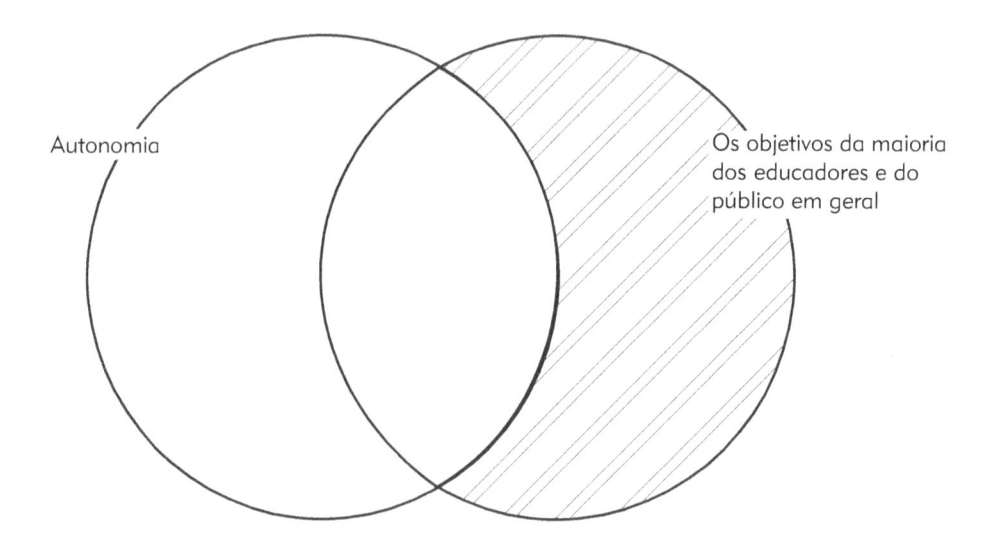

Figura 4.1 A autonomia como meta da educação em relação aos objetivos da maioria dos educadores e do público em geral.

No círculo intitulado "Autonomia", incluímos a autonomia moral e a intelectual. Na sua discussão sobre autonomia como meta da educação, Piaget (1948/1973) escolheu o ensino da matemática como exemplo para argumentar que, na realidade de sala de aula, os desenvolvimentos social, moral e intelectual das crianças são inseparáveis. Sua argumentação inicia com a afirmação de que todas as crianças devem fazer seus próprios raciocínios de forma autônoma para construir o conhecimento lógico-matemático. No campo lógico-matemático, não há substituto para o raciocínio próprio de cada criança, pois esse conhecimento deve ser construído a partir do interior de cada indivíduo. Piaget continua, dizendo que o raciocínio infantil se desenvolve em um contexto social. Cada sala de aula tem um ambiente social, e esse ambiente não poderá estimular a livre troca de pontos de vista no campo intelectual enquanto a reprimir no campo sociomoral. Se as crianças são silenciadas no campo sociomoral, elas não se sentirão livres para expressar suas idéias no campo intelectual.

Na parte sobreposta dos dois círculos da Figura 4.1, colocamos o pouco de autonomia que desenvolvemos apesar do ensino tradicional e autoritário. Nossas capacidades de ler, escrever e fazer cálculos são exemplos do que aprendemos na escola e que não esquecemos após os exames. Outros exemplos que pertencem a essa intersecção são nossa capacidade de colocar alguns eventos em seu contexto histórico, ler mapas e tabelas e entender algumas coisas cientificamente.

Um princípio do ensino que emerge da autonomia como meta da educação é a redução *tanto quanto possível* do poder do professor e o estímulo ao autogoverno (democracia). Quando permitimos que as crianças tomem decisões, elas normalmente criam as mesmas normas que os adultos criariam, mas respeitam muito mais as regras criadas por elas próprias do que as impostas por adultos.

Um exemplo da inseparabilidade dos muitos aspectos da autonomia pode ser percebido quando as crianças brincam com jogos matemáticos. Elas não poderão tirar proveito dos jogos matemáticos se estiverem constantemente brigando com os colegas ou trapaceando, e os jogos podem se tornar um contexto para as crianças aprenderem a criar normas próprias. Quando folhas de exercícios são dadas às crianças, o professor toma todas as decisões sobre o que fazer e sobre qual questão está correta. Quando se exercitam com jogos matemáticos, ao contrário, as crianças podem aprender a tomar decisões próprias sobre o que é justo, qual resposta está correta e se faz sentido ou não alterar uma regra.

As atitudes aperfeiçoam-se imensamente quando nossa meta é a autonomia. As crianças tornam-se estimuladas e orgulhosas em relação às idéias sobre as quais pensaram, confiando em sua própria capacidade de pensar. Por exemplo, ao final do ano escolar, nossos estudantes de segunda série freqüentemente lidavam com problemas do tipo 46 x 18 (fazendo 46 + 46 + 46 + ...). Em contraposição, crianças de segunda série de ensino tradicional nem mesmo chegavam a raciocinar, dizendo: "Nós ainda não fizemos esse tipo de problema".

Diz-se com freqüência que a escola deve preocupar-se com a parte intelectual e que a parte moral deve ser trabalhada em casa. Esperamos ter esclarecido a afirmação feita anteriormente, segundo a qual a educação moral permeia todos os momentos do dia-a-dia escolar, estejam ou não os professores cientes desse fato. Ocasionalmente, algumas crianças choram quando as estimulamos a discordar umas das outras. Se o professor reagir perguntando à turma o que *nós* podemos fazer em relação a esse problema, as crianças aprendem a considerar os fatores relevantes e a fazer sugestões positivas. Quando as crianças são estimuladas a trocar pontos de vista dessa forma, elas constroem a partir de seu interior a regra para demonstrar consideração pelos outros. Assim, a educação sociomoral e a intelectual acontecem simultaneamente na escola.

As crianças que são criadas sentindo responsabilidade pelo bem-estar dos outros não causam o tipo de incidente ocorrido em Columbine.* Os educadores empiristas tentam solucionar um problema após o outro por meio de detectores de metal e de programas para resolver conflitos, prevenir o uso de drogas, a AIDS, e assim por diante. Uma reforma verdadeira deveria atacar o problema maior e subjacente, que é a heteronomia das crianças.

A autonomia como meta da educação é um vasto assunto, que poderíamos continuar discutindo, mas passemos ao próximo capítulo, que tratará dos objetivos da aritmética para a segunda série.

---

*N. de R. A autora refere-se ao trágico incidente em que dois estudantes armados invadem uma escola na cidade de Columbine, Michigan, e matam doze alunos e um professor.

5

Objetivos para a aritmética na segunda série

Para algumas pessoas, "aritmética" significa cálculo, o que pode ser tedioso, e "matemática" refere-se ao raciocínio. Para nós, no entanto, as duas mais importantes partes da matemática são o raciocínio numérico, ou aritmética, que leva à álgebra, e o raciocínio espacial, que leva à geometria. É por essa razão que usamos o termo "aritmética" no título deste livro e deste capítulo.

Os objetivos discutidos neste capítulo são baseados em nossa experiência com estudantes de segunda série em duas escolas públicas de bairros de classe média para média-alta. Queremos deixar bem claro, portanto, que esses objetivos podem ou não ser adequados para os estudantes de segunda série de outras escolas. Quando acreditamos que as crianças constroem seu próprio conhecimento lógico-matemático, não podemos definir objetivos para os estudantes de segunda série e esperar que todos eles atinjam tais objetivos. Se as crianças são ensinadas a "transportar" e a "emprestar", a maioria delas aprende a produzir respostas corretas (embora sem entender). Quando se espera que elas inventem seus próprios procedimentos, contudo, alguns estudantes de segunda série solicitam problemas de adição de quatro algarismos ao final do ano escolar, enquanto uns poucos permanecem incapazes de construir *dezenas*. Diferenças individuais são, por isso, consideráveis, e o ensino construtivista não pode se dar por meio de uma receita.

Primeiramente, discutiremos nossos objetivos para a adição e, então, passaremos para a multiplicação, a divisão e a subtração. A razão para essa seqüência é que, para os estudantes de segunda série, a subtração parece ser a mais difícil das quatro operações. Na verdade, o tipo de subtração que exige "empréstimo" parece difícil até para muitos estudantes de quarta e quinta séries.

ADIÇÃO

Adição de números de um algarismo

Conforme afirmado em *Young Children Reinvent Arithmetic* (Kamii, 2000) (Crianças pequenas reinventam a aritmética: implicações da teoria de Piaget, Artmed, 2002), nosso objetivo na adição de números com um só algarismo na primeira série é que as crianças construam uma rede de relações numéricas. Parte desse tipo de rede está ilustrada na Figura 5.1. Esse objetivo é diferente daquele em que se pretende que as crianças simplesmente conheçam os "fatos fundamentais da adição". Construir uma rede de relações numéricas significa que queremos crianças que pensem o "sete", por exemplo, de todas as maneiras, diferentes e inter-relacionadas, tais como 3 + 4 = 7, (3 + 3) + 1 = 7, (5 + 4) –2 = 7 e 7 = metade de 14. A criança que tenha construído esse tipo de rede em sua mente pode usá-la para mudar 7 + 8, por exemplo, para (7 + 7) +1, para (7 + 3) + 5, ou para (8 + 2) + 5. Uma rede de relações numéricas servirá às crianças durante toda a vida em todas as demais operações matemáticas.

Na segunda série, nosso objetivo para a adição de números com um só algarismo, ou dígito, é a fluência. Algumas crianças já a adquirem na primeira série, mas muitas necessitam aprender especialmente os "dobros" acima de 6 + 6 e as combinações mais difíceis que somam 10, isto é, 4 + 6 e 7 + 3. Esses pontos são importantes não apenas em si mesmos, mas também por somar números de dígito simples maiores. Para fazer 8 + 6, por exemplo, saber que 8 + 2 = 10 capacita as crianças a alterar o problema para (8 + 2) + 4. Saber que 6 + 6 = 12 capacita-os, da mesma forma, a alterar o problema para (6 + 6) + 2. Além disso, como veremos até o fim deste capítulo, a fluência na adição de dígitos simples torna as crianças fluentes na subtração.

Adição de números com mais de um algarismo

Primeiro objetivo. O primeiro objetivo na adição de números de dois dígitos é que as crianças inventem modos de somar números de um só dígito que envolvam o total de 10. Como se pode ver no videoteipe intitulado *Double-Column Addition* (Kamii, 1989a), problemas do tipo 9 + 6 são especialmente úteis, pois motivam as crianças a pensar *simultaneamente* sobre *unidades* (9 + 1 + 5) e uma *dezena* (10 + 5), fazendo, assim, a construção de "uma dezena" a partir do sistema de unidades. Exemplos semelhantes são 8 + 5 e 7 + 4.

Segundo objetivo. O objetivo seguinte é que as crianças inventem modos de somar termos até 19 em contas do tipo 13 + 6, 18 + 5, 13 + 13 e 15 + 16. Observe-se que as crianças têm de lidar com dezenas e unidades *simultaneamente* em vários contextos para resolver esses problemas. Os livros-texto tra-

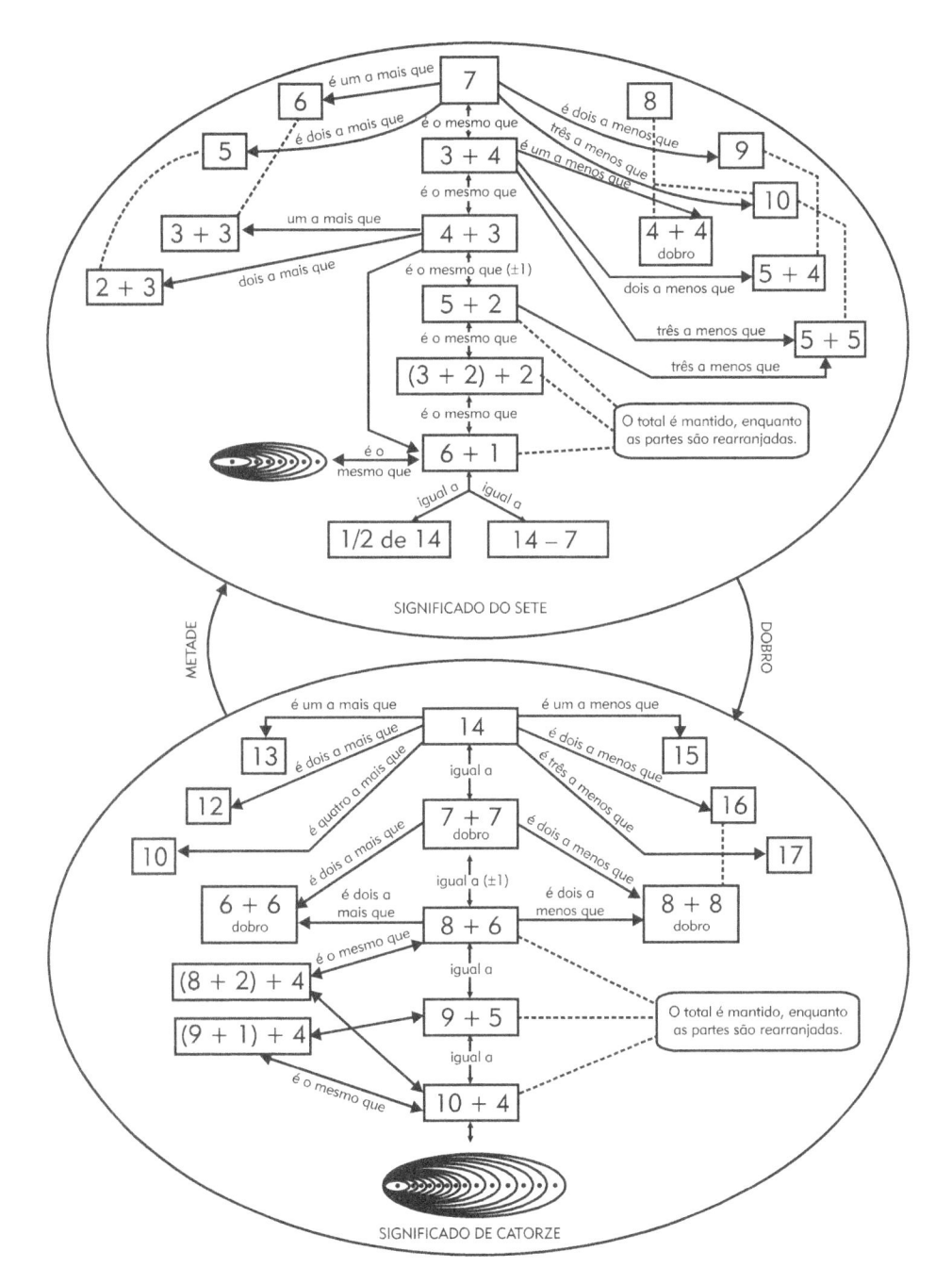

Crianças pequenas continuam reinventando a aritmética **63**

Figura 5.1 Um exemplo da rede de relações numéricas.
Fonte: *Learning From Children* de Ed Labinowicz, © 1985, por Pearson Education, Inc., publicado como Dale Seymour Publications. Usado sob permissão.

dicionais oferecem problemas com números de dois algarismos sem reagrupamento na primeira série, esperando um longo tempo para apresentar problemas com reagrupamento na segunda série. Nós, ao contrário, damos os quatro tipos de problemas citados quase ao mesmo tempo. A razão é que queremos que as crianças inventem *dezenas* em vários contextos, a partir de seus sistemas de *unidades*. Não dar nada além de problemas do tipo 13 + 13 dia após dia é uma maneira segura de estimulá-las a *não* pensar sobre dezenas e unidades *simultaneamente*.

Precisamos passar um bom tempo dando números de dois dígitos que sejam suficientemente pequenos para fazer sentido intuitivamente. Na atividade que envolvia 48 feijões, descrita no Capítulo 2, Ross (1986) esvaziou um dos quatro copinhos em frente à criança e perguntou se o número total continuava o mesmo ou se havia mais agora ou mais antes de ela ter esvaziado o copinho (tendo então três copinhos, contendo cada um 10 feijões, mais 18 feijões espalhados). Apenas 33% dos estudantes da segunda série responderam que o número de feijões permanecia o mesmo. Esse resultado indica que, para dois terços dos estudantes de segunda série, a conservação era possível com oito objetos, mas não com 48. Para eles, 48 era um número muito grande.

Terceiro objetivo. Nosso terceiro objetivo é que as crianças inventem modos de somar parcelas até 99 (e, depois, parcelas de três ou quatro dígitos, se adequado). Às vezes, é fácil julgar a hora certa de passar a problemas mais difíceis, pois as crianças assim o pedem. Elas ficam tão empolgadas por inventarem procedimentos mais elaborados que dizem: "Este é muito fácil! Dê-nos um mais difícil!".

Valor posicional

O conhecimento do valor posicional é, sem dúvida, muito importante, mas, conforme afirmado no Capítulo 2, não realizamos atividades específicas apenas para ensiná-lo e não o conceitualizamos como um objetivo à parte. Anteriormente, vimos que parte de nosso objetivo ao dar problemas de adição (assim como problemas de multiplicação e divisão) é promover o conhecimento das crianças sobre o valor posicional. Em outras palavras, transmitimos o conhecimento social do valor posicional por meio do uso, quando esse conhecimento for útil às crianças.

Com um problema do tipo 9 + 6 escrito verticalmente no quadro, por exemplo, um voluntário poderia começar dizendo: "Sei que 9 + 1 são 10". O professor poderá então apagar o "9" e escrever "10", e depois "– 1 + 5" à direita do "6". Quando a criança disser "10 + 5 = 15", o professor apaga o "0" do "10", escreve "5" em seu lugar e apaga tudo exceto a resposta 15. O ato de escrever, neste exercício, é útil por três razões. Primeiro, é útil ao voluntário, pois comunica a ele que o professor entendeu seu raciocínio. Segundo, é útil ao resto da turma, pois serve para esclarecer as afirmações do voluntário e permite que outros estudantes façam perguntas se algo não fizer sentido. É também útil a todos os estudantes porque eles podem ver como o valor posicional funciona à medida que o professor escreve e apaga os números.

Em nossa opinião, essa é a melhor forma de "ensinar" o valor posicional sem que seja de forma direta e isolada. Na situação anterior, as crianças estavam livres para concentrar-se na construção das *dezenas* a partir de seus sistemas próprios de *unidades*, que é a parte mais difícil da adição de números com dois algarismos para estudantes de segunda série. Quando esse conhecimento lógico-matemático está sólido, o conhecimento social do valor posicional passa a ser usado com facilidade.

MULTIPLICAÇÃO

Geralmente, a subtração é considerada mais fácil do que a multiplicação, mas nós achamos que a multiplicação é mais fácil para estudantes de segunda série, especialmente na forma de problemas com enunciado. A razão é que as crianças da escola de educação infantil e da primeira e segunda séries usam a adição repetida em vez da multiplicação (Kamii, 2000). Na segunda série, um número crescente de estudantes começa a usar alguns cálculos de multiplicação. Deixe-nos explicar a diferença entre a adição repetida e a multiplicação.

Raciocínio aditivo e multiplicativo

Para a maioria dos professores de matemática, a multiplicação é apenas uma maneira mais rápida de fazer adição repetida. Para pesquisadores como Piaget (1983/1987), Steffe (1988, 1992) e Clark e Kamii (1996), entretanto, a multiplicação é diferente da adição repetida, pois envolve raciocínio hierárquico. Como pode ser visto na Figura 5.2(a), a estrutura da adição repetida, tal como 5 + 5 + 5 + 5, é simples, pois envolve apenas *unidades* em um nível de abstração. A multiplicação do tipo 4 x 5 envolve a estrutura hierárquica mostrada na Figura 5.2(b). Pode-se ver nesta figura que o "4" no 4 x 5 refere-se a "4 cincos". Para ler "4 x 5" corretamente, a criança tem de conseguir transformar "5 *unidades*" em "um *cinco*", que é uma unidade de ordem maior. Em outras palavras, em "4 x 5", o "4" não é o mesmo tipo de número que o "5".

Clark e Kamii (1996) entrevistaram 336 estudantes da primeira à quinta séries em uma escola pública de um bairro de renda média. Conforme relatado em Kamii (2000), encontraram-se quatro níveis que se diferenciavam claramente entre aqueles que raciocinavam de modo multiplicativo e aqueles que raciocinavam de modo aditivo (ver Tabela 5.1). Os aditivos entenderam "duas vezes" e "três vezes" significando "2 mais [que 4, por exemplo]" e "3 mais", mesmo após uma demonstração do que significava "duas vezes" e "três vezes". As crianças não conseguem entender as relações lógico-matemáticas que não são capazes de fazer em suas mentes.

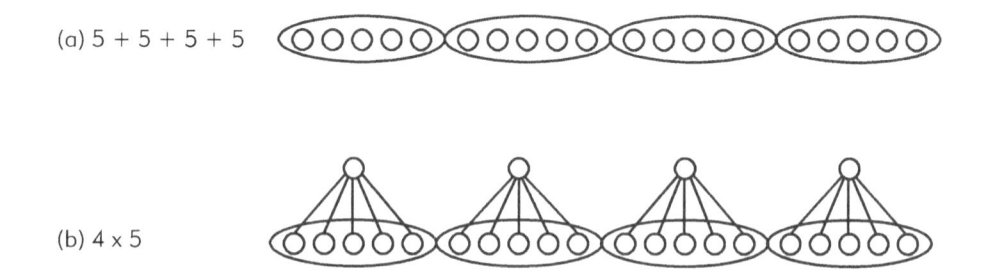

(a) 5 + 5 + 5 + 5

(b) 4 x 5

Figura 5.2 A diferença entre (a) adição repetida e (b) multiplicação.

Com base nos dados da Tabela 5.1, concluímos que podemos esperar que mais da metade dos estudantes de segunda série resolva problemas de "multiplicação" com adição repetida, mas não com multiplicação. A maioria dos estudantes da segunda série entende "cinco pacotes de goma de mascar contendo cada um seis unidades" como 6 + 6 + 6 + 6 + 6, e não como 5 x 6.

TABELA 5.1 Número e percentual de crianças em cada nível de desenvolvimento por série

Nível	Série				
	1ª	2ª	3ª	4ª	5ª
1ª	8 (13,8)	1 (1,5)	–	–	–
2[b]	31 (53,4)	28 (43,1)	8 (13,6)	12 (15,4)	5 (6,6)
3[b]	8 (13,8)	7 (10,8)	13 (22,0)	2 (2,6)	2 (2,6)
4A[c]	10 (17,2)	23 (35,4)	25 (42,4)	42 (53,8)	32 (42,1)
4B[c]	1 (1,7)	6 (9,2)	13 (22,0)	22 (28,2)	37 (48,7)
Total	58 (99,9)	65 (100)	59 (100)	78 (100)	76 (100)

Nota: Os valores entre parênteses representam os percentuais.
[a]Inferior a aditivo
[b]Aditivo
[c]Multiplicativo
De "Identification of Multiplicative Thinking in Children in Grades 1-5", de F. B. Clark e C. Kamii, 1996, *Journal for Research in Mathematics Education*, 27, p. 48. Copyright © 1996 by National Council of Teacher of Mathematics. Reproduzido sob permissão.

Nosso objetivo na multiplicação

Nosso objetivo na multiplicação é que as crianças inventem modos de resolver problemas que tradicionalmente são pensados para ser problemas de multiplicação. Aqueles que podem raciocinar multiplicativamente podem usar a multiplicação, e aqueles que não conseguem, podem usar a adição repetida para resolver tais problemas.

Os livros-texto tradicionais dão primeiramente contas e, após, introduzem problemas com enunciado, de forma que as crianças possam *aplicar* suas habilidades de cálculo aos problemas. Em contrapartida, em uma abordagem baseada no construtivismo de Piaget, primeiramente damos problemas com enunciado para que as crianças *aritmetizem logicamente* e *inventem* procedimentos de cálculo para resolvê-los. Historicamente, nossos ancestrais inventaram a aritmética para resolver problemas práticos, e a aritmética é a aritmetização lógica de conteúdos, tais como, digamos, as ovelhas eram para um pastor. As crianças também inventam a aritmética por meio da solução de problemas práticos da vida real ou em situações que se assemelham à vida real.

Em novembro, uma de nós (Linda Joseph) deu um problema deste tipo: "Vamos imaginar que Adam, Brad, Cindy e Dana (apontando para quatro estudantes da sala) têm oito figurinhas adesivas cada um. Quantas figurinhas terão todos juntos?". Muitas das crianças duplicaram oito e, novamente, duplicaram o dobro (8 + 8 = 16 e 16 + 16 = 32).

Os números tornavam-se maiores à medida que o ano avançava. Um exemplo é: Há 21 crianças hoje aqui. Quanto dinheiro eu precisaria se todos pedissem um lápis com seu nome escrito nele, cujo preço é 46 centavos? A maioria das crianças chegou à resposta escrevendo "46" 21 vezes e usando trabalhosamente a adição. Alguns chegaram ao total de dez 46, duplicaram esse total, e somaram mais 46.

Tradicionalmente, os livros-texto de segunda série apresentam a adição com duas colunas (com reagrupamento) no início do ano e a multiplicação de números baixos mais ao final do ano. Nós, ao contrário, apresentamos problemas "de multiplicação" com números baixos na pré-escola e continuamos a dar problemas envolvendo todas as quatro operações durante o ano todo. Damos também problemas a serem resolvidos em dois passos, tais como aqueles que perguntam quanto se deve esperar de troco de 50 centavos quando se quer comprar diversos objetos a um preço determinado.

Combinações "amigáveis" tais como 3 x 25 (centavos) = 75, 4 x 3 = 12 e 4 x 5 = 20 tornam-se parte do repertório das crianças à medida que contam dinheiro e brincam com jogos repetidamente. Perceba que nosso objetivo não é que elas saibam a tabuada ou que sejam capazes de escrever equações corretamente. Nosso objetivo é que *pensem* sobre o problema e cheguem à resposta da maneira que conseguirem. A todo o momento, trabalhamos com a multiplicação, pedindo-lhes uma maneira mais rápida de calcular, dando números "amigáveis" ou auxiliando de perto quem multiplica. Mas nunca dizemos às crianças que elas *têm de* usar a multiplicação.

DIVISÃO

Nosso objetivo na divisão é muito semelhante àquele que expusemos para a multiplicação. A maioria das crianças usa a adição repetida para resolver problemas de "divisão" e, à medida que o ano passa, cada vez mais crianças começam a usar algo da multiplicação.

Um dia, uma mãe deu a uma de nós (Linda Joseph) um cheque de $5,75 para a comemoração do aniversário de seu filho, a fim de que comprássemos picolés para toda a turma. Sabendo que esse era um problema de quarta série, Linda hesitou, mas decidiu arriscar. "Preciso saber *neste momento* se 5 dólares e 75 centavos são suficientes para comprar um picolé para cada um que está aqui, pois ou cada um ganha um picolé ou ninguém ganhará nenhum", disse. Todos sabiam que a lanchonete vendia picolés a 25 centavos.

A maioria somou quatro crianças da sala e disse: "É um dólar". Contaram mais quatro colegas e disseram: "São dois dólares". Continuaram até 3, 4 e 5 dólares, contando mais quatro colegas de cada vez. Restaram, ao final, duas crianças e a professora, e todos concordaram que havia a quantia exata de dinheiro para comprar picolés para todos.

Ficamos muito impressionados com a desenvoltura das crianças. As únicas limitações são o tamanho do dividendo e o quanto o divisor é "amigável". Com 25 centavos como divisor, as crianças ficam dispostas a lidar com dividendos maiores. O leitor talvez tenha visto o videoteipe que fizemos em uma de nossas escolas, intitulado "First Graders Dividing 62 by 5" (Kamii e Clark, 2000) e talvez saiba que divisores tais como 2, 5, 10, 11 e 25 são muito mais fáceis do que 3 e 4.

O problema do picolé foi um problema de divisão quotitativa. Ao darmos problemas com enunciados para as crianças, asseguramo-nos de que elas passem tanto pela divisão partitiva quanto pela quotitiva. Um exemplo de problema com divisão partitiva é: Quanto cada pessoa receberia se 22 pessoas devessem dividir $5,75? Em um problema de divisão partitiva, o número de partes pela qual o total deve ser dividido é conhecido.

Outro ponto a lembrar é dar problemas com números com divisão exata como também com números que não são exatamente divisíveis. Os livros-texto tradicionais apresentam, por um longo tempo, apenas números divisíveis, tais como 18 a ser dividido por 6, fazendo com que muitas crianças digam que 17 não pode ser dividido por 6. Como o título do videoteipe "First Graders Dividing 62 by 5" (Kamii e Clark, 2000) sugere, nossos estudantes de primeira série lidam com o *resto* desde o início. As crianças precisam imaginar que o dinheiro que sobrou após comprar borrachas pode ser um resto, mas que quando um jogo pode ser jogado no máximo por três jogadores e há 22 crianças na sala de aula, "sete com resto de um" não é uma resposta satisfatória (pois deixar uma criança de fora não seria justo).

Frações

Conforme afirmado em *Young Children Reinvent Arithmetic* (Kamii, 2000) (Crianças pequenas reinventam a aritmética: implicações da teoria de Piaget, Artmed, 2002), Empson (1995) descobriu que, antes de qualquer instrução, 14 crianças de uma turma de 17 estudantes de primeira série resolveram o problema de divisão de 10 bolinhos igualmente entre quatro crianças. Dividir em terços era mais difícil do que dividir pela metade ou pela repetição contínua desta última operação. O trabalho de Empson é parte de um programa chamado *Cognitively Guided Instruction* (Carpenter, Fennema, Franke, Levi e Empson, 1999), no qual as crianças inventam a aritmética por meio de problemas com enunciados. O professor não mostra ao estudante como resolver o problema e, em vez disso, estimula-os a fazê-lo com seus próprios procedimentos e a trocar pontos de vista sobre o que fizeram e por quê. Para estimular os estudantes de segunda série a inventar frações comuns, tais como 1/3 e 1/4, o professor pode dar problemas como, por exemplo, dividir sete balas entre três crianças, nove bolinhos entre quatro crianças e oito panquecas entre seis crianças.

SUBTRAÇÃO

Todos os livros-texto que conhecemos, assim como o *Principles and Standards for School Mathematics* (National Council of Teachers of Mathematics, 2000), tratam a subtração como se estivesse no mesmo nível de dificuldade que a adição. Piaget (1974/1980a) mostrou, contudo, que uma característica das crianças na primeira infância é a primazia do aspecto positivo da ação, da percepção e da cognição sobre o aspecto negativo. Por exemplo, quando as crianças que caminham com passo ainda inseguro olham para uma bola vermelha, elas antes pensam positivamente sobre o objeto como "uma bola" e "vermelha" e, mais tarde, passam a pensar negativamente como sendo "*não uma boneca*", "*não uma maçã*" e "*não azul*". De maneira semelhante, quando elas caminham de *A* para *B*, pensam positivamente sobre caminhar até B e não em afastar-se de A. O aspecto negativo é uma construção posterior secundária, de acordo com Piaget, que sustentou esta afirmação em dois volumes de estudos empíricos. Nesse contexto, ele afirmou que a subtração é um desenvolvimento secundário que surge após a adição.

Com base nessa teoria e na observação em sala de aula, Kamii, Lewis e Kirkland (2001) lançaram a hipótese de que as diferenças devem aparecer após as somas, pois as crianças produzem diferenças pela dedução de seu conhecimento da soma. Mais especificamente, as professoras decidiram pedir às crianças para resolverem problemas de adição e subtração, tais como 4 + 4 e 8 – 4. Se se descobrisse que a fluência na subtração não estivesse relacionada à fluência na adição, concluir-se-ia que o conhecimento das diferenças é independente do conhecimento das somas. Se, por outro lado, se descobrisse que a fluência na subtração fosse dependente da fluência na adição, a conclusão seria que as diferenças são deduzidas do conhecimento das somas. Embora não envolva estudantes de segunda série, esse estudo será apresentado a seguir, pois explica por que acreditamos que a maneira de aumentar a fluência na subtração é reforçar o conhecimento da adição.

O estudo de Kamii, Lewis e Kirkland (2001)

Método. Vinte e um estudantes de uma turma de primeira série e 38 estudantes de duas turmas de quarta série foram entrevistados individualmente em uma escola construtivista "dentro de uma escola" de um bairro de classe média para média alta. As crianças dessa escola nunca haviam sido pressionadas a memorizar somas ou diferenças. Elas brincaram com muitos jogos matemáticos e inventaram muitas maneiras de resolver problemas, mas não receberam nenhuma folha de exercício ou teste com tempo limitado. As crianças de primeira série foram entrevistadas ao fim do ano escolar, e as de quarta série, no início do ano.

As entrevistas eram parte da rotina de avaliação, realizadas no início e no final do ano escolar por meio de um formulário de quatro páginas. O formulário continha 70 problemas de um, dois e três dígitos, envolvendo as quatro operações. O estudante e o adulto tinham uma cópia do formulário, que continha as questões dispostas em coluna no lado esquerdo da folha. A criança era solicitada a responder oralmente a cada questão e passar para a próxima. O entrevistador registrava o que a criança dizia e, de vez em quando, pedia uma explicação de como a resposta havia sido obtida. Para mostrar o tempo de reação da criança, registrava-se uma marca para cada segundo.

Apenas duas das quatro páginas do formulário de entrevista eram usadas com os estudantes da primeira série. Às crianças de quarta série dizia-se que poderiam pular uma questão se esta fosse muito difícil. Não era dito às crianças que a velocidade da resposta contava para essa avaliação.

Para este estudo, quatro pares de questões foram escolhidos a partir das entrevistas com os estudantes de primeira série: 4 + 4 e 8 – 4, 6 + 6 e 12 – 6, 8 + 2 e 10 – 8 e 4 + 6 e 10 – 6. Todos as contas de adição apareciam no início da entrevista, e as de subtração, ao final.

Novas questões foram acrescentadas ao formulário dos estudantes de quarta série para formar oito pares de problemas: três dos oito pares eram os mesmos dados aos estudantes de primeira série, mas os cinco seguintes foram acrescentados: 5 + 3 e 8 – 5, 5 + 6 e 11 – 5, 7 + 4 e 11 – 4, 7 + 8 e 15 – 8 e 8 + 5 e 13 – 5.

As respostas dessas crianças foram divididas nas categorias de "sucesso" e "sem sucesso". Para ser incluída na categoria de "sucesso", a criança tinha de dar a resposta correta em até três segundos. Todas as outras respostas eram consideradas "sem sucesso". A maioria das crianças da categoria "sem sucesso" deu respostas corretas, mas levou mais de três segundos para pensar ou contar.

Conclusões. Os resultados para 4 + 4 e 8 – 4 dados pelos estudantes de primeira série são apresentados na Figura 5.3(a). A partir dessa matriz, pode-se ver que a adição foi mais fácil que a subtração, pois todos os estudantes da primeira série (67% + 33%) deram a resposta correta para 4 + 4 em três segundos, mas apenas 67% obtiveram êxito em 8 – 4. A comparação mais importante é entre a célula superior esquerda e a célula inferior direita, nas quais se pode ver que 33% obtiveram sucesso na adição, mas não na subtração, e nenhum obteve sucesso na subtração sem ter obtido sucesso na adição.

A Figura 5.3 (b) apresenta os resultados para 6 + 6 e 12 – 6. O mesmo modelo pode ser observado na primeira série, com 48% obtendo sucesso na adição, mas não na subtração, e nenhum obtendo sucesso na subtração sem ter obtido sucesso na adição. Na quarta série, o percentual de êxito em 6 + 6 é o mesmo que na primeira série (48% + 48% *versus* 92% + 5%). Entretanto, o percentual de êxito em 12 – 6 aumentou drasticamente para 95% (3% + 92%) na quarta série. Esse aumento mostra que quando o conhecimento de 6 + 6 é bastante sólido na quarta série, a fluência na subtração melhora consideravelmente. A Figura 5.3(c), mostrando os resultados de 8 + 2 e 10 – 8, leva à mesma conclusão, pois os percentuais são quase idênticos aos da Figura 5.3(b).

A célula mais importante a focalizar nas quatro matrizes das Figuras 5.3(b) e 5.3(c) é a superior esquerda. Podemos ver que é impossível ou quase impossível que os estudantes da primeira e da quarta séries sejam fluentes no cálculo de 12 – 6 sem serem fluentes no cálculo de 6 + 6, e sejam fluentes no cálculo de 10 – 8 sem serem fluentes no cálculo de 8 + 2. Os 3% na quarta série representam uma criança que foi categorizada como sem sucesso no cálculo 6 + 6 porque não estava atenta e levou mais de três segundos para dar a resposta correta. Os 5% na primeira série representam uma criança que estava desatenta quando questionada sobre 8 + 2.

A Figura 5.3(d), apresentando resultados para 4 + 6 e 10 – 6, diz respeito a parcelas mais difíceis para estudantes de primeira série. Os percentuais para as crianças de primeira série são diferentes daqueles do resto da Figura 5.3, pois uma grande percentagem, 33%, não obteve sucesso tanto na adição quanto na subtração. Essa matriz, como também a matriz da quarta série, contudo, mostra novamente que é quase impossível obter êxito na subtração sem o ter

(a)

Primeira série
4 + 4

	Sem sucesso	Sucesso	
8 − 4 Sucesso	0	67	(67)
Sem sucesso	0	33	
		(100)	

(b)

Primeira série
6 + 6

	Sem sucesso	Sucesso	
12 − 6 Sucesso	0	48	(48)
Sem sucesso	5	48	
		(96)	

Quarta série
6 + 6

	Sem sucesso	Sucesso	
12 − 6 Sucesso	3	92	(95)
Sem sucesso	0	5	
		(97)	

(c)

Primeira série
8 + 2

	Sem sucesso	Sucesso	
10 − 8 Sucesso	5	43	(48)
Sem sucesso	5	48	
		(91)	

Quarta série
8 + 2

	Sem sucesso	Sucesso	
10 − 8 Sucesso	0	95	(95)
Sem sucesso	0	5	
		(100)	

(d)

Primeira série
4 + 6

	Sem sucesso	Sucesso	
10 − 6 Sucesso	10	24	(34)
Sem sucesso	33	33	
		(57)	

Quarta Série
4 + 6

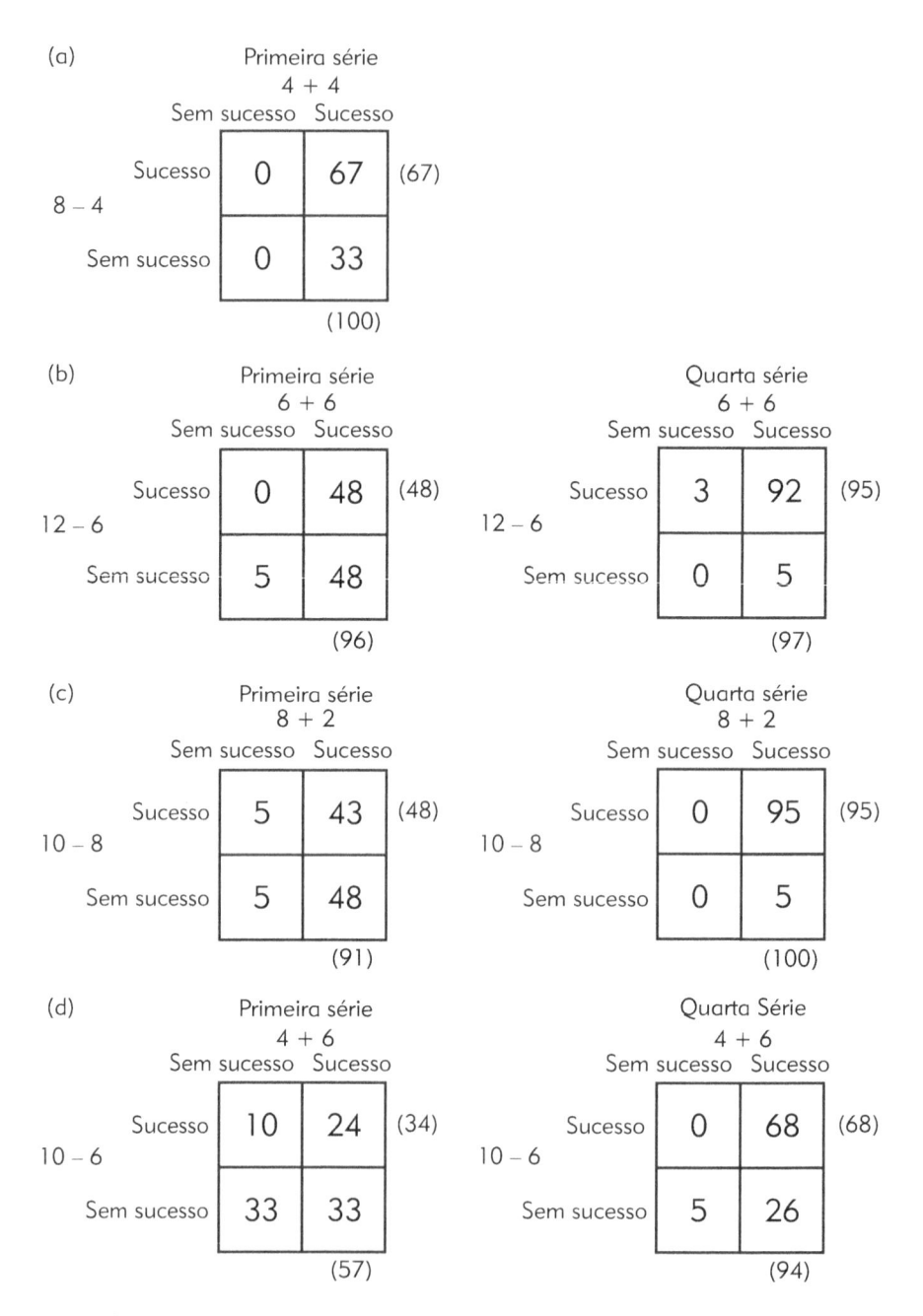

	Sem sucesso	Sucesso	
10 − 6 Sucesso	0	68	(68)
Sem sucesso	5	26	
		(94)	

Figura 5.3 Percentual de estudantes da primeira e da quarta séries que responderam com sucesso e sem sucesso a problemas de adição e subtração relacionados.

Crianças pequenas continuam reinventando a aritmética 73

na adição. Os 10% representam 2 dentre as 21 crianças que não estavam concentradas na atividade.

A Figura 5.4 mostra os percentuais para a quarta série, que recebeu questões mais difíceis. Se examinarmos a célula superior esquerda de todas as cinco matrizes da Figura 5.4 perceberemos novamente que os percentuais são zero ou próximos a zero (uma das cinco células tem 11%, mas 11% é apenas 4 dos 38 estudantes). Os dados das Figuras 5.3 e 5.4, por isso, levam Kamii e colaboradores (2001) a concluir que as crianças *deduzem* as diferenças a par-

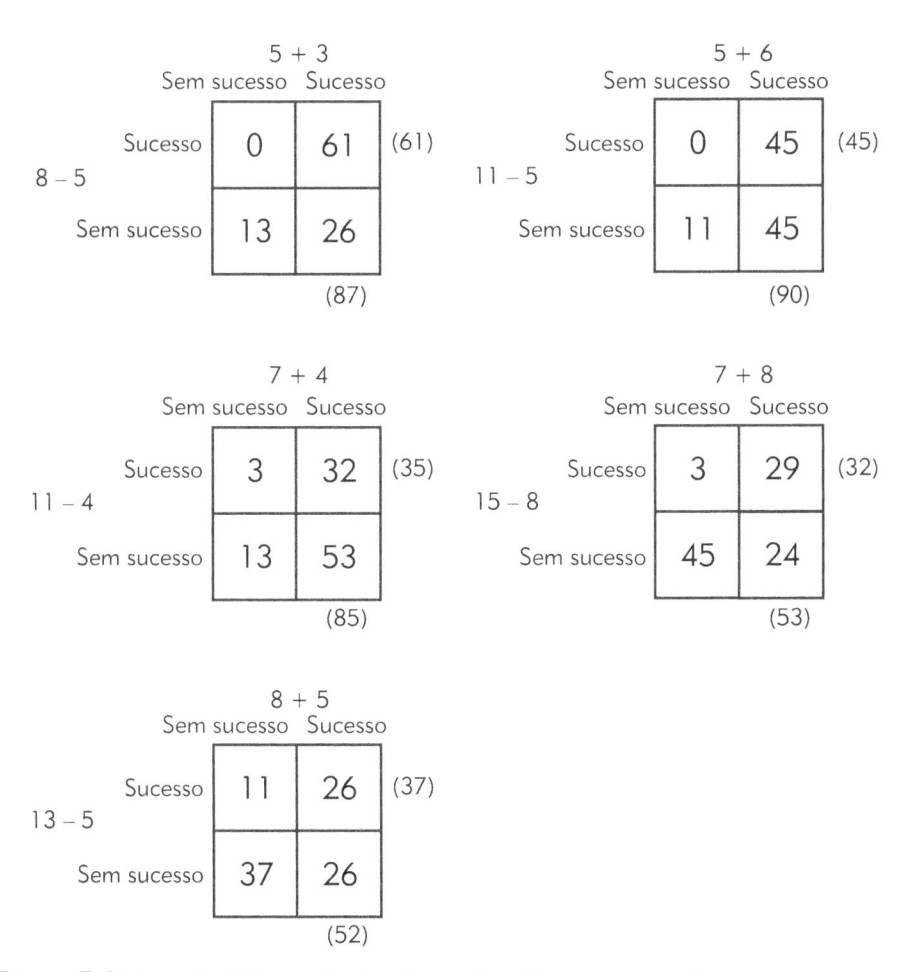

	5 + 3		
	Sem sucesso	Sucesso	
Sucesso	0	61	(61)
8 − 5			
Sem sucesso	13	26	
	(87)		

	5 + 6		
	Sem sucesso	Sucesso	
Sucesso	0	45	(45)
11 − 5			
Sem sucesso	11	45	
	(90)		

	7 + 4		
	Sem sucesso	Sucesso	
Sucesso	3	32	(35)
11 − 4			
Sem sucesso	13	53	
	(85)		

	7 + 8		
	Sem sucesso	Sucesso	
Sucesso	3	29	(32)
15 − 8			
Sem sucesso	45	24	
	(53)		

	8 + 5		
	Sem sucesso	Sucesso	
Sucesso	11	26	(37)
13 − 5			
Sem sucesso	37	26	
	(52)		

Figura 5.4 Percentual de estudantes da quarta série que responderam com sucesso e sem sucesso a problemas de adição e subtração relacionados.

tir de seus conhecimentos das somas. Essa teoria é diferente daquela que afirma que as crianças *armazenam* e *recuperam* "fatos fundamentais da subtração", como computadores. De acordo com Piaget (Piaget e Inhelder, 1968/1973), a memória não pode ser explicada como mero estoque e recuperação, pois é a reconstrução de construções prévias.

Objetivos para a subtração de números com um algarismo

Nosso objetivo na subtração de números com um só dígito é a fluência, mas, devido às razões dadas acima, reformulamos esse objetivo, fortalecendo o conhecimento das crianças sobre as somas de modo que elas se tornem capazes de deduzir diferenças a partir de seus conhecimentos da adição. Por essa razão, oferecemos muitos jogos que exigem adição e não enfatizamos a subtração na segunda série.

Como pode ser visto na Figura 5.5 (a), a adição é mais fácil para as crianças pequenas, pois em 5 + 4, por exemplo, elas têm apenas de "ascender" de um nível mais baixo para um nível hierárquico mais alto. Ao contrário, 9 – 5 é difícil pois as crianças têm de "descer" de 9 para 5 e "ascender" novamente para o 9 (o inteiro) antes de "descer" para a outra parte. Nesse final descendente, as crianças que sabem que 5 + 4 = 9 têm uma vantagem sobre aquelas que não sabem essa soma.

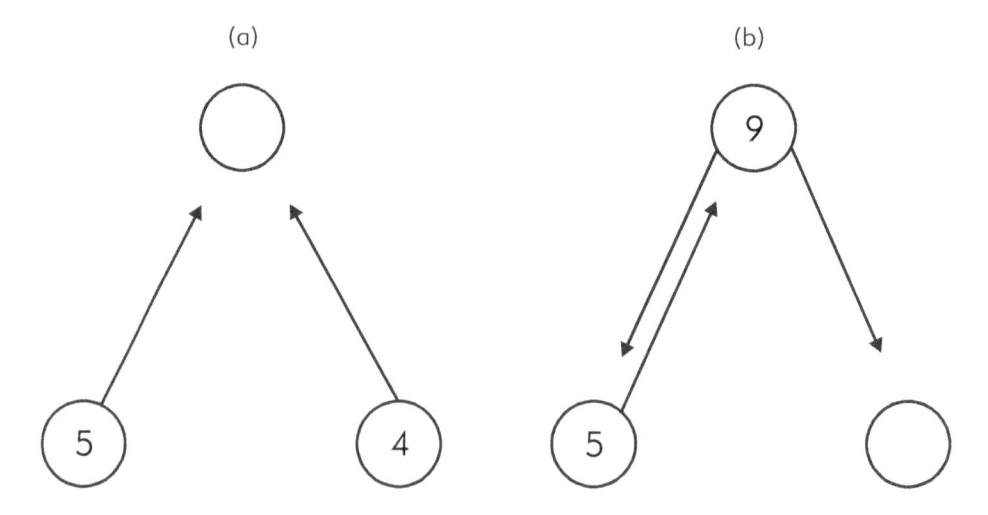

Figura 5.5 A diferença de raciocínio entre (a) adição e (b) subtração.

Objetivos para a subtração de números com dois algarismos

Como pode ser visto no videoteipe *Double-Column Addition* (Kamii, 1989a), muitos estudantes de segunda série inventam uma das três seguintes maneiras de lidar com problemas como 26 – 17:

20 – 10 = 10	20 – 10 = 10	20 – 10 = 10
10 + 6 = 16	10 – 7 = 3	6 – 7 = –1
16 – 7 = 9	3 + 6 = 9	10 – 1 = 9

Subseqüentemente, aprendemos que esse tipo de problema é difícil mesmo para algumas crianças de quarta e quinta séries. Por esse motivo, é aceitável que se espere a subtração de números com dois dígitos na segunda série daqueles que possam efetuá-la, mas devemos lembrar que isso é muito difícil para outros estudantes, mesmo que tenham construído um sistema de dezenas. Podemos pensar em três razões para essa dificuldade.

Primeiro, mesmo com números de um só dígito a subtração é muito mais difícil do que a adição, como vimos na Figura 5.5.

Segundo, a subtração de dois dígitos exige que se façam muitas relações parte-todo para que os estudantes de segunda série lembrem. Para calcular 26 – 17, por exemplo, as crianças têm de lembrar as cinco seguintes relações parte-todo: (a) 17 é parte de 26, (b) 20 é parte de 26, (c) 6 é parte de 26, (d) 10 é parte de 17 e (e) 7 é parte de 17. O erro comum de 26 – 17 = 11 é feito pelas crianças que não conseguem ter em mente que 17 é parte de 26, que 6 é parte de 26 e que 7 é parte de 17, ao mesmo tempo.

Terceiro, a subtração de duplo dígito exige a habilidade de pensar *simultaneamente* sobre a adição e a subtração, quando já é suficientemente difícil para estudantes de segunda série pensar apenas na subtração. Ao fazer 26 – 17, por exemplo, 20 – 10 = 10 é geralmente fácil. Contudo, as crianças que fazem, então, 10 + 6, o fazem *com a intenção de subtrair 7 posteriormente*. É este raciocínio simultâneo sobre adição e subtração que é difícil para muitos estudantes de segunda série, e essas crianças não conseguem entender a necessidade de usar a adição se 26 – 17 é um problema de subtração. (Algumas crianças fazem 20 – 10 = 10 e após 10 – 7 *com a intenção de somar 6 posteriormente*. A dificuldade de ter de pensar simultaneamente sobre a adição e a subtração é exatamente a mesma.)

CONCLUSÃO

Concluindo, nossos objetivos para a aritmética de segunda série incluem todas as quatro operações, com uma forte ênfase na adição. Nossas razões para enfatizar a adição são que (a) a maioria dos estudantes de segunda série pensa de maneira mais aditiva do que multiplicativa e (b) a habilidade de subtrair depende do conhecimento da soma e da habilidade de pensar simultaneamente sobre a adição e a subtração. No que diz respeito à grandeza dos números, certificamo-nos de que as crianças possam lidar solidamente com os números até 20. Gradualmente, então, aumentamos os números se elas estiverem dispostas e ávidas por lidar com eles. Se elas parecerem inseguras, voltamos a trabalhar com números mais fáceis.

Enfatizamos os problemas de enunciado a fim de que o cálculo seja derivado da necessidade de resolvê-los. O valor posicional também é ensinado neste contexto. As crianças que inventam seus próprios procedimentos para operações de muitos dígitos esforçam-se para resolver problemas, mas esse esforço lhes traz diversão, confiança e alegria, algo que é muito diferente da monotonia emocional que observamos nas crianças que são ensinadas a "transportar" e a "emprestar".

PARTE III
Atividades

6

Discussões sobre cálculos e problemas
com Linda Joseph

Muitos professores perguntam: "O que fazemos para que as crianças inventem a aritmética depois que jogamos fora os livros didáticos?". Nossa sugestão é que sejam usados três tipos de atividade: (1) discussões iniciadas pelos professores sobre cálculos e problemas, (2) discussões sobre situações da vida diária (por exemplo, calculando, como vimos no Capítulo 5, se $5,75 é suficiente para comprar um picolé para cada estudante da turma) e (3) jogos matemáticos. Este capítulo é dedicado ao primeiro tipo de atividade, discussões iniciadas pelos professores. No Capítulo 7, Linda Joseph explica o uso de situações da vida diária e outras atividades. Os jogos serão apresentados no Capítulo 8.

Para a maioria das crianças de segunda série, é difícil inventar formas de somar números com 2 algarismos, até mesmo quando o reagrupamento não é necessário. Essa é a razão pela qual os professores tomam a iniciativa de apresentar o tipo certo de problema no momento certo, dependendo do nível em que estejam as crianças no desenvolvimento do raciocínio numérico. Em geral, cerca de metade do período da aula de matemática é dedicado a essa discussão, e a outra metade a jogos.

Devido ao fato de nossos princípios de ensino serem muito diferentes daqueles do modelo tradicional, nós os discutiremos primeiramente. É importante que se entendam esses princípios e a linha de raciocínio teórico, pois o modo pelo qual ensinamos depende da avaliação que o professor faz sobre como as crianças pensam a cada momento. Em outras palavras, nosso modo de ensinar não pode ser reduzido a receitas ou a um guia que especifica o que fazer dia após dia. A seguir, discutiremos nossa seqüência geral de objetivos como o professor os pensa na prática, e concluiremos com exemplos de aulas de matemática que ocorreram em outubro, fevereiro e maio.

Neste capítulo, daremos maior espaço aos cálculos do que aos problemas, pois estes são similares às situações descritas no Capítulo 7. Os professores inventam problemas baseados na operação e na magnitude dos números que querem exercitar, usando feriados que se aproximam (por exemplo, comprar doces para comemorar uma determinada data), tópicos que procedem de outras áreas do currículo (por exemplo, o número de pernas de muitos insetos e aranhas) e temas sobre os quais as crianças falam espontaneamente.

PRINCÍPIOS DE ENSINO

Primeiramente, listaremos os cinco princípios e, após, cada um será explicado.

1. Comece com problemas com enunciado e deixe o cálculo surgir a partir deles.
2. Não mostre às crianças como resolver os problemas; em vez disso, encoraje-as a inventar seus próprios procedimentos.
3. Abstenha-se de reforçar respostas corretas e de corrigir as incorretas; em vez disso, promova a permuta de pontos de vista entre as crianças (a resposta correta sempre aparece).
4. Encoraje as crianças a inventar maneiras variadas de resolver problemas.
5. Encoraje as crianças a *pensar* mais do que a escrever; escreva no quadro negro para (a) facilitar a permuta de pontos de vista e (b) ensinar o valor posicional.

Comece com problemas com enunciado

No ensino tradicional, as crianças aprendem, primeiramente, as técnicas operatórias e, após, são dados problemas com enunciado aos quais podem *aplicar* tais técnicas. De acordo com o construtivismo de Piaget, como está dito no Capítulo 5, nossos antepassados construíram a aritmética a partir dos problemas práticos que encontravam. As crianças de hoje também podem construir a aritmética quando tentam calcular quantas cadeiras são necessárias, quantos biscoitos cada pessoa pode pegar, e assim por diante. Esse pensamento numérico sobre fatos da vida real é um exemplo do que Piaget chamou de "aritmetização lógica da realidade". Iniciamos oferecendo problemas com enunciado para que assim as crianças tenham oportunidades de aritmetizar logicamente situações que se assemelham à vida real. Por exemplo, se há quatro crianças à mesa, e cada uma delas deve receber cinco biscoitos, elas terão de decidir se farão 4 + 5, 5 + 5 + 5 + 5, ou outra forma qualquer para chegar ao número de biscoitos necessário. Essa é a parte "lógica" da aritmetização lógica. O raciocínio numérico envolvido na obtenção da resposta correta é a parte "aritmética".

Encoraje as crianças a inventar seus próprios procedimentos

Os educadores tradicionais de matemática não fazem distinção entre conhecimento lógico-matemático e conhecimento socioconvencional, supondo que a matemática tem de ser transmitida socialmente às crianças. Em outras palavras, eles presumem que as crianças não sabem como somar 15 a 17, por exemplo, a menos que sejam ensinadas a fazê-lo. Conforme exposto no Capítulo 1, entretanto, as crianças constroem números mentalmente e podem descobrir como operacionalizar esses números que *elas* criaram.

O leitor pode estar se perguntando o que o professor fará se as crianças não conseguirem inventar uma solução, mas as crianças sempre usam o que já sabem para inventar novos procedimentos. Portanto, uma forma de tornar possível uma invenção é trabalhar com números menores e/ou mais favoráveis. Por exemplo, se dividir 27 pastilhas M&Ms* entre quatro crianças for muito difícil, o professor poderá trocar o problema por outro mais fácil: dividir 15 entre cinco crianças, ou 12 entre três. Outra técnica é fazer perguntas como: "Seria bom fazer um desenho (ou usar M&Ms de faz-de-conta)?", ou "Seria bom ler novamente a pergunta?" (seguida por: "O que a pergunta quer saber?").

Encoraje a troca de pontos de vista

Na educação tradicional, uma das maiores responsabilidades do professor é salientar as respostas corretas e corrigir as incorretas. Dessa maneira, as crianças passam a ficar com medo de estar erradas e começam a ler a expressão facial do professor para saber se ele parece satisfeito ou não. Além disso, todo pensamento pára quando o professor anuncia que a resposta está correta.

Em vez de dizer "Certo" ou "Errado", o que nós fazemos é encorajar o intercâmbio por meio da pergunta: "Todos concordam?". A troca de pontos de vista entre as crianças é muito importante para nós, como foi mostrado no Capítulo 3. A matemática não se desenvolveu historicamente por meio do destaque conferido por uma autoridade superior. Toda a invenção foi mantida ou rejeitada pelo debate entre as partes. Na sala de aula, também, se todas as crianças concordarem que um raciocínio faz sentido, concluirão por si próprias que a resposta está correta. Se concluírem que a resposta de outra criança faz mais sentido, estarão perfeitamente preparadas para corrigirem-se *de dentro para fora*, sem qualquer pressão.

---

*N. de R.T. M&Ms: São pastilhas coloridas com chocolate dentro.

Encoraje as crianças a inventar diversas maneiras de solucionar um problema

A educação tradicional ensina "*a única* maneira correta" de lidar com cada tipo de problema, mas as crianças que são estimuladas a usar seu próprio raciocínio inventam diferentes maneiras de solucioná-los. Para obter o resultado de 15 + 17, por exemplo, uma criança poderá somar 10 + 10 = 20, 5 + 5 = outro 10, 20 + 10 = 30, e 30 + 2 = 32. Outra criança poderá somar 10 + 10 = 20, 5 + 7 = 12, 20 + 10 = 30, e 30 + 2 = 32. As crianças que avaliam criticamente as diferentes maneiras que seus colegas inventaram, têm a oportunidade de construir uma complexa rede de relações numéricas, a partir da qual construirão uma estrutura ainda mais elaborada.

Encoraje as crianças a pensar mais do que a escrever

O ensino tradicional trabalha com algoritmos convencionais, que são regras sobre onde escrever os numerais e em qual ordem. Como pode ser visto no videoteipe *Double-Column Addition* (Kamii, 1989a), os professores em nossas aulas escrevem os números com dois objetivos principais: facilitar a troca de pontos de vista entre as crianças e ensinar o conhecimento socioconvencional do valor posicional.

Em 1984, quando começamos a trabalhar juntas, ficou claro para nós que as crianças não deveriam escrever coisa alguma, concentrando-se apenas em pensar, escutar e falar. Conhecíamos somente uma pessoa que dizia que as crianças "procedem universalmente da esquerda para a direita" (Madell, 1985, p. 21). Madell afirmou o seguinte em relação a

$$\begin{array}{r} 36 \\ + 46 \\ \hline \end{array}.$$

> Invariavelmente, em um problema como esse, as crianças de sete e oito anos primeiramente somam as dezenas. Os detalhes variam:
>
> a) Alguns irão, na verdade, registrar o sete na coluna da dezena antes de olhar para a da unidade. Essas crianças, então, voltam atrás e apagam o que fizeram.
> b) Outras, tendo 7 como resultado da soma de 3 e 4, não escreverão esse 7 antes de verificar se a coluna da unidade constitui uma dezena.
> c) Alguns dos estudantes mais perspicazes verificarão antes a coluna da unidade. Percebendo (geralmente por estimativa) que a soma dos números dessa coluna dará mais de dez unidades, voltarão para somar a dezena e escrever 8 antes de retornar à unidade e aos últimos detalhes do cálculo. (p. 21)

Embora as afirmações de Madell tenham sido muito úteis, parecia-nos que o ato de escrever e apagar por ele descrito mostrava a preocupação das crianças com a escrita. Ele fala também sobre "a soma de 3 e 4" (em vez de falar na soma de 30 e 40), e nossas crianças, nesta situação, diriam "Discordo!". Se nenhuma discordasse, o professor desafiaria a turma, dizendo: "Eu obtenho 19 se somar 3 e 4 e 6 e 6. Como vocês chegaram a 82?".

Abaixo, está um exemplo de como o professor pode escrever e apagar enquanto as crianças conversam sobre o que pensam. O professor pede aos estudantes que não deixem nada sobre suas mesas e coloca, no quadro, um problema cujas parcelas são inferiores a 19:

$$\begin{array}{r} 18 \\ + 13 \\ \hline \end{array}$$

Ele então pergunta: "Qual seria uma boa maneira de resolver este problema?". É importante que o professor aguarde o tempo que for necessário, para encorajar todas as crianças a pensar. Quando a maior parte das crianças tiver levantado a mão para responder, o professor chama as crianças individualmente e lista, no lado esquerdo superior do quadro, todas as respostas diferentes, tais como 21, 31, 211 e 13. (Em geral, as crianças vão dizendo "Concordo!" ou "Discordo!" à medida que o professor anota cada resposta, mas o professor encoraja os estudantes a não se manifestarem nesse momento.)

Tomando o cuidado de não dizer se a resposta está certa ou errada, o professor chama, a seguir, voluntários para explicar como chegaram às suas respostas (logo se torna conveniente perguntar: "Qual resposta parece incorreta [ou correta] para você?". As crianças poderão dizer, por exemplo, que a resposta 13 não é razoável, pois uma das parcelas da soma é 13, ou que 211 parece incorreto, pois "10 mais alguma coisa" mais "10 mais alguma coisa" não pode resultar em 200). Quando um voluntário explica seu raciocínio, o professor escreve cada passo no quadro e estimula o grupo a concordar ou discordar. Por exemplo, se um voluntário disser "10 mais 10 são 20", o professor pode apontar para cada número 1 (no 18 e no 13), e escrever as idéias das crianças no lado esquerdo do quadro, como a seguir:

$$\begin{array}{r} 10 \\ + 10 \\ \hline 20 \end{array} \qquad \begin{array}{r} 18 \\ + 13 \\ \hline \end{array}$$

Se a criança disser a seguir: "Pego 2 do 3 e somo-o ao 8", o professor aponta para o 3 e para o 8 e escreve "-2" e "+2", como a seguir:

$$\begin{array}{r} 10 \\ + 10 \\ \hline 20 \end{array} \qquad \begin{array}{r} 18 \\ + 13 \\ \hline \end{array} \qquad \begin{array}{r} + 2 \\ - 2 \\ \hline \end{array}$$

Se a criança continuar com: "Assim temos mais um 10", o professor aponta para o 8 e o +2 e escreve "10", como mostrado a seguir:

```
    10           18          + 2
  + 10         + 13          - 2
  ----         ----
    20
    10
```

Se a próxima afirmação da criança for: "20 mais 10 são 30", o professor aponta para o 20 e o 10 abaixo dele, apaga tudo o que está no lado esquerdo, exceto o 20, e substitui o 2 pelo 3, como segue:

```
                 18          + 2
               + 13          - 2
               ----
  30
```

Se a criança então disser: "E mais 1 dá 31", o professor aponta para o "3 – 2", apaga o zero do 30 e o substitui por 1, com o seguinte resultado:

```
                 18          + 2
               + 13          - 2
               ----
  31
```

O professor então escreve "31" abaixo da conta de duas colunas.

Deste modo, o professor apaga e escreve no quadro (a) para que o voluntário saiba o que o professor compreendeu e (b) para ajudar o resto da turma a seguir a exposição. Assim, o professor abstém-se de dizer que um raciocínio faz ou não faz sentido, estimulando a troca de idéias entre as crianças.

O professor pede às crianças individualmente que apresentem todas as diferentes maneiras pelas quais chegaram à resposta. Dois outros métodos que elas freqüentemente inventam para a resolução do problema anterior são:

```
  10 + 10 = 20        10 + 10 = 20
  8 + 3 = 11          20 + 8 = 28
  20 + 10 = 30        28 + 3 = 31
  30 + 1 = 31
```

No começo, é mais fácil para as crianças descobrirem como funciona o valor posicional se o professor escrever o problema no sentido vertical. Entretanto, também é importante apresentar o problema no sentido horizontal, para evitar criar dependência do alinhamento vertical das colunas.

As questões colocadas com freqüência por quem visita nossas turmas são: Como você inicia a discussão? Em que seqüência você dispõe os problemas? E por que você trabalha com a turma inteira quando todos dizem que os professores deveriam trabalhar com grupos pequenos? Essas questões serão tratadas ainda neste capítulo, quando Linda Joseph explicará algumas das atividades que usa em suas aulas.

O INÍCIO

O primeiro princípio de ensino apresentado anteriormente foi iniciar com problemas com enunciado. Geralmente, essa é uma boa idéia, mas quando queremos que as crianças de segunda série construam *dezenas* a partir de *unidades*, o que é difícil para a maioria delas, os números são nosso foco principal. Eu começaria com um jogo que todas as turmas usam, chamado "Around the World" (Volta ao Mundo). Nesse jogo, duas crianças competem simultaneamente para ver quem pode dar o resultado da soma de dois números mais rapidamente, depois de eu mostrar-lhes um cartão. As primeiras duas crianças levantam-se para competir. A seguir, o vencedor fica em pé atrás (ou próximo) de uma terceira criança, e ambos esperam que eu lhes mostre o próximo cartão. Quem vencer, então, fica atrás de uma quarta criança, e assim por diante, até que todas as crianças tenham tido uma chance de participar. A criança que derrotar o maior número de colegas e que chegar ao fim da fila será a campeã, e dirá que fez a "volta ao mundo". (A campeã geralmente derrota muitas outras crianças, mas não todas elas. Antes do início do jogo, pergunto: "Quem quer jogar?", pois algumas crianças ficam com medo de competir nesse jogo e não devem ser forçadas a fazê-lo.)

Fazemos essa brincadeira por aproximadamente 30 minutos. Após, vou ao quadro e digo: "Percebi que Tom respondeu a questão rapidamente", e escrevo no quadro um problema, como por exemplo:

$$\begin{array}{r} 9 \\ + 5 \\ \hline \end{array}$$

Pergunto: "Alguém pode pensar em uma maneira rápida de obter a resposta?". Uma criança dirá: "Você pode fazer a conta rapidamente em sua cabeça", e outra poderá dizer: "Pegue 1 do 5 e junte-o ao 9". Seguindo o raciocínio da criança, aponto para o cinco e escrevo "-1", e aponto para o 9 e escrevo "+1", como mostrado abaixo, de modo que todos possam decidir se o método faz sentido:

$$\begin{array}{rr} 9 & +1 \\ + 5 & -1 \\ \hline \end{array}$$

"A soma é 10", a criança continua, e eu acrescento ao cálculo, conforme segue:

$$\begin{array}{r} 9 \\ +\,5 \\ \hline \end{array} \qquad \begin{array}{r} +\,1 = 10 \\ -\,1 \end{array}$$

Quando a criança diz: "E mais 4 dá 14", acrescento esse número como segue:

$$\begin{array}{r} 9 \\ +\,5 \\ \hline \end{array} \qquad \begin{array}{r} +\,1 = 10 \\ -\,1 = 4 \\ \hline 14 \end{array}$$

Às vezes, poderei escrever muito menos, seguindo o mesmo raciocínio, escrevendo apenas:

$$\begin{array}{r} 9 \\ +\,5 \\ \hline 14 \end{array} \qquad \begin{array}{r} 10 \\ 4 \end{array}$$

Quando todas as possibilidades tiverem sido oferecidas, passo a outro problema, como por exemplo:

$$\begin{array}{r} 8 \\ +\,7 \\ \hline \end{array}$$

A esse problema algumas crianças responderão: "Sei que 8 e 8 são 16; tirando-se 1, restam 15". Alguns colegas concordarão que achar o dobro é fácil, e eu os estimulo a usar o que já sabem para avançar a partir daí. Outras maneiras que elas inventam são as seguintes:

$$(7 + 7) + 1$$
$$(8 + 2) + 5$$
$$(7 + 3) + 5$$

Depois de alguns dias jogando Volta ao mundo, paro de usá-lo e vou direto ao quadro, onde escrevo problemas, tais como os que se seguem, um de cada vez:

$$\begin{array}{r} 5 \\ +\,3 \\ \hline \end{array} \qquad \begin{array}{r} 3 \\ +\,6 \\ \hline \end{array} \qquad \begin{array}{r} 10 \\ +\,5 \\ \hline \end{array}$$

Inicio cada aula com problemas fáceis cujas somas vão até 10, para que todas as crianças tenham a oportunidade de obter sucesso. A seqüência que eu em geral tenho em mente ao dar os problemas é a seguinte:

1. Problemas de um único dígito, em especial aqueles que provavelmente sugiram o uso de dobros, como 5 + 6, e o uso de combinações que resultem em 10, como 8 + 3.
2. Problemas de colunas desiguais com "parcelas maiores do que 10", que não necessitam de reagrupamento, até a soma de 19. Por "parcelas maiores do que 10", quero dizer números entre 11 e 19. Enfatizo-os por duas razões: (a) muitos estudantes de segunda série só sabem somar unidades, pois para eles, 14, por exemplo, são 14 unidades, e não 1 dezena mais 4 unidades, e (b), conforme apontado em Ma (1999), é bastante importante que as crianças consigam lidar de forma segura com somas cujo resultado vá até 20. Dois exemplos dessa categoria são os seguintes:

$$\begin{array}{c}12\\+\ 6\\\hline\end{array} \quad e \quad \begin{array}{c}15\\+\ 4\\\hline\end{array}$$

3. Problemas de colunas desiguais e de dois dígitos com "parcelas maiores do que 10", sendo que alguns dos quais exigem reagrupamento. Exemplos:

$$\begin{array}{c}16\\+\ 4\\\hline\end{array} \quad \begin{array}{c}10\\+12\\\hline\end{array} \quad \begin{array}{c}13\\+13\\\hline\end{array} \quad \begin{array}{c}19\\+\ 2\\\hline\end{array}$$

Durante cada aula de matemática, misturo problemas que exigem reagrupamento e outros que não exigem. Um dos motivos para isso é que as crianças podem também construir a regra (ou truque), por exemplo, de somar cada coluna como se fossem unidades. Presto especial atenção às combinações que totalizam 10, dando problemas do tipo 17 + 3 e 12 + 8. Após, continuo com termos mais elevados, como 36 + 5 e 38 + 13.

4. Problemas que envolvem muitos números, conforme segue:

$$\begin{array}{c}7\\4\\8\\3\\+2\\\hline\end{array}$$

Novamente, presto especial atenção às combinações que totalizam 10, como 7 + 3 e 8 + 2.

Avanço tanto quanto as crianças podem acompanhar durante cada encontro. Passar por vários tipos de problemas durante cada aula de matemática é algo que contradiz o ensino baseado no livro didático, o qual se detém em apenas um tipo de exercícios por dia (como soma de coluna dupla com um reagrupamento). Prefiro oferecer exercícios variados, em parte porque as crianças se beneficiam ao ouvir as discussões referentes aos problemas que julgam ser muito difíceis. Quase todo dia, alguém tentará resolver um tipo novo ou mais difícil de problema pela primeira vez, e eu fico em estado de êxtase quando isso acontece.

Às vezes, convido pequenos grupos de crianças menos avançadas para trabalhar comigo em problemas, enquanto os outros brincam com jogos. Contudo, insisto em ter toda a turma nas discussões, pois as crianças menos avançadas tiram proveito ao ouvir os estudantes mais avançados. Elas poderão entender ou não o que está sendo dito, mas se forem excluídas *jamais* terão acesso a discussões de nível mais alto.

Um dia, em meados de setembro,* um menino mais adiantado solicitou "algo mais difícil, algo com centenas". Assim, escrevi o seguinte problema para ele:

$$\begin{array}{r} 73 \\ + 38 \\ \hline \end{array}$$

Surpreendentemente, ele deu a resposta correta num piscar de olhos. Quando perguntei como havia chegado à resposta, ele disse ter somado 70 a 30, obtendo 100, e mais 11 resultaram em 111.

Então, decidi testar o resto da turma para ver como resolveriam um tipo de problema que provavelmente nunca haviam encontrado antes. Assim, escrevi este problema no quadro:

$$\begin{array}{r} 46 \\ + 46 \\ \hline \end{array}$$

Andei pela sala, escutando as crianças cochicharem as respostas em meu ouvido e, sem comentários, listei-as no quadro: 91, 92, 20, 81 e 812.

Após aguardar por tempo suficiente, disse à turma: "Agora quero que me contem como vocês chegaram às respostas". Depois, perguntei: "Quem chegou a esta resposta?", apontando para o número 812. Quando Katie identificou-se, perguntei-lhe por onde havia iniciado. Ela disse: "Quatro mais quatro são 8, e 6 mais 6 é 12; portanto a resposta é 812". Perguntei à turma se eles concordavam, e muitos responderam que não. "Por que não?", indaguei, e Jay disse: "Não é 4, mas 40!".

Preocupada com o fato de estar indo muito rápido à resposta correta, indiquei a resposta cuja soma era 20 e perguntei: "Quem chegou a esta resposta?". Duas crianças levantaram a mão e deram duas explicações diferentes. Uma disse: "Quatro mais quatro são 8, e 6 mais 6 são 12; e 8 mais 12 são 20". A outra explicou: "Quatro mais seis são 10, e 4 mais 6 dá outro 10; e 10

---

*N. de R.T. Lembramos que se trata do início do ano letivo nos EUA.

mais 10 dá 20". Disse-lhes que Jay havia acabado de dizer que 4 não significava 4, mas 40, e repeti o problema inicial: "Quanto é 46 mais 46?". Muitas crianças levantaram a mão, e uma disse: "Tem de ser 80 (o que significava 40 + 40 = 80)!". Outra continuou: "Tire 10 do 12 e acrescente-o ao 80 e você terá 90, mais o 2 que sobrou dá 92". Neste momento, muitas crianças pediram que suas primeiras respostas fossem apagadas. Esse pedido provou que elas foram beneficiadas pelo alto nível de argumentação ao qual tinham sido expostas.

TRÊS EXEMPLOS DE AULAS DE MATEMÁTICA

Tendo discutido os princípios de ensino e as invenções das crianças em geral, agora gostaria de esboçar como procedo a cada dia e como as discussões mudam durante o ano. Para fazer isso, apresento três exemplos de aulas que ocorreram em outubro (início do ano letivo norte-americano), fevereiro (meio do ano letivo) e maio (final do ano letivo), em uma mesma turma.

1º de Outubro

Este foi um dos dias de filmagem do vídeo *Double-Column Addition* (Kamii, 1989a). Os problemas que coloquei, um a um, no quadro, neste dia, foram os seguintes:

$$\begin{array}{cccccc}
9 & 8 & 6 & 3 & 5 \\
+6 & +7 & 4 & 6 & 4 \\
& & +2 & +1 & 3 \\
& & & & +2 \\
\\
13 & 17 & 26 & 4 \\
+13 & +13 & +5 & \times 5 \\
\end{array}$$

Levamos aproximadamente 25 minutos discutindo todas as diferentes maneiras que as crianças inventaram para resolvê-los.

5 de fevereiro

Este foi outro dia de filmagem do vídeo. Coloquei as seguintes contas no quadro, uma de cada vez, e levamos aproximadamente 30 minutos discutindo todas as diferentes maneiras que as crianças queriam destacar, antes de irmos para o problema com enunciado:

```
    4          20         24         29         87
  + 4        + 50       + 53       + 35       + 24
  ___        ____       ____       ____       ____

   420       2680        18         17         26         24
 + 346     + 3319       - 6        - 9       - 17       - 14
 _____     _____       ___        ___        ___        ___
```

O problema que criei foi: "Havia 65 crianças de segunda série nesta escola quando juntamos as três turmas de segunda série. Vinte e seis dessas crianças pediram galinha para o almoço, e o restante pediu sopa. Quantas crianças pediram sopa?" As respostas que elas deram foram 39 (8 crianças), 41 (5 crianças), 34 (uma criança) e "não sei" (9 crianças). Quando alguma criança não tem idéia de como solucionar o problema, discutimos todas as diferentes maneiras de como resolvê-lo. Eu acabei, escrevendo o seguinte no quadro:

```
    65
  - 26
  ____
```

Joyce disse que conseguira ir até 60 – 20, mas não conseguira ir adiante. Aqueles que responderam 39 explicaram seu procedimento de uma das seguintes maneiras:

```
60 – 20 = 40            60 – 20 = 40
40 – 6 = 34             5 – 6 = 1 negativo ou abaixo de zero
34 + 5 = 39             40 –1 = 39
```

A resposta 41 para esse problema é bem conhecida por professores de segunda e terceira séries. Alguns de nossos estudantes chegam a essa resposta fazendo 60 – 20 = 40, 6 – 5 = 1, e 40 + 1 = 41.

21 de maio

A maior parte do tempo foi usada com os problemas, mas dei-lhes primeiramente as três contas seguintes:

```
   28          1.568         87
 + 92        + 2.896       - 29
 ____        _____       ____
```

A primeira conta foi fácil para quase todas as crianças, e quase metade delas concordou que uma boa maneira de solucionar a segunda conta seria a seguinte:

1.000 + 2.000 = 3.000
500 + 800 = 1.300
3.000 + 1.000 = 4.000
4.000 + 300 = 4.300
60 + 90 = 150
4.300 + 100 = 4.400
4.400 + 50 = 4.450
8 + 6 = 14
4.450 + 10 = 4.460
4.460 + 4 = 4.464

O problema de subtração, 87 – 29, demonstrou as dificuldades normais. Um terço da turma estava completamente seguro tanto sobre suas respostas quanto sobre seu raciocínio, mas os demais deram os tipos comuns de respostas: 91, 68 e 62. "Vamos adiante", eu disse, pois não há razão para submeter as crianças a fazerem algo que é seguramente muito difícil para elas (mais tarde eu descobri que esse tipo de cálculo é difícil até mesmo para muitas crianças de quarta e quinta séries).

O problema seguinte que dei foi este: "Temos três moscas. Se cada mosca tem 46 ventosas de sucção em cada uma de suas patas, quantas ventosas elas têm no total?". Imediatamente, ouvi muitos comentários sobre se o problema seria 46 x 3 ou 46 x 18. Assim, disse: "Algumas pessoas pensam que o problema é 46 x 3, e algumas dizem que é 46 x 18. Qual será o correto?". Alguém respondeu: "O correto é 46 x 18, pois cada mosca tem 6 pernas, e 6 mais 6 mais 6 é 18". Houve muitos comentários, e alguém sugeriu: "Vamos fazer do nosso próprio modo".

Andei pela sala para descobrir como as crianças estavam pensando, olhando o que elas estavam escrevendo. Então, listei as seguintes respostas verticalmente no quadro à medida que as crianças as davam: 134, 138, 1.068, 876, 728, 148 e 828. Ao ouvirem os números mais baixos, algumas crianças disseram: "Discordo!". Como resultado, as crianças que haviam encontrado as duas primeiras respostas sentiram a necessidade de verificá-las e, mais tarde, pediram para que eu as apagasse.

"Quem pode provar que sua resposta está correta?", perguntei. Escolhi três crianças para irem ao quadro, uma de cada vez. Todas usaram a adição de variadas maneiras.

Chuck disse: "Quarenta, 40, 40, 40 mais 40 são 200", e eu escrevi como segue:

```
  40
  40
  40
  40
  40
 ___
 200
```

Ele continuou, dizendo: "Com mais 5 [40] são 200, mais 200, 400. Calculamos 10 de 18. Mais 5[40] são 600, e mais 3[40] são 600 mais 120, o que dá 720". Seguindo o seu raciocínio, continuei escrevendo, conforme segue:

```
       40
       40
       40
       40
       40
      ———
      200
      200
      ———
      400
      200
      ———
      600
      120
      ———
      720
```

Após, Chuck disse: "Seis 4 vezes é 12 e 12, o que dá 24. Mais 4 seis é 48. Isso dá conta de 8 dos 18 seis. Precisamos de mais 10 seis, o que é 48 mais 12, ou 60. Somando 60 mais 48, temos 108". Olhando para o 720 que eu havia escrito no quadro, ele então acrescentou o 108 e disse que a resposta era 828.

A segunda maneira de resolver o problema foi inventada por Ellen e Cathy, que normalmente trabalhavam juntas. Elas iniciaram pedindo que eu escrevesse "18 quarenta e seis" (eu incentivei as crianças a pedirem que eu escrevesse no quadro, pois elas escrevem tão devagar que a turma deixa de prestar atenção). Um resumo do seu procedimento pode ser visto na Figura 6.1. Diferentemente de Chuck, elas precisaram escrever muito. Quando elas acabaram e viram que a sua resposta era a mesma de Chuck, ficaram muito felizes.

A terceira maneira de resolver o mesmo problema foi inventada por George. Ele começou por me pedir para escrever 40 seis vezes em uma coluna, mais seis vezes, e mais seis vezes, cada conjunto em uma coluna. Após ter o total de 720, como se pode ver na Figura 6.2, ele pediu-me para escrever três colunas de 6 seis. O restante de seu procedimento pode ser visto na Figura 6.2.

Passei para um problema mais fácil: "Vamos supor que temos uma colméia, onde há 10 abelhas indo coletar néctar. Cada abelha visitará 36 flores. Quantas viagens todas as abelhas farão juntas?".

Alguém gritou imediatamente: "É 10 vezes 36!". Quatro maneiras diferentes de resolver o problema foram apresentadas voluntariamente. Carol obteve 30 x 10 = 300, usando o 10 como fator de multiplicação. A seguir, ela somou os seis, conforme demonstrado na Figura 6.3, e disse a resposta: 360.

O procedimento de Jerry foi semelhante, mas ele escreveu muito, começando por pedir-me para escrever 10 trinta e seis. A Figura 6.4 ilustra seu cálculo.

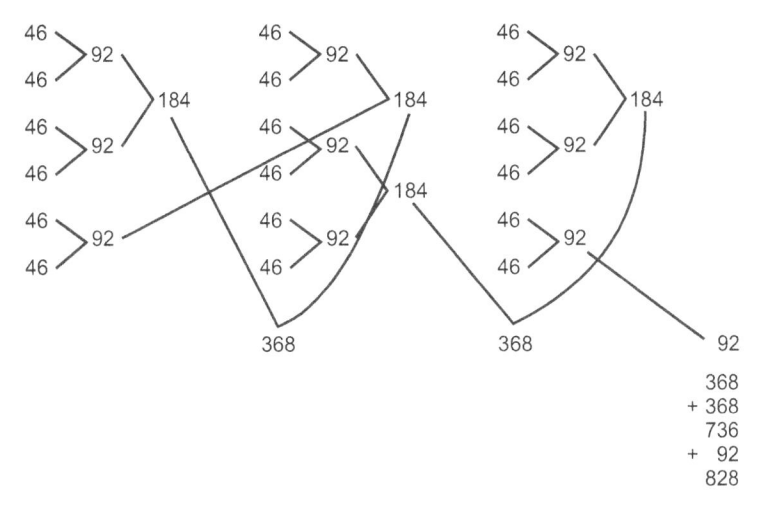

Crianças pequenas continuam reinventando a aritmética

Figura 6.1 Maneira pela qual Ellen e Cathy calcularam 46 × 18.

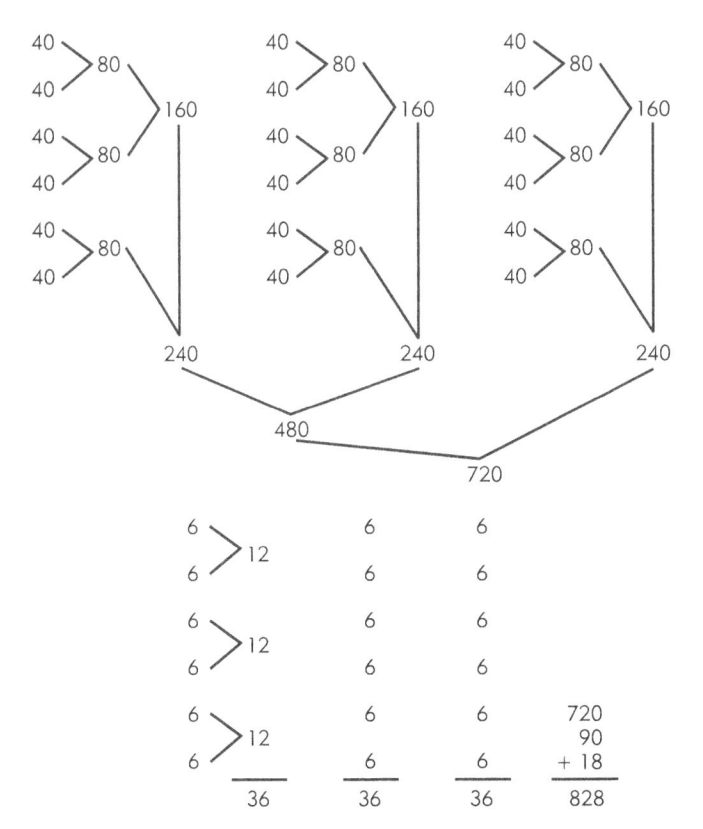

Figura 6.2 Maneira pela qual George calculou 46 × 18.

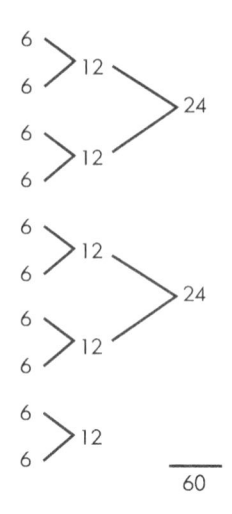

Figura 6.3 Parte do trabalho de Carol no cálculo de 10 x 36.

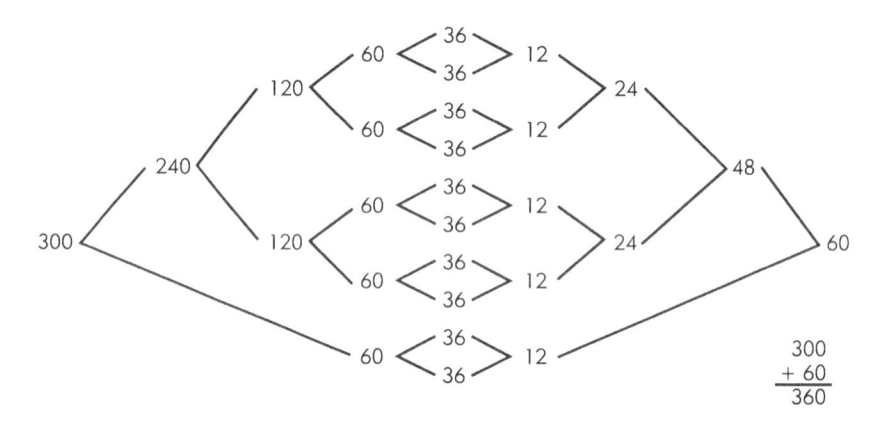

Figura 6.4 Cálculo de Jerry para 10 x 36.

Eu perguntei: "Alguém tem uma maneira que seja mais rápida?". George ofereceu o seguinte raciocínio:

10 x 10 = 100; assim 30 x 10 = 300
6 x 10 = 60
300 + 60 = 360

Cathy desafiou-o, dizendo: "Qualquer número vezes 10 é o número com um zero. Sempre tudo o que temos a fazer é acrescentar um zero a ele. Assim,

10 vezes 36 é igual a 360. Isso é tudo!". Surpresa com esse conhecimento (ou truque) eu disse: "Quero que você prove que 10 vezes 36 é 360".

Cathy foi até o quadro com Ellen, e as duas escreveram o número 10 trinta e seis vezes, usando todo o quadro. Primeiro, elas contaram a fileira de cima: "Dez, 20, 30, 40, 50, 60, 70", e escreveram "70" ao lado. Após, repetiram o procedimento duas vezes, mas ficaram confusas e decidiram começar tudo de novo, de 10 a 360.

Antes de concluir esta seção, gostaria de mencionar duas maneiras de lidar com diferenças individuais que funcionam bem. Uma é escrever cinco ou seis contas no quadro e pedir que cada voluntário escolha uma que gostaria de fazer. Segue um exemplo das escolhas que o professor pode oferecer:

$$\begin{array}{ccccc} 26 & 18 & 29 & 123 & 53 \\ +12 & +6 & +15 & +382 & +37 \end{array}$$

Descobrimos que a maioria das crianças escolhe operações com o nível de dificuldade adequado para elas. Elas sabem quais são muito difíceis e quais são chatas. Em um ambiente que promove o desenvolvimento da autonomia das crianças, elas parecem tomar decisões que são educacionalmente adequadas para elas.

A segunda maneira de lidar com as diferenças individuais vem do *CGI Mathematics: Classroom Action Research, 1997-98* (Abbott et al., 1998, p. 99). A seguir, um exemplo de cinco escolhas de pares de números que um professor apresentou ao dar um problema:

Lindsey tem ____ biscoitos de chocolate. No lanche, ela comeu ____ dos biscoitos. Quantos biscoitos Lindsey ainda tem?

13, 5   23, 15   53, 35   93, 45   133, 85

Quando compreendemos que os problemas exigem a aritmetização lógica da realidade, podemos fazer com que a lógica do problema com enunciado seja a mesma para todos os estudantes, ao mesmo tempo fazendo a parte aritmética mais fácil ou mais difícil.

CONCLUSÃO

Gostaria de concluir este capítulo com alguns comentários sobre o que as crianças escrevem ou não escrevem durante a discussão. Conforme exposto anteriormente, as crianças ficam livres para pensar quando não são solicitadas a escrever nada. É por isso que pedi a elas que guardassem tudo no início de nossas discussões. Contudo, quando passamos a utilizar parcelas maiores na centena ou na adição repetida, como 10 x 36, vejo crianças escrevendo no papel ou em suas mesas. Quando precisam usar a escrita para relembrar *o resultado de seu raciocínio*, deixo-as usar papel e lápis. Esse tipo de escrita é muito diferente do tipo usado para seguir regras de "transporte" e "empréstimo".

A importância de enfatizar o pensamento das crianças foi confirmada em maio, quando Constance Kamii me disse que as crianças da terceira série que aprendiam pelo ensino tradicional estavam utilizando a escrita para resolver problemas do tipo

$$84 \lfloor 2 \quad \text{e} \quad 93 \lfloor 3$$

Decidi, então, descobrir quantos estudantes da minha turma de segunda série resolviam esses problemas e perguntei: "Como vocês dividiriam 84 por 2?". Sem demora, um terço da turma tinha a resposta, sem escrever nada. Eles explicaram: "Metade de 80 é 40, e metade de 4 é 2; então, a resposta é 42". Para dividir 93 por 3, tiveram o mesmo tipo de raciocínio: "Noventa é 3 vezes 30, e 3 é 3 vezes 1; assim, a reposta é 31". As crianças que não foram preparadas para seguir regras de escrita fazem seu próprio raciocínio e não se tornam dependentes de adultos ou de papel e lápis.

7

O uso de situações do cotidiano e outras atividades

por Linda Joseph

Um programa matemático construtivista não pode ficar limitado às aulas de matemática por duas razões. Primeiro, a aritmética é aquilo que as crianças constroem a partir de suas experiências de vida real, e não algo que é colocado nas suas cabeças por meio do livro didático. Segundo, não é só durante as aulas de matemática que os professores devem acionar a atividade mental dos estudantes. Se quisermos que as crianças sejam mentalmente ativas durante as aulas de matemática, temos de estimulá-las a criar relações entre as coisas e a estar alertas e curiosas do começo ao fim do dia.

Um professor construtivista está constantemente buscando situações que possam ser usadas para desenvolver o raciocínio numérico das crianças. Algumas dessas situações aparecem nas rotinas diárias, semanais ou mensais, como fazer a chamada e verificar quantas crianças almoçarão na escola. Outras surgem de modo fortuito, como quando uma criança diz: "Parece que há um número ímpar de buracos (ilhoses) em cada lado do meu tênis, mas quando coloco o cadarço, todos os buracos encontram seu par!". Um terceiro tipo, como a culinária, é uma atividade da vida real que naturalmente ocorre na vida da criança, mas tem de ser planejada pelo professor para que se dê em sala de aula. Neste capítulo, darei exemplos de cada um desses três tipos de atividades que usei como professora de segunda série.

ROTINAS DIÁRIAS, SEMANAIS E MENSAIS

Fazer a chamada, fazer um pedido de almoço e contar o dinheiro para o almoço

Toda manhã, logo na entrada da sala de aula, as crianças de minha turma usavam um procedimento simples que servia simultaneamente para fazer a chamada e para registrar suas escolhas para o almoço. Cada criança tinha um número determinado de 1 a aproximadamente 26 (dependendo do tamanho da turma), correspondente à lista de chamada, em ordem alfabética. Esses números eram escritos em pequenos cartões, que ficavam pendurados em ganchos individuais, em um painel próximo à entrada da sala. Outra parte do painel estava dividida em três seções com três etiquetas: "Almoço normal", "Sopa" e "Almoço trazido de casa". Abaixo de cada uma dessas etiquetas havia quatro fileiras de cinco alfinetes. Cada uma das crianças pegava seu cartão com seu número e o pendurava com um alfinete abaixo da etiqueta correspondente. Quando a aula iniciava, eu perguntava: "Quantos almoços normais estamos pedindo hoje? Quantas sopas? Quantos almoços trazidos de casa?", e as crianças davam-me a quantidade de cada item. A questão seguinte, "Alguém está ausente?", era respondida com uma olhada para ver se algum cartão continuava pendurado em sua posição original. As crianças somavam os três tipos de almoço e as ausências para ter certeza de que todos os estudantes da turma haviam sido contados.

Depois de anotar o dinheiro do almoço recebido de cada criança, eu costumava convidar duas ou três delas para calcular o valor total coletado. Lamentavelmente, o dinheiro do almoço agora é computadorizado, mas mantive essa situação da vida real na segunda edição deste livro, pois há outras oportunidades semelhantes em que os professores podem usar para contar dinheiro. As situações da vida real são muito melhores do que simples exercícios, pois motivam as crianças a serem precisas por razões reais (mais do que simplesmente para satisfazer o professor).

As crianças perceberam a vantagem de separar o dinheiro em cheques, cédulas e moedas, e contaram mentalmente o montante de uma maneira que me surpreendeu no princípio. Ao calcular os cheques, elas primeiramente somavam apenas o montante em dólares (sem considerar os centavos). Após, somavam as cédulas e chegavam também a valores inteiros. O próximo passo era combinar as moedas e os centavos dos cheques de forma que resultassem em valores inteiros. Finalmente, concluíam contando as moedas restantes.

Segue um exemplo. O dinheiro coletado consiste em quatro cheques (de $3,40, $4,25, $3,40 e $4,25), cinco notas de 1 dólar, quatro moedas de 25 centavos, seis moedas de 10 centavos e três de 5 centavos. Uma criança encontrou 14 dólares em cheques, adicionou a esse valor o total em cédulas, obtendo 19 dólares, aos quais adicionou as quatro moedas de 25 centavos, obtendo $20. Contou, então, as moedas de 10 e 5 centavos, obtendo 75 centavos, aos quais adicionou 25 centavos de um dos cheques e anunciou: "São 21 dólares". Após, ela somou os centavos dos outros três cheques, e tendo encontrado 1,05 dólares, anunciou que o total geral era $22,05. Eu pensava que papel e lápis eram indispensáveis a essa tarefa até ver a engenhosidade dessas crianças de segunda série!

Se as crianças tivessem chegado a totais diferentes, juntavam-se e recomeçavam até chegar a um acordo. No início do ano, algumas crianças não gostavam de contar dinheiro. A maior parte delas, no entanto, interessou-se por essa tarefa ao longo do ano.

Registrando o tempo das idas ao banheiro

Para estimular as crianças a contar o tempo, afixei um cartaz próximo à porta para registrar as idas ao banheiro. Minhas regras eram de que dois meninos e duas meninas podiam ir ao banheiro ao mesmo tempo. Pedia a cada criança que ia ao banheiro que registrasse a hora em que saiu e a hora em que retornou.

As crianças freqüentemente verificavam-se umas às outras com comentários do tipo: "Você não pode colocar 11h 30min, pois ainda não são nem 11h". A outra diria: "Ah, são 10h 30min!". Eu freqüentemente me perguntava por que as crianças esperavam à porta com uma folha e lápis na mão, olhando para o relógio. Quando um dia vi que eram 8h 59min, percebi que elas estavam esperando mais um clique para poder registrar 9h.

Votando

Quando a autonomia é o objetivo da educação, o professor faz com que as crianças tomem o maior número de decisões possível. Assim, as crianças tentam oferecer argumentos convincentes e fazem votações para tudo, desde a escolha de jogos até a decisão de ir para o pátio ou ficar dentro da sala e jogar. Em um determinado momento, a turma passou a fazer sempre uma votação para escolher entre os seus dois jogos favoritos – Volta ao mundo (descrito no Capítulo 6) ou Tic-Tac-15 (descrito no Capítulo 8). Esse era um tópico de debate tão freqüente que a turma decidiu jogá-los em quartas-feiras alternadas.

Ao votar, as crianças descobriram que não havia necessidade de contar os votos contrários quando havia apenas duas opções. Se o primeiro grupo fosse maior ou menor do que a metade da turma, tinha-se um vencedor.

Indo ao Centro de Mídia

Dispúnhamos de um Centro de Mídia, o que significava que as crianças poderiam ir lá a qualquer hora, para pesquisar em livros ou para fazer seus trabalhos. (Eu determinava um tópico de pesquisa ou, então, o uso de computadores.) Entretanto, as crianças conheciam minha regra de que apenas seis poderiam ir ao Centro de Mídia em um determinado horário. Portanto, elas freqüentemente deduziam se podiam ir ao centro contando rapidamente o número de crianças na sala de aula, o número que havia ido ao banheiro e o número de ausentes.

Mudando o calendário

Quando um mês se encerrava e era hora de retirar as informações antigas e colocar as novas no calendário grande (uma grade que possuía apenas os dias da semana no topo), as crianças gostavam de ajudar. Para tirar proveito do interesse que tinham por essa tarefa, a troca de calendário era feita em uma atividade com um grupo grande. Eu perguntei-lhes em qual dia da semana o novo mês começaria. Mas alguns já podiam calcular até mesmo o dia da semana em que o mês seguinte começaria, antes que todos os números do novo mês tivessem sido colocados. O procedimento de uma criança para chegar a isso foi contar quatro semanas a partir do primeiro dia do novo mês, avançando para o próximo dia (pois $4 \times 7 + 1 = 29$) e adicionar 1 ou 2 dias, dependendo de quantos dias houvesse no mês em questão.

Certificando-se de que peças dos jogos não foram perdidas

As crianças são responsáveis pelo cuidado em manter todas as peças dos jogos. Antes de jogar, o grupo conta todas as peças para ver se está completo. Ao final, contam novamente para ter certeza de que todas estão sendo guardadas. Freqüentemente, pequenas peças caem no chão e podem ser perdidas se não forem contadas. As crianças sabem que devem alertar o restante da turma imediatamente se alguma peça não for encontrada. Elas dizem, por exemplo: "Há apenas 48 cartas. Quatro foram perdidas". Ou "Achei apenas 97 peças do jogo que tem cem peças. Temos de achar as outras três".

Negociando com livros atrasados e multas

Uma vez por mês, recebíamos uma lista do Centro de Mídia referente a livros atrasados e multas. A lista era colocada próximo à porta, como lembrete, e as crianças freqüentemente liam-na enquanto estavam na fila para sair da sala. Às vezes, alguém notava: "Puxa, Becky, você deve 75 centavos mais 45 centavos. Isso dá mais que um dólar. Você tem que devolver mais dois livros, também". As outras crianças amontoavam-se à volta e começavam a calcular suas próprias multas. Alguns retornavam para suas classes para anotar o total e levá-lo para casa.

Pagando materiais escolares

Tínhamos a permissão de vender lápis, papel e outros materiais escolares na sala de aula, para evitar que as crianças saíssem. Isso dava a elas a chance de trabalhar com dinheiro de verdade. O comprador e o vendedor tinham de concordar sobre o valor de cada compra.

Quando as crianças precisavam de lápis ou papel, mas não tinham dinheiro, tinham a permissão de abrir contas. Elas assinavam seus nomes em uma folha de papel, ao lado da data, dos itens adquiridos e do valor devido. Periodicamente, as crianças somavam o valor total da dívida de cada um. Um exemplo: "Peter, você deve 15 centavos mais 50 centavos". Outra criança dizia: "São 65 centavos", e Peter retorquia: "São 15 centavos mais 50 centavos!".

Uma manhã, quase não tínhamos mais material. Pedi a Becky para ir à secretaria para repormos nosso estoque de lápis, pegando cinco unidades de cada tipo disponível. Quando retornou, a turma estava curiosa para saber quantos e quais tipos de lápis ela havia trazido. Pedi a eles que calculassem o total, dizendo-lhes que ela havia trazido cinco unidades de cada tipo e perguntando a ela quantos tipos diferentes de lápis havia apanhado. Quando ela respondeu "quatro", os colegas começaram a murmurar entre eles, dizendo: "São quatro *cincos*" ou "É cinco vezes quatro". Vários perguntaram: "Você tem 20 lápis?". Então, eles aglomeraram-se em volta dela, separando os lápis em quatro grupos de cinco unidades para provar sua resposta. Alguns comentavam: "Acertei".

Pagando picolés em aniversários

Conforme mencionado no Capítulo 5, os pais freqüentemente compravam picolés (25 centavos cada) para toda a turma em comemoração ao aniversário de seus filhos. Com um cheque em branco a ser preenchido, as crianças começavam avidamente a calcular o valor necessário. Algumas crianças, andando pela sala e tocando cada mesa, diziam: "Vinte e cinco mais 25 são 50, 25 mais 25 são outros 50, o que dá um dólar", continuando os cálculos dessa forma. Outras olhavam para as etiquetas no quadro de almoço e contavam: "Um, dois, três, quatro, um dólar". Outras escreviam muitas vezes 25, uma para cada criança e, então, contavam quatro 25s e colocavam um "1" ao lado de cada grupo, até que todos os 25 alunos estivessem contabilizados. Se houvesse alguma divergência, elas recontavam cuidadosamente.

Somando rótulos de sopa

A escola costumava participar de um programa da *Campbell Soup Company*, que dava equipamentos às escolas que coletassem o maior número de rótulos de sopa. A turma que tivesse o maior número de rótulos ao final do período de coleta era convidada para uma festa de patinação no gelo. Um gigantesco cartaz, afixado na parede do refeitório, tinha o nome de todos os professores no lado esquerdo e os meses no topo, para que o número de rótulos coletados por cada turma pudesse ser registrado ao final de cada mês.

No final de setembro, as crianças estavam encantadas com a possibilidade de compararem todos os totais. Ao final de outubro, os totais revelaram uma boa surpresa: nossa turma atingiu o maior número de rótulos do mês. Após ver isso, algumas crianças começaram a somar os dois totais mensais de todas as turmas. Os números variavam de 11 para uma turma de pré-escola a mais de 400 para nossa turma. Quando começaram a somar os números para as turmas de terceira série, as crianças descobriram que uma delas tinha mais de 600 rótulos. Em cada mês subseqüente, pelo menos cinco crianças deixavam de participar de jogos para somar os totais de rótulos de sopa. Continuo admirando-me da habilidade dessas crianças em somar mentalmente números elevados, escrevendo o total apenas quando chegam ao milhar. Das muitas visitas feitas ao quadro do refeitório, apenas uma criança escolhia não participar, e as demais decidiam mandá-la de volta à sala de aula.

SITUAÇÕES OCASIONAIS

Além de usar situações da rotina, que surgem na vida de uma turma de segunda série, também dei aulas de matemática com base nos comentários espontâneos das crianças. Tais comentários são importantes, pois brotam do fundo do raciocínio infantil. A observação daquele menino sobre os ilhoses de seu tênis é um exemplo que não me havia ocorrido. Se uma idéia intriga uma criança, é provável que intrigará as outras que estejam no mesmo nível de desenvolvimento mental.

As duas atividades a seguir surgiram de comentários espontâneos que tinham um potencial muito grande, não podendo esperar até a próxima aula de matemática.

Pizzas

Ganhamos várias pizzas de uma pizzaria local como prêmio por vencermos uma competição. (Prêmios não são bons para o desenvolvimento da autonomia infantil, mas não podemos nos opor a todas as competições organizadas pelos pais com o objetivo de arrecadar verbas para a escola.) Quando chegaram as caixas contendo as pizzas, decidi temperar o evento com um pouco de aritmética. Informei às crianças que cada uma das quatro pizzas daria para metade da turma. Alguém disse imediatamente: "Isso significa que há 12 fatias em cada pizza, pois somos 24". Eu então perguntei: "Quantas fatias há nas quatro pizzas?". Uma das crianças mais quietas ergueu sua mão e disse com segurança: "Quatro vezes 12 são 48, pois 12 mais 12 são 24, e dois 24 são 48".

Tênis

Como mencionado anteriormente, um dia, pouco antes de nossa aula de matemática, Jerry comentou: "Parece que há um número ímpar de buracos (ilhoses) em cada lado do meu sapato, mas quando coloco o cadarço todos os buracos encontram seu par!". Quando perguntei às crianças se o número de ilhoses em seus sapatos era par ou ímpar, muitas admitiram não saber o que significavam números pares e ímpares. Perguntei ao Jerry se poderia nos explicar, e ele deu a aula abaixo.

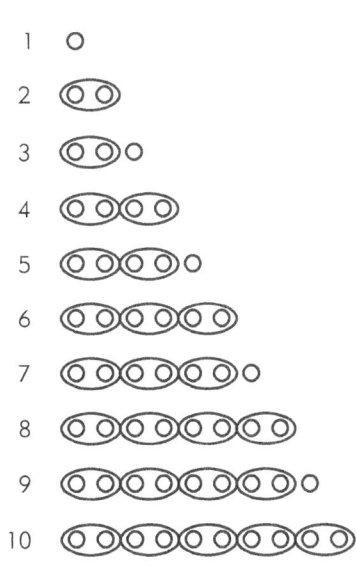

Figura 7.1 Desenho de Jerry para explicar o sentido de números pares e ímpares.

Ele escreveu no quadro os numerais de 1 a 10 em uma coluna e representou, ao lado de cada número, seu respectivo valor com pequenos círculos (ver Figura 7.1). Após, circulou cada par de pequenos círculos e explicou: "Toda vez que se vê uma bolinha sem uma amiguinha, ela sobrou. É isso que faz um número ser ímpar".

Quando perceberam o que estávamos falando, todas as crianças que estavam calçando tênis começaram a contar os seus ilhoses para saber se eles eram pares ou ímpares. Elas não tinham necessidade de mais orientação quando iniciaram a fazer suas próprias análises. Estavam encantadas por descobrir que não apenas somar um número ímpar a outro resultava em um número par, mas que dois tênis ou quatro números ímpares também resultavam em número par.

Como nem todos estavam usando calçados com cadarço, os estudantes pediram que a atividade fosse repetida no dia seguinte para que pudessem vir à aula com esse tipo de calçado. Assim, no dia seguinte, pedi a todos que escrevessem em um cartão o número de orifícios de seus sapatos e, após, que escolhessem um colega. As duplas somaram mentalmente os números escritos em seus cartões e verificaram suas respostas contando fisicamente os orifícios. Cada dupla então juntou-se a outra dupla, fazendo a soma relativa aos quatro pares. Eles descobriram que independentemente de quantos pares de números pares ou ímpares sejam somados, eles sempre darão um resultado par.

ATIVIDADES PLANEJADAS PELO PROFESSOR

As duas categorias de atividades anteriores eram sobre situações que não se originaram durante as aulas de matemática. A terceira categoria consiste em atividades planejadas para o período de matemática. Embora geralmente usasse metade do tempo da aula com os tipos de discussões descritas no Capítulo 6 e a outra metade com jogos, às vezes eu utilizava outros tipos de atividades, como cozinhar e fazer pára-quedas. A razão para isso é óbvia. A diversidade estimula a atividade mental e expande as fronteiras de nosso raciocínio.

Começo com duas atividades culinárias, passo a uma atividade estimativa usando chocolates M&M's e termino com a física dos pára-quedas.

Sanduíches de biscoito integral

Minha professora estagiária introduziu a atividade de fazer *S'mores*, que são sanduíches de biscoito integral assados em forno até que o recheio, de chocolate e seis *marshmallows*, derreta. Ela disse aos estudantes que *eles* deveriam calcular a quantidade necessária de ingredientes. Organizou três grupos e pediu a um que decidisse quantos pacotes de biscoito seriam necessários, a outro que calculasse quantas barras de chocolate deveriam ser compradas e ao terceiro grupo que calculasse se um saco de *marshmallow* seria suficiente para todos.

A professora estagiária deu um saco de *marshmallow* miniaturas ao terceiro grupo e instruiu-os a verificar quantas unidades havia no saco e se essa quantidade seria suficiente para que cada um recebesse seis unidades. Contudo, ela pediu a eles que fizessem antes uma estimativa sobre a quantidade necessária, e algumas das respostas foram 250, 150, 450, 199, 200, 660 e 312. Eric calculou rapidamente que seriam necessários 144 *marshmallows*, pois "24 pessoas vezes 3 *marshmallows* são 72, e se cada pessoa receberá 6 marshmallows, o resultado dará o dobro, e 72 mais 72 são 144". As crianças começaram, então, a contá-los, encontrando 636 unidades no saco.

Enquanto isso, a professora estagiária disse aos estudantes do segundo grupo que cada barra seria suficiente para quatro pessoas. As crianças somaram o 4 várias vezes (4, 8, 12, etc.) e, quando chegaram ao 24, disseram que seriam necessárias seis barras de chocolate.

O primeiro grupo, o do biscoito integral, foi um desastre. Eles tiveram muitos fatores que concorreram para isso: um biscoito serviria para fazer um ou dois sanduíches, uma vez que cada biscoito pode ser dividio ao meio? O fato de ter três pacotes em uma caixa confundiu-os ainda mais. Eles partiram fisicamente cada biscoito em dois pedaços para ver a parte superior e a inferior e para contá-los como um sanduíche. Além disso, eles partiram e contaram todos os três pacotes, em vez de usar um pacote e triplicá-lo.

No dia seguinte, a professora estagiária anunciou: "Isso foi o que vocês me pediram para comprar ontem. Jogaremos fora esta caixa de biscoito e abriremos uma nova. Vamos contar um pacote". (Eu preferiria adiar a atividade até que as próprias crianças tivessem calculado todas as quantidades necessárias. Freqüentemente os adultos solucionam os problemas para as crianças, desse modo, privando-as da oportunidade de *pensar*.) Lideradas pela professora estagiária, a turma chegou a 11 biscoitos em cada pacote. Outro pacote foi contado, tendo sido encontrados novamente 11 biscoitos. Finalmente, alguém falou: "Onze mais 11 são 22! Uma caixa é suficiente, pois 22 mais 11 são 33".

Após distribuir os biscoitos, os *marshmallows* e o chocolate, as crianças reuniram seus ingredientes. Uma perguntou: "Como saberemos qual é de quem?". Amy resolveu o problema, desenhando uma grade 3 x 4 no quadro, para mostrar a colocação dos biscoitos no forno. Após colocar seus biscoitos na forma, as crianças dirigiam-se a Amy, que registrava seus números de identificação no lugar correspondente.

Algumas crianças se dispunham a controlar o tempo, e eu perguntava: "Que horas são?" e "Que horas serão em 3 minutos?".

"Eles estão crescendo!", uma criança comentou. Essa foi uma boa oportunidade para ensinar a palavra *expansão* e para perguntar se alguém poderia pensar em alguma outra coisa que se expande enquanto é assada.

Rosquinhas

Esta é outra atividade que merece uma descrição. A professora estagiária inicia dizendo às crianças que iriam fazer rosquinhas, usando massa refrigerada, que vinha em latas. Como de costume, ela perguntou aos estudantes quantas latas seriam necessárias se houvesse 10 rosquinhas em cada lata. Pediu, então, a cada criança que decidisse qual das quatro cores elas prefeririam para a cobertura: vermelho, azul, verde ou amarelo. Suas respostas eram escritas no quadro. O azul foi escolhido por 14 crianças, o amarelo por cinco, o verde por três, e o vermelho por duas.

A seguir, a professora estagiária pediu às crianças que fizessem um desenho ou gráfico para mostrar quanta cobertura precisariam de cada cor. Alguns fizeram gráficos em coluna verticais ou horizontais. Fiquei surpresa com a diversidade de produções, amostras das quais estão na Figura 7.2. Havia três categorias principais. Mais da metade das crianças fez algum tipo de gráfico, conforme demonstrado na Figura 7.2(a), enquanto 29% representaram quantidades discretas sem usar as mesmas unidades em um mesmo nível, conforme a Figura 7.2(b), e 14% representaram quantidades contínuas, o que está demonstrado na Figura 7.2(c).

M&M's

Um dia, apresentei um pacote de M&M's e derramei seu conteúdo em uma tigela transparente, pedindo estimativas de quantos confeitos o pacote continha. Essa atividade teria funcionado melhor por votação secreta, pois as crianças ficavam influenciadas por comentários do tipo "muito alto" ou "muito baixo". A maioria delas sugeriu números menores do que 100, na média de 50. À criança com a estimativa mais elevada, 200, foi dito que tantas unidades teriam estourado o pacote.

Quando perguntei se havia uma maneira mais rápida e fácil de contar os confeitos, uma criança disse: "De dez em dez", e outra disse: "De cinco em cinco". Elas votaram e decidiram contar de dez em dez. Quando chegamos a 100 com a tigela praticamente cheia, elas não acreditaram que poderia haver mais uma centena. Quando chegamos a 200, elas não podiam imaginar que haveria mais uma. Quando chegamos a 400, com um reduzido número de confeitos na tigela, começaram a dizer erroneamente que havia provavelmente, no mínimo, 600 ou 700 confeitos.

Quando cada grupo de 10 dezenas era contado, sugeri que as crianças fizessem um círculo com fio em sua volta. Olhando para a tigela, que estava quase vazia, calmamente assumi o controle da atividade, colocando os confeitos sobressalentes em duas linhas de 10 e uma de 6. Após, pedi que cada criança se aproximasse, contasse a quantidade total silenciosamente e escrevesse sua resposta em um papel. Muitos fizeram isso sem esforço, comparando, em se-

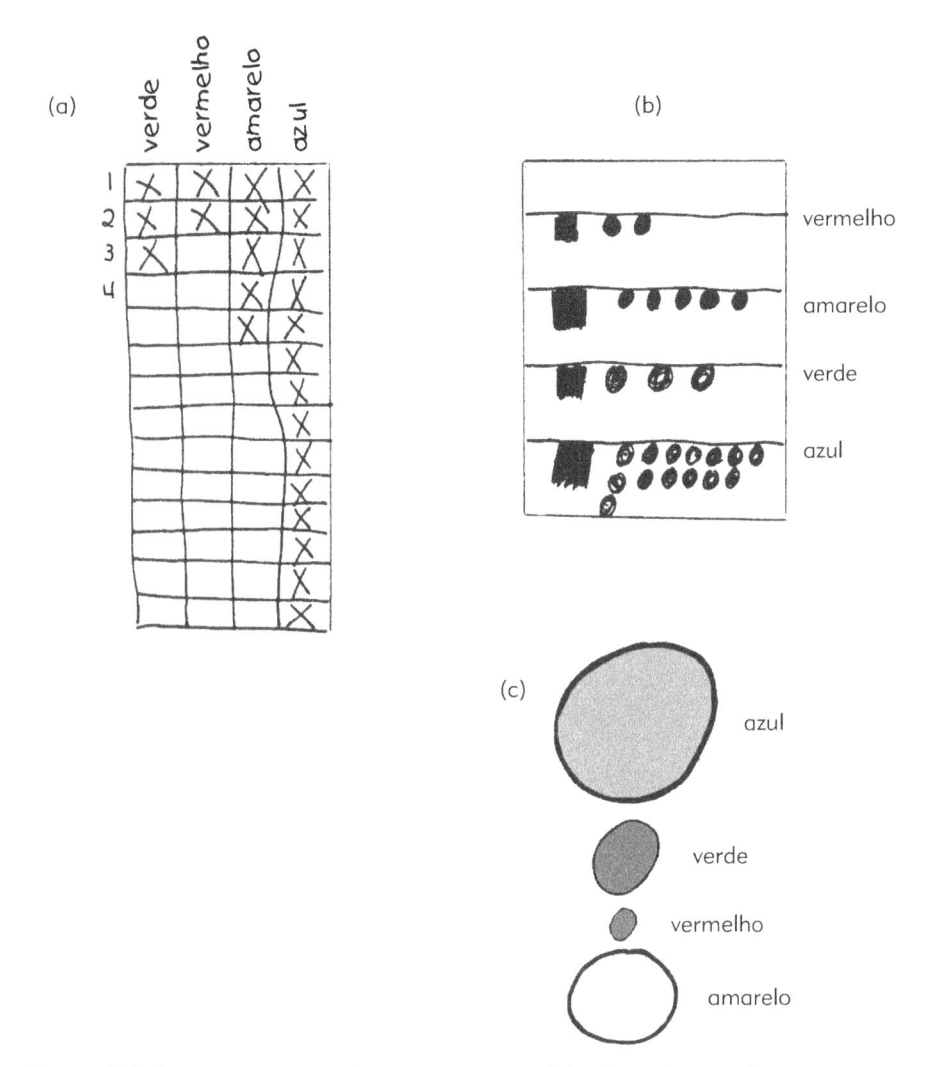

Figura 7.2 As três categorias de respostas ao pedido da professora de uma imagem ou gráfico que representasse as preferências da turma no que diz respeito à cor.

guida, as respostas. Finalmente, concordaram com o total de 426. Um ponto importante foi o fato de que, mesmo havendo um fio circulando cada grupo de 100, a maior parte das crianças fez a contagem como se o fio não existisse. O ato das crianças contarem de dez em dez fez lembrar-me do estudo de Sharon Ross (1986) com grãos de feijão (ver Capítulo 2). Alguns dos seus estudantes de segunda série contaram os feijões um a um, depois de colocar 10 em cada copinho. Meus estudantes de segunda série contaram os M&M's de dez em dez, ainda que houvesse um fio circulando cada grupo de 100.

Em seguida, perguntei: "Se cada pessoa quiser comer 10 confeitos, quantos deveríamos ter? E teríamos o suficiente?". A solução assumiu muitas formas, desde contar cada pessoa como se fosse 10 até anotar repetidamente o número 10.

Após, perguntei se tínhamos o suficiente para que cada um pegasse 20. Essa questão foi muito mais difícil de ser calculada, tendo nosso tempo acabado, com a resposta de apenas uma criança: "Se precisamos de 250 para que cada um de nós receba 10, teremos de acrescentar mais 250 para que cada um receba mais 10, o que dá 500; desse modo, não temos o suficiente". Muitos puderam perceber que o raciocínio estava correto e concordaram, movimentando a cabeça.

Os M&M's foram úteis para problemas de matemática nas aulas subseqüentes. Eu perguntei, por exemplo: "Se há 60 confeitos sobressalentes, quanto poderiam receber duas crianças?". A turma conseguiu responder rapidamente: "Trinta, pois 30 mais 30 são 60". Também quando lhes pedi para dividir os M&M's entre três pessoas, puderam fazer três grupos mentalmente, pedindo-me para contar de dois em dois, mudando o dois para 20. Depois, pedi que dividissem os 60 confeitos entre quatro, e, em pouco tempo, novamente haviam calculado mentalmente. Quando perguntei como sabiam, um disse que apenas pegou cinco confeitos de cada um dos outros três grupos, dando esses 15 para a quarta pessoa e deixando os outros três também com 15. Impressionada com seu raciocínio, perguntei: "Vocês acham que cinco pessoas podem dividir os confeitos de modo igual?". Novamente, as crianças tinham a resposta em apenas alguns momentos, sem usar papel e lápis. A metade da turma conseguiu resolver o problema, embora eu nunca tenha visto um problema desse tipo em um livro didático de segunda série.

Pára-quedas

Concluí com uma atividade que combina física e matemática ou, para ser mais exata, medidas. Conforme exposto em *O conhecimento físico na pré-escola* (Kamii e DeVries, 1978/1993), as crianças pequenas pensam profundamente quando agem sobre objetos para produzir um efeito desejado, vêem as reações dos objetos e podem variar suas ações.

Nossos objetivos para o dia eram estudar os métodos que as crianças usavam para medir, observar como trabalhavam e revisar termos como *círculo, quadrado* e *retângulo*. Disponibilizei sacolas de plástico para lixo, barbante e réguas, dizendo às crianças que iriam projetar seus próprios pára-quedas. A maior parte delas decidiu fazer pára-quedas retangulares ou quadrados. Elas próprias agruparam-se em duplas e começaram a trabalhar vorazmente. (Sempre que possível, peço às crianças para trabalharem em duplas, para maximizar a interação social e o trabalho independente.) O metro ou régua foram usados ocasionalmente, apenas para fazer linhas retas. Quanto ao barbante, as crianças simplesmente desenrolavam o tamanho desejado e usavam-no como modelo para os outros pedaços. Em outras palavras, nenhuma criança usou o metro ou a régua para medir alguma coisa.

Quando todas as crianças haviam acabado de fazer os pára-quedas, levei-as em pequenos grupos ao ginásio, onde tínhamos uma plataforma no segundo andar, para testar se suas criações funcionariam. Fazia, então uma contagem regressiva e, ao chegar no zero, todas as crianças deixavam seus pára-quedas cair. Quando perguntei "Qual venceu?", elas indicaram que o vencedor era o último a tocar o solo. Todos os grupos subseqüentes deram respostas semelhantes.

Após esses testes empíricos, perguntei o que era preciso fazer para construir um bom pára-quedas. Os estudantes ficaram em silêncio por um momento até que um disse: "Sam fez um bom pára-quedas". Quando questionados por que o de Sam era bom, responderam: "Porque o pára-quedas aterrissou vagarosamente". Quando perguntei por que o pára-quedas havia descido mais vagarosamente, Sherry respondeu: "Eu não sei, mas ele também voou mais em linha reta". Sam disse: "Isso aconteceu porque Cary me disse para fazer um buraco no meio". Quase todos, então, fizeram um buraco no meio de seus pára-quedas e começaram a revezar-se, subindo em um banco para ver se o buraco ajudava a controlar a descida.

Ao final da aula, disse à turma: "Vocês tiveram um dia de experiências. Amanhã, todas as duplas farão mais dois pára-quedas, diferentes em alguns pontos e iguais em outros. Tentem descobrir o que faz um pára-quedas ser melhor". A turma entendeu rapidamente, e, no dia seguinte, a maioria dos pára-quedas foi projetada como o de Sam, com um buraco no alto.

Todos esses três tipos de atividades, algumas de rotina, algumas acidentais e outras planejadas têm seu lugar na sala de aula. As crianças mostram seu gosto pela matemática quando dizem: "Poderíamos ter aula de matemática o dia inteiro!".

8
Jogos em grupo
com Linda Joseph

Os jogos podem tanto promover quanto impedir o desenvolvimento da autonomia. Pelo fato de a autonomia ser, para nós, a meta maior da educação, dedicamos muita atenção aos modos pelos quais os jogos comercialmente disponíveis e os jogos criados pelos professores podem ser usados para desenvolver a habilidade infantil de pensar numérica, social e moralmente. Este capítulo descreverá alguns dos jogos utilizados com sucesso pelas crianças da segunda série. Outros jogos podem ser encontrados em Wakefield (1998), e dois jogos excelentes (*Knock-out* e *Fudge*) estão listados no Apêndice*. Os princípios de ensino, incluindo como introduzir os jogos, estão descritos em *Crianças pequenas reinventam a aritmética*, Artmed, 2002 (Kamii, 2000, Capítulo 13).

Os jogos são de difícil classificação, pois muitos (tal como *Quatro em linha*, discutido mais adiante) podem ser usados no ensino da adição ou da subtração, em níveis mais fáceis ou difíceis, dependendo dos números usados. Apesar disso, organizamos os mesmos em três categorias: jogos envolvendo adição, jogos envolvendo adição e subtração, e atividades que envolvem toda a turma. Esperamos que os leitores considerem cada jogo como algo suscetível a modificações.

Três pontos precisam ser mencionados sobre a descrição de jogos específicos: primeiro, quando o número de participantes não estiver especificado, este poderá variar de dois a quatro, mas três é geralmente o número ideal para maximizar as oportunidades de atividade mental; segundo, a fonte de informações completa sobre os jogos identificados como comerciais é dada no

---

*N. de T. Os jogos vendidos comercialmente no mercado norte-americano, e sem similar nacional, não terão seus nomes traduzidos para o português.

Apêndice, onde há também nomes de algumas empresas das quais os jogos podem ser adquiridos por reembolso postal. Contudo, as fontes de alguns jogos são desconhecidas, pois ou eles foram descobertos em sala de aula, ou descritos em conferências, ou fotocopiados de diversas fontes, sendo passados adiante; terceiro, nunca determinamos como o primeiro a jogar deve ser escolhido, nem todos os detalhes de cada jogo são explicados. A razão para essa omissão é que é melhor que as crianças façam suas próprias regras e tomem suas próprias decisões para o desenvolvimento de sua autonomia. Quando definimos objetivos tendo a autonomia como meta mais ampla, usamos os jogos matemáticos para o desenvolvimento sociomoral infantil como também para a construção do seu conhecimento lógico-matemático.

Nos jogos, dois problemas surgem com freqüência: (1) Muitas crianças fazem uma coluna com os pontos a serem totalizados somente ao final dos jogos, em vez de calcular e registrar seus pontos cumulativos após cada rodada, e (2) algumas crianças prestam atenção apenas ao que elas mesmas estão fazendo, e não aos outros. Esses problemas impedem que as crianças desfrutem de todos os benefícios dos jogos. As maneiras de lidar com tais problemas serão discutidas ao final deste capítulo.

A utilização do baralho de cartas convencional é recomendada freqüentemente neste capítulo, mas as cartas *Rook* (Parker Brothers, 1972) e *Flinch* (Parker Brothers, 1988; Hasbro, 1998) às vezes podem dar melhores resultados. As cartas *Rook* são cartas numeradas de 1 a 14, em quatro cores diferentes (um total de 56 cartas). As cartas *Flinch* atualmente utilizadas (Hasbro, 1998) consistem em nove grupos de cartas numeradas de 1 a 15, mais nove cartas sem números (um total de 144 cartas, incluindo as nove cartas sem números).

JOGOS ENVOLVENDO ADIÇÃO

Jogos básicos

Selecionamos alguns jogos para serem apresentados mais adiante, pois eles oferecem vantagens que muitos professores preferem considerar à parte. Esses jogos utilizam dados, ou são jogos que envolvem atividades físico-cognitivas, ou jogos que envolvem dinheiro. Os jogos descritos nesta seção estão organizados geralmente por grau de dificuldade, desde aqueles que têm como objetivo formar 10 com duas cartas até aqueles que envolvem somas muito mais elevadas.

Faendo 10 com dois números

Esta categoria é bastante importante, pois saber todas as combinações de dois números que resultam 10 é útil à adição de dois números que totalizem mais de 10. Por exemplo, 8 e 4 podem ser somados facilmente quando pensamos (8 + 2) + 2. Os primeiros três dos próximos cinco jogos (*Dez com nove cartas*, *Encontre 10* e *Desça 10*) são mais fáceis que os outros dois, pois podem ser jogados por tentativa e erro. Nos dois últimos jogos (*Memória de Dez* e *Vá ao 10*), os jogadores devem saber por quais números procurar ou pedir.

Dez com nove cartas

Material: Cartas numeradas feitas em casa, seis de cada número de 1 a 9 (54 cartas); também podem ser utilizadas cartas comuns, do Ás ao 9 (Ás = 1).

Jogo: As primeiras nove cartas do baralho são dispostas como mostrado no exemplo da Figura 8.1. O objetivo do jogo é encontrar todos os pares que somam 10 dentre as cartas dispostas, tais como 9 e 1, 3 e 7, e os dois 5s. Após formar todos os pares que conseguir, o primeiro jogador preenche os espaços que ficaram vazios com cartas do baralho, e a vez passa a outro jogador.

A pessoa que juntar o maior número de pares é a vencedora.

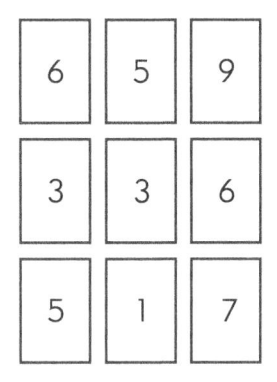

Figura 8.1 A organização das cartas no jogo *Dez com nove cartas*.

Encontre 10

Material: Cartas numeradas feitas em casa, seis de cada número de 1 a 9 (54 cartas); também podem ser utilizadas cartas comuns, do Ás ao 9 (Ás = 1).

Jogo: O objetivo do jogo é encontrar duas cartas que somam 10 (8 + 2, por exemplo). Aquele que juntar o maior número de pares dentre os jogadores é o vencedor.

Todas as cartas são distribuídas igualmente entre os jogadores, exceto a última, que é colocada voltada para cima no centro da mesa. Todos os jogadores mantêm as cartas recebidas viradas para baixo em um monte, sem vê-las.

Quando chegar a sua vez, cada jogador vira a carta superior do seu monte. Se essa carta puder ser usada com a que está sobre a mesa para fazer um 10, o jogador pode pegá-la, mantendo o par consigo. Se a sua carta não puder ser usada, o jogador terá de descartá-la, deixando-a voltada para cima no centro da mesa junto com a anterior. Se, por exemplo, o jogador virar um 6 e houver apenas 3 sobre a mesa, ele terá de descartar o 6, passando a vez para o próximo.

Desça 10

Número de jogadores: quatro.

Material: Cartas numeradas feitas em casa, seis de cada número de 1 a 9 (54 cartas); também podem ser utilizadas cartas comuns, do Ás ao 9 (Ás = 1).

Jogo: É jogado como *Old Maid* (Mico). Uma carta é retirada do baralho e colocada à parte durante todo o jogo, de forma que haverá uma única carta sem par ao final do jogo. Todas as outras cartas são distribuídas igualmente entre todos.

Cada jogador faz com as cartas recebidas todos os pares possíveis que totalizem dez (6 + 4, por exemplo) e os coloca à sua frente na mesa.

Os jogadores, então, segurando em forma de leque as cartas restantes, deixam a pessoa à sua esquerda tirar uma delas sem olhá-la. Se a pessoa que tirar a carta puder usá-la com uma das cartas que tem na mão para fazer um 10, descartará esse novo par. Se não puder usá-la, terá de ficar com ela, dando, então, a vez à pessoa à sua esquerda, que faz o mesmo procedimento.

O jogo continua até que sobre uma pessoa com uma única carta na mão, que perde o jogo. Aquele que fizer o maior número de pares é o vencedor.

Memória de dez

Material: Cartas de baralho ou cartas numeradas feitas em casa, quatro de cada, do Ás (ou 1) até o 9 (36 cartas).

Jogo: Vinte e cinco cartas são colocadas no meio da mesa, viradas para baixo, em uma disposição de 5 x 5. Alternadamente, os jogadores viram duas cartas, tentando fazer um par que totalize 10 (7 + 3, por exemplo). Se conseguir fazer um par, o jogador fica com ele e continua jogando. Quando não conseguir fazer um par que some dez, repõe as duas cartas nas suas posições originais, viradas para baixo, substitui as cartas que tenha pego por novas cartas do baralho e, assim, com 25 cartas na mesa, passa a vez para o jogador à sua esquerda.

Aquele que conseguir o maior número de pares é o vencedor.

Esse jogo pode variar, aumentando-se o número de cartas colocadas sobre a mesa. Uma composição em 6 x 6 pode ser mais desafiadora.

Vá ao dez

Número de jogadores: Três ou quatro (jogar a dois é fácil demais).

Material: Cartas de baralho ou cartas numeradas feitas em casa, quatro de cada, do Ás (ou 1) até o 9 (36 cartas).

Jogo: O objetivo do jogo é formar 10 com duas cartas (9 + 1, por exemplo). Todas as cartas são distribuídas. A seguir, os jogadores dispõem em sua frente todos os pares de cartas que somem 10, voltadas para cima. Então, começam a perguntar a um jogador específico se ele tem um número específico. Por exemplo, John poderá dizer a Carol: "Carol, você tem um 1?". Se Carol tiver a carta, terá de dá-la a John, que colocará sobre a mesa, à sua frente, as cartas 1 e 9 voltadas para cima.

O jogador poderá continuar a pedir cartas até não mais receber a carta solicitada. Quando não receber a carta que pediu, a vez passa àquele que disse: "Não tenho". (Como alternativa, os jogadores podem jogar em sentido horário.)

A pessoa que tiver o maior número de pares é a vencedora.

Fazendo 10 com quatro números

Pegue dez

Material: Um tabuleiro disponível no mercado (ver Fotografia 8.1) ou feito em casa; 66 cartas circulares numeradas de 1 a 7, mais um curinga, nas seguintes quantidades:

          1: 22 cartas
          2: 16 cartas
          3: 12 cartas
          4: 7 cartas
          5: 4 cartas
          6: 2 cartas
          7: 2 cartas
     Curinga: 1 carta

Jogo: O objetivo do jogo é fazer 10 com quatro cartas em seqüência horizontal, vertical ou diagonal. Todas as cartas são colocadas voltadas para baixo na caixa, e cada jogador pega três. Cada jogador coloca uma carta em qualquer um dos círculos do tabuleiro que não esteja ocupado. Ele então substitui essa carta por uma da caixa, mantendo-se sempre com três na mão.

Quando um jogador completa uma seqüência de quatro cartas que totalizam 10, ele fica com elas. O curinga pode assumir qualquer valor (a criança da Fotografia 8.1 sabia que o seu oponente estava com o curinga e decidiu evitar que ele completasse uma seqüência).

O jogador que conseguir o maior número de cartas é o vencedor.

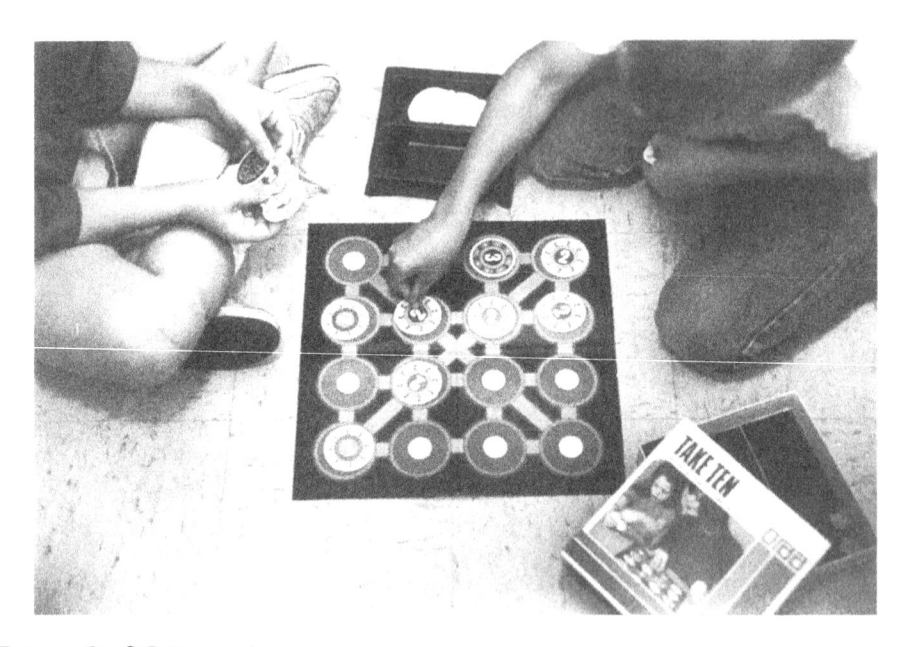

Fotografia 8.1 Pegue dez.

Somando 12 com dois ou mais números

Feche a caixa

Material: Doze cartas numeradas de 1 a 12; dois dados, papel e lápis para anotar os pontos.

Este jogo está disponível no comércio (ver Apêndice), mas os números vão apenas até o 9. Outras versões, com números até 12, podem ser às vezes encontradas. Um jogo usando cartas e dados é descrito aqui para as pessoas que não têm acesso ao jogo comercializado. Essa versão encontrada no mercado não é essencial, mas as crianças gostam de fechar os pequenos compartimentos ou caixas que, conforme a posição, ocultam ou revelam os números de 1 a 9.

Jogo: As doze cartas são organizadas em seqüência de 1 a 12, voltadas para cima. Um jogador de cada vez joga os dois dados e vira de cabeça para baixo quantas cartas forem necessárias para completar o total dos dados. Por exemplo: Se o jogador consegue um 6 e um 2, pode virar o 8; o 1 e o 7; o 2 e o 6; o 3 e o 5; o 1, o 2 e o 5; ou o 1, o 3 e o 4. Joga os dados novamente, e continua jogando até que não consiga completar o número total dos dados com as cartas restantes. Então, conta o número de pontos das cartas que sobraram ainda voltadas para cima e os anota. A vez passa para o próximo jogador, que inicia com todas as 12 cartas abertas.

Os pontos que sobram ao final de cada rodada são somados ao total prévio dos jogadores. Quando um jogador atinge 45 pontos, é eliminado. O vencedor é o último a atingir 45 pontos.

Somando 15 com dois ou mais números

Quinze

Material: Cartas de um baralho do Ás ao 10 (Ás = 1); 10 fichas para cada jogador.

Jogo: O objetivo do jogo é atingir um total o mais próximo possível de 15, sem ultrapassá-lo.

O jogador que dá as cartas distribui duas para cada participante, inclusive para ele mesmo, uma de cada vez, voltadas para baixo. Cada jogador olha as suas cartas sem deixar que os demais as vejam. O jogador à esquerda daquele que deu as cartas inicia o jogo. Se a soma das suas cartas for menos de 15, ele poderá pedir ao que deu as cartas que lhe dê mais uma, esperando que receba um valor que lhe dê um total mais próximo de 15. Seguindo a ordem, os demais jogadores também poderão pedir outra carta se desejarem. Cada jogador poderá continuar pedindo outras cartas, sempre quando for a sua vez, até que esteja satisfeito com o seu total e diga: "Não quero mais cartas", ou até que ultrapasse 15, sendo eliminado do jogo.

Em um jogo com dois participantes, por exemplo, um recebe um 6 e um Ás. Como sabe que 6 + 1 é muito pouco para vencer, pede outra carta. Se ele receber um 2, terá apenas 9 pontos.

O outro jogador, que distribui as cartas, tem um 9 e um 3, mas decide pedir outra carta. Se receber um 5, terá mais de 15, sendo eliminado do jogo. O outro jogador será automaticamente o vencedor da rodada, recebendo uma ficha.

Se houver mais de 2 jogadores, todos os totais serão comparados quando todos eles tiverem acabado de pedir cartas.

O jogador que tiver o total mais elevado sem ultrapassar 15 é o vencedor da rodada, recebendo uma ficha. Em caso de empate, não haverá vencedor na rodada.

O vencedor do jogo é aquele que juntar o maior número de fichas ou o primeiro que tiver obtido dez delas.

Tic-tac-15

Número de jogadores: Dois (ou duas equipes).
Material: Papel e lápis (ou um quadro-negro e giz).
Jogo: Este é um excelente jogo de grupo para a turma toda, tendo a classe de Linda jogado-o com muito entusiasmo.

Faz-se uma grade do tipo "jogo-da-velha", e as crianças revezam-se escrevendo os números nos espaços em branco. O objetivo do jogo é alcançar o total de 15 com três números em linha vertical, horizontal ou diagonal.

Há duas maneiras de escolher os números que podem ser usados por cada jogador (ou time). Uma maneira é dar os números pares (2, 4, 6, 8 e 10) a um jogador e os ímpares (1, 3, 5, 7 e 9) a outro. Neste jogo, cada número pode ser usado apenas uma vez. Outra maneira de distribuir os números é usar dez cartas numeradas de 1 a 10. Os jogadores (ou equipes) revezam-se, tirando uma carta.

Como variação, o total pode ser passado para 16, 20 ou qualquer outro número, e as crianças podem explorar os números em questão.

Fazendo 20 com dois ou mais números

Vinte-vinte

Material: Um baralho com cartas do Ás ao 10 (40 cartas) e 24 fichas.
Jogo: Cada jogador recebe seis fichas e cinco cartas. As cartas que sobram são postas sobre a mesa em um monte, voltadas para baixo. Os jogadores, em sua vez de jogar, colocam uma carta de cada vez ao lado de uma que já esteja sobre a mesa (ver Figura 8.2). Após colocar uma carta, cada jogador compra uma carta do baralho, tendo assim novamente cinco cartas.

Quando um jogador coloca uma carta que completa um total de 20, tanto vertical quanto horizontalmente, ele fecha a fileira com duas de suas fichas, como mostrado na Figura 8.2. A pessoa que usar primeiro todas as suas fichas será a vencedora.

Tens and twenties

Material: Este é um jogo comercial que consiste em 48 triângulos de plástico não-flexíveis, com números, conforme mostrado na Figura 8.3. Há dois tipos de grupos de triângulos. Um tem linhas vermelhas que separam os números de 0 a 10. O segundo tem linhas verdes separando os números de 0 a 20.

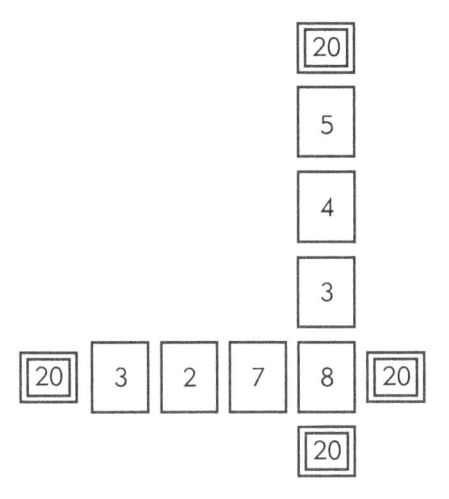

Crianças pequenas continuam reinventando a aritmética   **119**

```
                    [20]
                     5
                     4
                     3
        [20] 3  2  7  8 [20]
                    [20]
```

Figura 8.2 Vinte-vinte.

Jogo: Os dois grupos de triângulos podem ser usados separadamente, como se fossem dois jogos, ou juntos. Os triângulos são misturados, voltados para baixo, e divididos igualmente entre todos os jogadores. O primeiro jogador põe em jogo um triângulo de sua escolha. Na seqüência, cada jogador põe outro, de forma que os números próximos/ligados somem 10, se apenas os triângulos vermelhos estiverem sendo usados, ou um total de 10 ou 20, se ambos os tipos estiverem em uso. A Figura 8.3 mostra um exemplo de tais ligações.

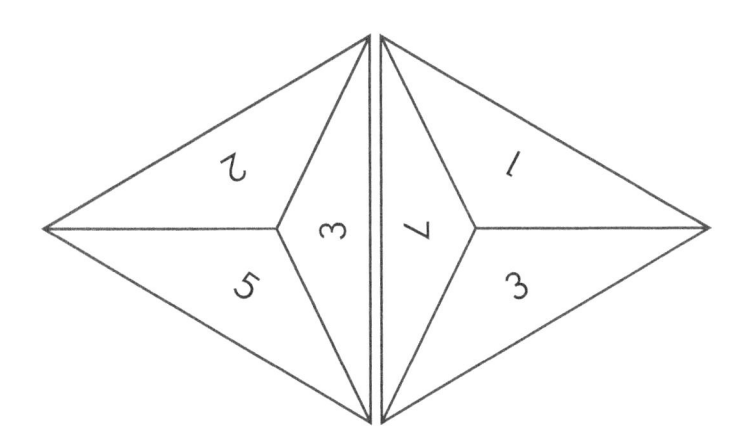

Figura 8.3 Tens and twenties.

A pessoa que colocar em jogo todos os seus triângulos primeiro é a vencedora. O jogador que não possuir nenhum triângulo para jogar deve passar a vez.

Uma versão desafiante é jogar sozinho de forma que cada conjunto de 24 triângulos forme um hexágono com todos os números corretamente ligados.

Fazendo 21 com dois ou mais números

Blackjack

Material: Um baralho de 52 cartas com os seguintes valores: as cartas de 2 a 10 valem o que expressam, as figuras valem 10 e os ases valem 1 ou 11. Dez fichas.

Jogo: Este jogo funciona exatamente como o Quinze, com a exceção de que os jogadores tentam não ultrapassar o 21. O vencedor será aquele que conseguir o maior número de fichas.

Fazendo 30 com vários números

Borboleta

Material: Quarenta cartas de baralho, do Ás ao 10 (Ás = 1).

Jogo: Para cada participante, são dadas três cartas, as quais permanecem à sua frente, voltadas para cima, durante toda a partida. Outras sete cartas são colocadas numa fileira, viradas para cima, no centro da mesa. O restante das cartas fica em um monte para compras.

Quando chega a sua vez, cada jogador pega dentre as cartas expostas no centro da mesa tantas quantas necessárias para completar o mesmo total que o de suas três cartas recebidas inicialmente. Quando não puder mais fazer conjuntos do mesmo total, as cartas do centro da mesa são substituídas por cartas do monte, de forma que haverá sete cartas para o próximo jogador.

A pessoa que tiver o maior número de conjuntos será a vencedora.

Quatro em linha

Número de jogadores: Dois.

Material: Um tabuleiro, conforme mostrado na Figura 8.4; 24 fichas transparentes, 12 de cada cor, mais 2 argolinhas.

Jogo: Cada jogador pega as 12 fichas de uma cor. Na sua vez escolhe dois números do quadrado pequeno, coloca as argolinhas sobre esses números, encontra, no quadrado grande, a sua soma, cobrindo-a com uma das suas 12 fichas. O objetivo do jogo é ser o primeiro a fazer uma linha de quatro fichas,

5	6	7
8	9	10
11	12	13

16	19	22	14	17
24	11	15	20	21
15	23	18	12	19
25	20	21	17	22
13	14	23	16	18

Figura 8.4 Quatro em linha.

no sentido vertical, horizontal ou diagonal. Se uma soma já estiver coberta, o jogador perde uma jogada. (Os créditos por inventar este jogo e suas variações vão para P. Cobb, T. Wood, E. Yackel, G. Merkel, B. Gerald, M. Preston e G. Wheatley.)

Variações: Esse jogo pode se tornar muito mais difícil por meio do uso de números maiores no quadrado pequeno, mudando o jogo para *Cinco em linha*, o que, na verdade, pertence à próxima categoria (ver Figura 8.5). Nesta variação, cada jogador recebe 18 fichas. A seguir, dois exemplos:

Com os números 37, 15, 17, 29, 19, 8, 45, 27 e 26 no quadrado pequeno, o grande seria formado por 48, 66, 36, 60, 64, 43, 34, 72, 46, 34, 56, 82, 63, 37, 45, 44, 71, 42, 35, 42, 27, 74, 62, 23, 45, 32, 44, 53, 46, 42, 54, 25, 52, 56, 41 e 55.

15	19	12
23	17	32
51	11	14

34	27	38	32	47	66
26	29	31	42	36	51
70	30	33	35	29	44
63	23	26	40	55	74
34	37	49	68	28	31
83	43	46	62	65	25

Figura 8.5 Cinco em linha.

Com os números 55, 22, 28, 42, 11, 37, 33, 19 e 45 no quadrado menor, o quadrado maior seria formado por 83, 50, 64, 79, 77, 61, 92, 74, 33, 41, 52, 30, 70, 75, 88, 97, 59, 53, 48, 44, 61, 78, 87, 39, 47, 66, 64, 56, 65, 82, 70, 56, 67, 55, 73 e 100.

Max 30

Material: As 54 cartas listadas a seguir, papel e lápis para anotar os pontos.

1-9:	três cartas de cada número (27 cartas)
10-19:	duas cartas de cada número (20 cartas)
20:	seis cartas
Curinga:	uma carta

Jogo: Quatro cartas são distribuídas para cada jogador, e as que sobram ficam no monte, voltadas para baixo. O objetivo do jogo é ganhar pontos juntando quatro cartas que totalizem no máximo 30 (ver Figura 8.6). Na Figura 8.6, o total de quatro cartas ao redor do "20" é 4 + 12 + 7 + 6 = 29.

Cada participante deverá primeiramente jogar um 20 (conforme mostra a Figura 8.6) e depois começar a organizar as quatro cartas em sua volta. Se o jogador não tiver um 20, poderá: (1) tirar uma carta do monte, torcendo para que seja um 20, ou (2) usar duas das suas quatro cartas para somar exatamente 20. Se a segunda alternativa for escolhida, o jogador poderá tirar apenas uma única carta do monte, ficando com apenas três cartas nas mãos até o final do jogo. Se a primeira alternativa for a escolhida, mas um 20 não for tirado, uma carta terá de ser descartada, para que assim o jogador volte a ter quatro cartas. Esse jogador terá uma chance entre essas alternativas ou terá de aguardar sua próxima vez de jogar.

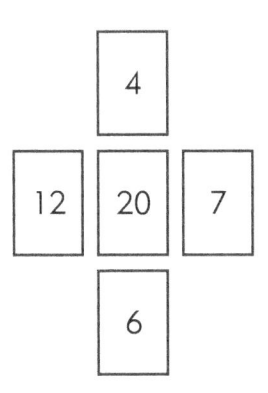

Figura 8.6 A composição das cartas no Max 30.

Tendo o 20 (ou duas cartas que somam 20) sido colocado sobre a mesa, o jogador deverá colocar uma carta de cada vez em uma das quatro posições possíveis. Após, o jogador tirará uma carta do monte para ter novamente quatro cartas (ou três se tiver usado duas cartas para completar 20). Se o total de suas quatro cartas exceder 30, o número de pontos por esta jogada será zero. Se o total for 29, como na Figura 8.6, o número de pontos será 29. O curinga pode valer qualquer número desejado.

Um jogador que tenha apenas números altos em mãos, os quais totalizem mais de 30, poderá iniciar outra jogada se tiver 20 (ou duas cartas que somem 20).

Quando um jogador tiver completado uma jogada de quatro cartas, ele anota os pontos e descarta as cartas dessa jogada no monte de cartas descartadas.

Quando não houver mais cartas no monte principal, as cartas do monte de descarte são embaralhadas, tornando-se assim o monte principal. Antes que o jogo comece, os jogadores terão de concordar sobre o número de vezes em que o monte de descarte será utilizado. A regra pode também determinar que a primeira pessoa a atingir um total de 100 pontos cumulativos ou que tiver o maior total será a vencedora.

Notas: (1) As crianças freqüentemente somam também o 20, necessitando assim ser relembradas de que *apenas os quatro números em volta do 20* devem ser somados. (2) Este jogo agrada principalmente a crianças mais adiantadas da segunda série.

Somas maiores do que 30

Dominó dos pares

Material: 1 Dominó completo convencional, papel e lápis para anotar os pontos.

Jogo: Este é um jogo inventado pelas crianças da turma de Linda. O objetivo é fazer pontos por meio de somas de números pares. Todos os dominós ficam voltados para baixo. Cada jogador escolhe cinco peças de dominó. Uma das peças do monte geral é colocada, virada para cima, no centro da mesa. Os jogadores revezam-se colocando uma peça de modo que as duas partes que se encontram resultem em um número par. Por exemplo, se uma peça 6-3 está sobre a mesa, o próximo jogador poderá colocar, ao lado do final 6, uma peça que contenha 0, 2, 4 ou 6; ou 1, 3, ou 5 ao lado do final 3, fazendo com que essas combinações resultem em números pares. Após cada jogada, o jogador tem direito a outra peça, de modo que tenha sempre cinco. O número de pontos de um jogador será a soma do total das combinações que fez.

O primeiro que atingir 70 pontos vence. Em outra versão, joga-se até que todos as peças de dominó tenham sido usadas, e o número de pontos mais alto será o vencedor.

Toque-toque

Material: Um baralho com 52 cartas com os seguintes valores: o Ás vale 1, as cartas de 2 a 10 valem o que expressam, e as demais cartas valem, cada uma, 10.

Jogo: Cada jogador recebe quatro cartas, e as cartas que sobram formam o monte. Os jogadores revezam-se tirando uma carta e descartando uma das cartas que têm na mão. O objetivo do jogo é fazer o maior valor total possível (ou o menor).

Quando um jogador acha que tem o maior ou o menor total, ele diz: "Toque-toque", e todos os demais têm mais uma jogada. Aquele que tiver o maior (ou o menor) número é o vencedor.

Dominique

Material: Quarenta e quatro cartas com os valores descritos abaixo (não mais disponíveis comercialmente, mas podem ser confeccionadas), papel e lápis para anotar os pontos. Para fazer as cartas, compre uma folha de cartolina grande e corte-a em 44 pedaços (6 cm x 2 cm). Também é necessário um pacote de círculos auto-adesivos em cores variadas (preferencialmente vermelho, amarelo, azul e verde, com cerca de 2 cm de diâmetro e papel autocolante transparente para revestir ambos os lados das cartas após fixar os círculos, para protegê-las durante o uso.

Três círculos coloridos são colocados em cada carta. Oito cartas devem receber três círculos da mesma cor: duas cartas com três círculos verdes (G), duas com três círculos amarelos (Y), duas com três círculos vermelhos (R) e duas com três círculos azuis (B). As outras 36 cartas devem ter círculos de duas ou três cores diferentes, como segue:

BBG	BBY	BBR	GGB	GGY	GGR	YYG	YYB	YYR
RRB	RRG	RRY	GBG	GYG	GRG	BGB	BYB	BRB
YGY	YBY	YRY	RGR	RBR	RYR	GBY	GYB	GBR
GRB	GYR	GRY	BGR	BGY	BYR	BRY	YGR	YBR

Jogo: O objetivo do jogo é conseguir o maior número de pontos por meio da obtenção de seqüências de três ou mais círculos da mesma cor, no sentido vertical, horizontal ou diagonal.

Todas as cartas são misturadas de cabeça para baixo. Cada jogador pega três para si. Para dar início ao jogo, uma carta do monte é virada para cima e colocada no centro da mesa. Quando chega a vez de cada participante, ele joga uma carta, tentando fazer o máximo possível de pontos. Se não puder fazer nenhum ponto (isto é, se ele não conseguir fazer, com a sua carta, um alinhamento de pelo menos três círculos da mesma cor), ele terá de jogar mesmo assim. Após jogar uma carta, pega-se outra do monte.

Os participantes jogam uma carta após a outra, ao lado daquelas que já estiveram na mesa, até que uma fileira de 11 seja completada. Conforme demonstrado na Figura 8.7(a), as cartas podem ser colocadas à esquerda ou à direita das cartas colocadas anteriormente, mas não podem ficar acima ou abaixo do alinhamento das demais cartas.

Quando uma fileira de 11 cartões é completada, o próximo jogador pode iniciar por A, B, C ou D da Figura 8.7(b), e os demais continuam jogando seguindo as direções das setas. Entretanto, tendo sido iniciada uma fileira, esta deve ser completada antes que uma nova possa ser feita (por exemplo, logo que um jogador tenha colocado uma carta em A, o próximo jogador poderá colocar outra ou em B ou ao lado de A, mas não em C ou D). Quatro fileiras estarão completas ao final do jogo (4 x 11 = 44).

Pontos: Um jogador ganha pontos quando coloca uma carta de forma que esta complete uma seqüência de três ou mais círculos da mesma cor, no sentido vertical, horizontal ou diagonal. Se os círculos completarem uma seqüência vertical ou horizontal, o jogador recebe um ponto por círculo. Se a seqüência for diagonal, ele recebe dois pontos por círculo. Cada jogador deve comunicar o número de pontos obtidos, mas caso se esqueça de contabilizar os pontos, não poderá corrigir o seu total; a pessoa que notar o descuido receberá os pontos em questão. A seguir, três exemplos de jogadas e anotações de pontos.

Na Figura 8.7(c), o jogador recebe três pontos, pois completou uma seqüência vertical, por ter jogado uma carta com três círculos da mesma cor.

A Figura 8.7(d) mostra um movimento pelo qual o jogador recebe 9 pontos (3 pela seqüência horizontal e 6 pela seqüência diagonal).

Na Figura 8.7(e), o jogador recebe 29 pontos (4 pela seqüência horizontal, 3 pela vertical, e 2 x 4 e 2 x 7, respectivamente, pelas seqüências diagonais).

Pedimos às crianças para escreverem seus pontos cumulativamente, ao final de cada jogada, conforme mostrado abaixo. (Se elas apagarem o total anterior, sua aritmética não poderá ser conferida pelo professor ou por qualquer outra pessoa. Se elas registrarem apenas o número de pontos obtido em cada jogada, não poderão saber quem está em vantagem, tendo que somar, ao final do jogo, um número muito grande de pontos.)

Brent	Liz
3	3
+ 3	+ 3
6	6
+ 6	+ 4
12	10
+ 3	+ 6
15	16
+ 6	+ 9
21	

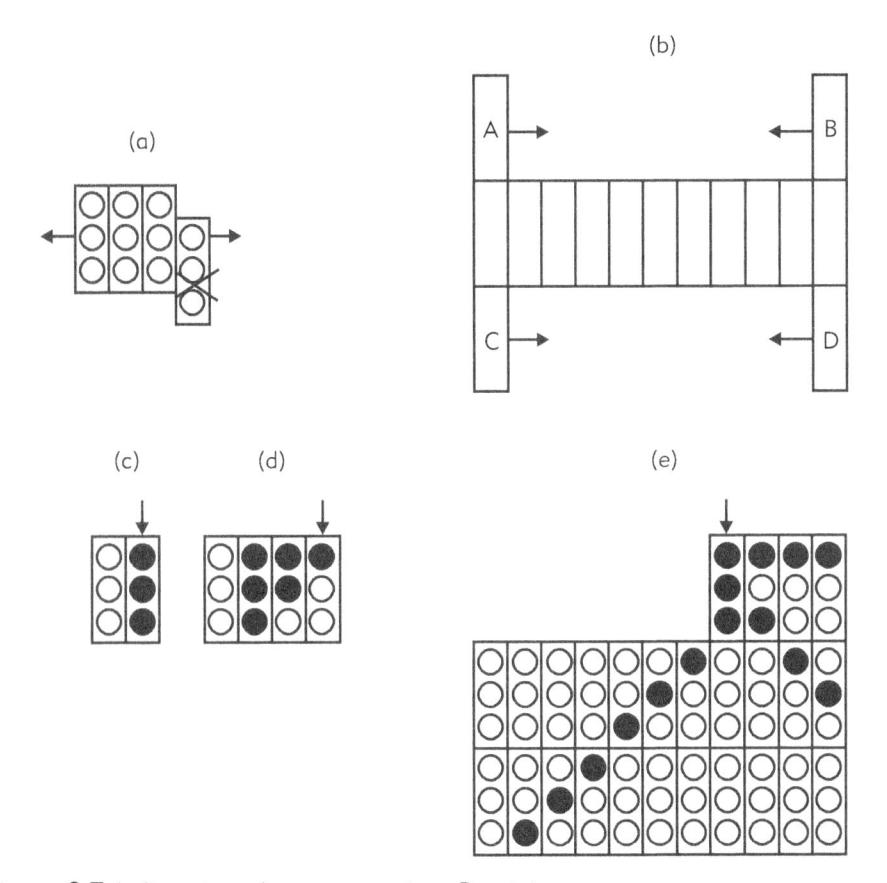

Figura 8.7 A disposição das cartas no jogo Dominique.

Tri-ominos

Material: Trata-se de um jogo comercial que consiste em 56 triângulos de plástico, numerados de 0 a 5 em cada canto do triângulo (ver Apêndice); papel e lápis para anotar o número de pontos.

Jogo: Todas as peças são viradas para baixo e misturadas. Se houver dois jogadores, cada um pega nove peças; se houver três ou quatro jogadores, cada um pega sete.

Para iniciar o jogo, uma peça é colocada voltada para cima no centro da mesa. Os jogadores, então, revezam-se colocando uma peça que tenha um lado com os mesmos dois números da peça que já está sobre a mesa, tal como mostrado na Figura 8.8.

Os pontos são obtidos ao adicionar os três valores do triângulo que foi jogado. Se o primeiro jogador iniciar jogando um triângulo no lado direito,

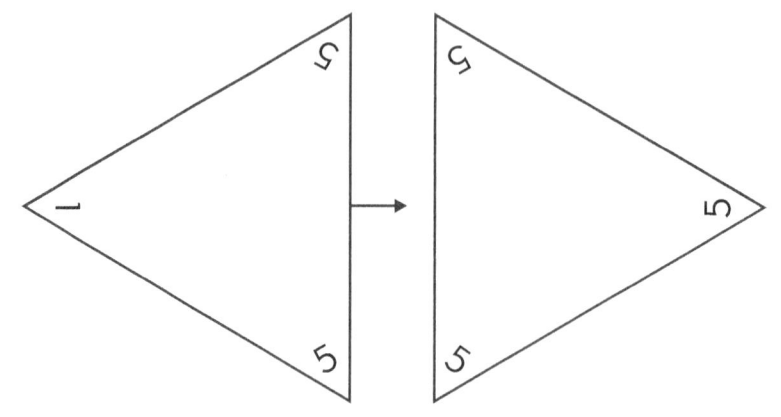

Figura 8.8 A organização de um Tri-ominos.

ele receberá 25 pontos (5 + 5 + 5, mais um bônus de 10 pontos por iniciar o jogo). O segundo jogador recebe 11 pontos (5 + 5 + 1). O vencedor será aquele que obtiver o maior número de pontos ao final ou a primeira pessoa que atingir um determinado número de pontos. Outros detalhes – em especial, outros tipos de bônus que podem ser recebidos – podem ser encontrados nas instruções que acompanham o jogo.

Jogos que envolvem adição repetida

Duvido

Número de jogadores: Três ou quatro.

Material: Um baralho de 40 cartas caseiras, quatro de cada número, como as que seguem:

2, 4, 6, 8, 10, 12, 14, 16, 18 e 20
5, 10, 15, 20, 25, 30, 35, 40, 45 e 50
1, 3, 5, 7, 9, 11, 13, 15, 17 e 19

Jogo: Todas as 40 cartas são distribuídas. Se os números das cartas são múltiplos de 2, o primeiro jogador coloca um 2 no centro da mesa, virado para baixo, e diz: "Dois". O próximo jogador coloca, então, um 4 em cima do 2, também virado para baixo, e diz: "Quatro". O terceiro jogador continua com um 6, dizendo "Seis". Qualquer um que não tenha a carta de que necessita usa outra qualquer, esperando livrar-se da situação com esse blefe.

Se alguém achar que qualquer outra carta que não a anunciada tenha sido jogada, diz: "Duvido". Se a dúvida for comprovada, a pessoa apanhada deve pegar todas as cartas que estão sobre a mesa. Se a dúvida não for confirmada, aquele que acusou que deve pegá-las. O jogo continua até que um jogador vença por ter se livrado de todas as cartas.

Uma variação para este jogo é usar os números em ordem decrescente (20, 18, 16, etc.).

Escolha

Material: Seis dados de 2 cm, cada qual com números e cores diferentes em seus lados; papel e lápis para anotar os pontos. Etiquetas auto-adesivas com cores diversas podem ser coladas aos dados, nas quais pode-se escrever a combinação de números abaixo. (Usar fita adesiva para proteger os dados do manuseio.)

	Verde	Vermelho	Azul	Amarelo	Laranja	Laranja
Primeiro dado	1	5	2	6	3	4
Segundo dado	2	1	6	5	3	4
Terceiro dado	3	6	4	1	2	5
Quarto dado	4	2	5	3	1	6
Quinto dado	5	4	3	2	1	6
Sexto dado	6	3	1	4	2	5

As seis cores (linha superior) indicam as seis cores das etiquetas nos lados de cada dado. Os números são aqueles que devem ser escritos nas etiquetas. No primeiro dado, por exemplo, 1 deve ser escrito na etiqueta verde, 2 na azul, 3 e 4 nas etiquetas laranjas, 5 na vermelha e 6 na amarela.

Jogo: O objetivo do jogo é obter o maior número de pontos por meio de dados da mesma cor ou com os mesmos números. Em cada rodada, um jogador pode jogar os dados três vezes.

Após a primeira tentativa, o jogador decide se vai escolher a mesma cor ou o mesmo número. Ele separa os dados que deseja usar e joga os demais novamente. Pode jogar todos os 6 dados novamente se o resultado da primeira jogada não for bom.

Após a segunda tentativa, o jogador separa novamente os dados que deseja usar e joga os demais. Ele também pode mudar seu objetivo, dependendo do que obteve até o momento. Se o resultado até então não for bom, ele pode jogar todos os dados novamente.

Após a terceira e última tentativa, os pontos obtidos são anotados e somados aos anteriores. Se, por exemplo, tiver 3 quatros, seu total de pontos é 12. Se, por outro lado, ele obtiver três círculos verdes com um 6, um 5 e um 3, seu total de pontos será 14.

Quando todos os seis dados apresentarem a mesma cor ou o mesmo número, ocorre o que se chama de "Escolha Dupla", sendo o número de pontos duplicado. Por exemplo, se o jogador obtiver seis 6, seu total de pontos será 72 [6 x 6 x 2 ou 2 (6 + 6 + 6 + 6 + 6 + 6)].

Jogos de tabuleiro em que se usam dados de diversas maneiras

Os jogos de tabuleiro em que se usam dados estão separados em uma categoria à parte, pois muitos tipos de dados podem ser usados de várias maneiras com propósitos específicos. Por exemplo, o *Double Parcheesi* (Ludo duplo) (Kamii, 2002, p. 204) usa um dado normal, mas os jogadores avançam o dobro do número de casas que o dado indica. Se, por exemplo, um jogador obtiver um 9 ao lançar um dado, ele andará 18 casas. Os dados de dez e doze lados permitem aumentar as parcelas para 10 ou 12. Os dados podem também ser usados de outras maneiras, tais como:

1. *Partindo do 10*. Os jogadores subtraem de 10 o número obtido para determinar quantas casas deverão avançar. Dessa forma, se um jogador obtiver um 1, ele poderá avançar 9 casas; se obtiver um 2, poderá avançar 8, e assim por diante.
2. *Partindo do 7*. Os jogadores podem avançar de acordo com o número do dado que cair para baixo, mas nenhum deles poderá olhar o lado de baixo do dado. Se um jogador obtiver um 6, por exemplo, ele poderá avançar 1 casa após subtrair *mentalmente* 6 de 7.*
3. *Avanço apenas se o total for um número par*. Um jogador poderá avançar apenas se o total dos dois dados jogados for par; se for ímpar, ele não poderá avançar.
4. *Adição repetida*. Se alguma das casas do tabuleiro contiver "x 2" ou "x 3", os jogadores duplicarão ou triplicarão o número obtido no dado se caírem nestas casas.
5. *Subtração*. O menor dos dois números obtidos nos dados deve ser subtraído do maior.
6. *Adição e subtração*. Os números dos dois dados de uma mesma cor devem ser somados, e o número do dado de cor diferente deve ser subtraído. Se o resultado for menor do que zero, os jogadores devem voltar o número de casas correspondente.
7. *Usando o dobro e o dobro mais 1*. O dobro é usado por muitas crianças de forma espontânea, as quais trocam 3 + 4 por (3 + 3) +1, por exemplo. Os professores podem fazer experimentos, colocando

---
*N. de R.T. Os números das faces opostas do dado somam sempre 7 (6+1, 3+4, 2+5).

números diferentes em dois dados de seis lados. Para estimular o uso dos dobros, tente colocar apenas dois números em cada dado (por exemplo, dois dados, cada um com três 3 e três 4). A seguir estão muitas possibilidades de combinações que podem aparecer.

Números em cada dado	Combinações possíveis
3 e 4	3 + 3, 3 + 4 e 4 + 4
4 e 5	4 + 4, 4 + 5 e 5 + 5
5 e 6	5 + 5, 5 + 6 e 6 + 6
6 e 7	6 + 6, 6 + 7 e 7 + 7
7 e 8	7 + 7, 7 + 8 e 8 + 8

Em outra variação, apenas três números são colocados em cada um dos três dados (por exemplo, cada dado tendo dois 7, dois 8 e dois 9). Há então as seguintes combinações possíveis:

Números em cada dado	Combinações possíveis
7, 8 e 9	7 + 7, 7 + 8, 7 + 9, 8 + 8, 8 + 9, 9 + 9

Os percursos nos tabuleiros podem variam na forma, extensão e conteúdo, sendo que alguns jogos comerciais usam apenas um peão, enquanto outros usam dois, três ou quatro. Pelo "conteúdo", entendemos o tema usado em um jogo, tais como dinossauros, naves espaciais e futebol. Descobrimos que o tema pode contribuir imensamente para a popularidade de um jogo. O *Double Parcheesi* (Ludo duplo) tem um trajeto que segue a borda do tabuleiro. Outros formatos são o curvilíneo, o em forma de oito, o espiral, o circular e o ziguezague. O jogo Esconderijo, descrito a seguir, usa um caminho circular de forma incomum.

Esconderijo

Material: Um tabuleiro conforme mostrado na Figura 8.9 e na Fotografia 8.2, dois dados e um peão para cada jogador.

Jogo: Cada jogador coloca seu peão em um dos espaços marcados com a palavra início. Os jogadores revezam-se lançando os dados e movendo seus peões, em sentido horário, quantas casas eles indicarem (ver o item anterior sobre alterar a regra do uso dos dados). Quando um jogador pára em uma casa com uma seta, ele deve segui-la para a casa do círculo menor e na próxima jogada volta a mover-se, em sentido horário, conforme a soma indicada pelos dados.

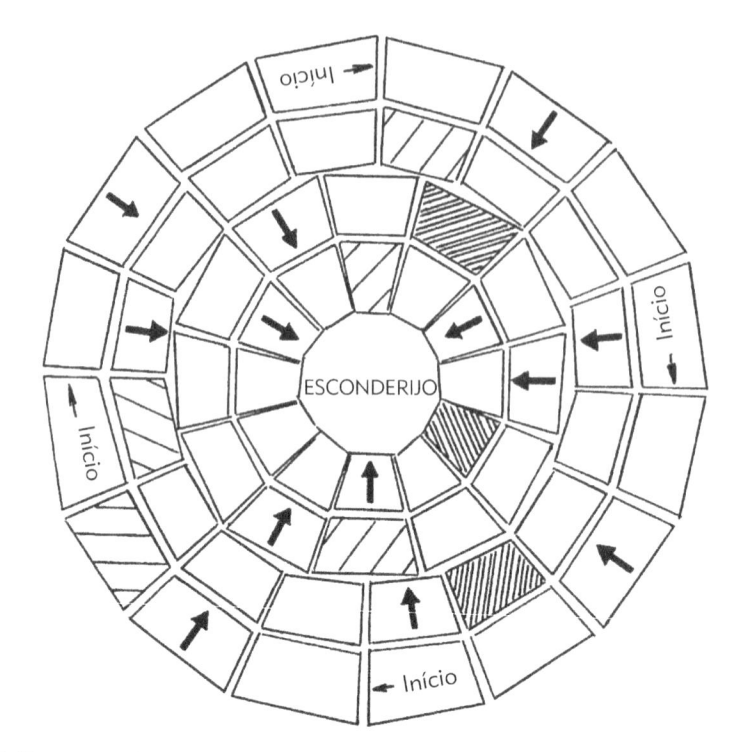

Figura 8.9 Um tabuleiro do jogo Esconderijo.

Fotografia 8.2 Esconderijo.

Se o peão alcançar uma casa já ocupada, o jogador deverá voltar para a casa em que estava anteriormente. Se um jogador chegar a uma casa verde, recebe uma jogada extra. Se chegar a uma casa vermelha, perderá sua vez na próxima rodada. O vencedor é aquele que primeiro chegar ao esconderijo no centro do tabuleiro.

Cubra os dobros

Para crianças com baixo desempenho, o professor pode fazer um tabuleiro do tipo Cubra os dobros (ver Figura 8.10). Este jogo usa um dado e tantas fichas transparentes quantos forem os números para cobrir. Dois jogadores sentam-se em lados opostos do tabuleiro. Se um jogador tirar 1, ele cobrirá o 2 do seu lado do tabuleiro; se tirar um 2, ele cobrirá o 4, e assim por diante. Se um número já estiver coberto, o jogador não poderá cobrir nada. O jogador que primeiramente cobrir todos os seis números do tabuleiro será o vencedor.

Este jogo pode ser alterado para Cubra os Dobros + 1. Nesse caso, serão usados um dado de dez lados, 20 fichas transparentes e um tabuleiro contendo dez números de 3 a 21 (3, 5, 7... 21). Se um jogador, ao jogar o dado, obtiver um 1, ele cobrirá o 3 (1 + 1 + 1); se obtiver um 2, cobrirá o 5 (2 + 2 + 1), e assim por diante.

12	10	8	6	4	2
CUBRA OS DOBROS					
2	4	6	8	10	12

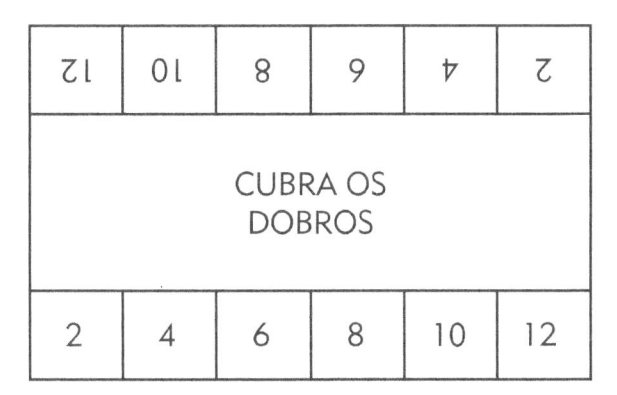

Figura 8.10 Um tabuleiro de Cubra os dobros.

Cubra 20

Material: Um tabuleiro com números de 1 a 20 para cada jogador (ver Figura 8.11), quatro dados de 8 lados e 20 fichas transparentes para cada jogador.

Jogo: Antes de cada jogada, cada jogador decide se vai jogar um, dois, três ou todos os quatro dados. Após jogar o dado ou os dados, ele cobrirá o número

1	2	3	4	5
6	7	8	9	10
11	12	13	14	15
16	17	18	19	20

Figura 8.11 Tabuleiro para o jogo Cubra 20.

ou os números correspondentes ao total jogado. Se um jogador, por exemplo, obtiver um 4, um 5 e dois 3, ele poderá cobrir o 15, ou 10 + 2 + 3, ou 1 + 2 + 3 + 4 + 5, ou qualquer outra combinação que totalize 15. Aquele que primeiramente cobrir todos os 20 números será o vencedor.

Jogos que envolvem atividades de conhecimento físico

Jogos que envolvem atividades de conhecimento físico (Kamii e DeVries, 1978/1993) são aqueles que exigem pontaria, tais como basquete, sinuca e golfe. Todos esses jogos envolvem a reação de um objeto à ação da criança de arremessar, bater, chutar e assim por diante. São tratados como uma categoria a parte, pois alguns deles podem ser desenvolvidos ao ar livre, e os números utilizados podem variar de 0 a 3.000.

Uma vantagem dessa categoria de jogos é que algumas crianças aprendem muito melhor quando se movimentam. Por exemplo, Linda Joseph afixou uma grade de 3 x 3 em uma carteira, colocou um número em cada seção da grade, e deixou que as crianças se revezassem jogando bolas de meia (ou saquinhos de feijão) na mesa. O total de pontos de um jogador em cada rodada era a soma dos números indicados pelas três bolas de meia. Os jogadores calculavam os pontos acumulados ao final de cada rodada. Para algumas crianças, a liberdade de movimentar-se fez uma grande diferença na obtenção do gosto pela adição e no seu aprendizado.

A seguir, há alguns exemplos de atividades de conhecimento físico agrupadas de acordo com a ação das crianças, tais como arremessar e bater. Alguns são jogos feitos em casa, enquanto outros são jogos comerciais. Muitos jogos comerciais podem ser adaptados e confeccionados em classe com as crianças, praticamente sem nenhum custo.

Arremessar

Jogo do arremesso

Material: Um alvo de mesa ou de chão e três fichas. O alvo pode ser feito de esponja ou isopor, usado para empacotar eletrodomésticos, em que se fazem alguns buracos. Os números são escritos ao lado de cada buraco, tendo o alvo central o maior valor, e os outros buracos menor valor à medida que se afastam do centro.

Jogo: Esta é uma variação do jogo há pouco descrito, o qual usa uma grade e bolas de meia ou saquinhos de feijão. Cada rodada consiste em arremessar as três fichas no alvo.

Basquete

Material: Um pneu velho e cordas, bolas ou saquinhos de feijão. O pneu pode ser suspenso para servir de cesta.

Jogo: As crianças arremessam a bola através do pneu, fazendo 2 (ou mais) pontos por cesta.

Arremesso de argolas

Material: Uma placa de madeira com ganchos e números, conforme mostrado na Figura 8.3; cinco argolas de borracha; papel e lápis para anotar os pontos. Este jogo não está mais disponível, mas uma outra versão pode ser encontrada nos catálogos (ver Apêndice).

Jogo: O jogo da Fotografia 8.3 vem com 13 argolas, mas usaremos apenas 5 delas. Após arremessar as 5 argolas, as crianças somam o total ao seu número de pontos anterior. As crianças decidem a distância em que devem ficar para arremessar e quando o jogo deve terminar.

Jogo de dardos

Material: Tabuleiro de dardos e três dardos sem ponta, conforme mostrado na Fotografia 8.4; papel e lápis para anotar os pontos. Jogos similares estão disponíveis em catálogos (ver Apêndice).

Jogo: O número de pontos conferidos em cada área do tabuleiro precisa ser trocado com freqüência. Aqueles do tabuleiro da Fotografia 8.4 são 100, 75, 50 e 25. Os jogadores decidem onde devem ficar para arremessar e quantos arremessos cada um fará.

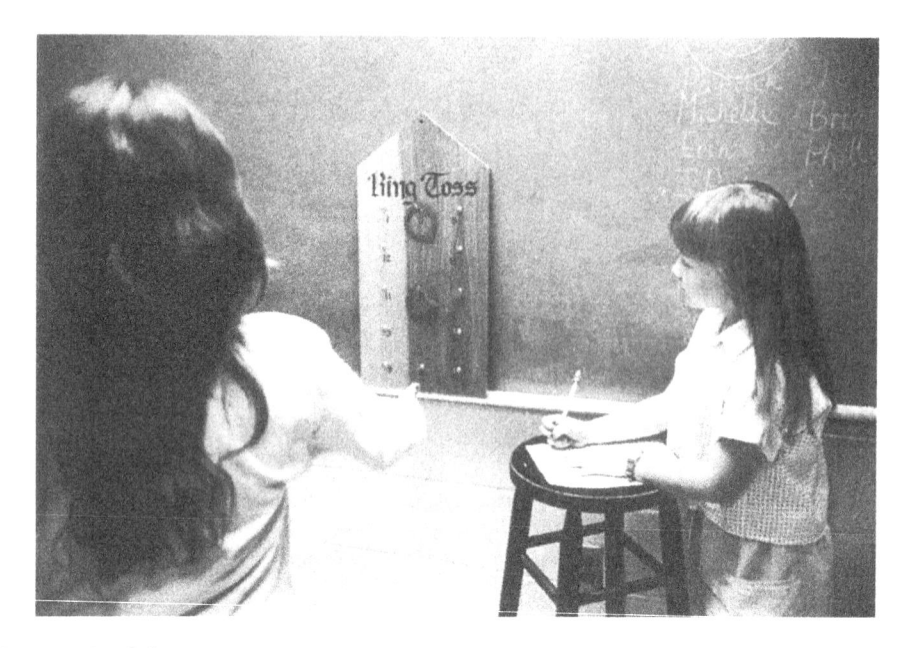

Fotografia 8.3 Arremesso de argolas.

Fotografia 8.4 Jogo de dardos.

Bater ou empurrar com um bastão

Golfe, hóquei e sinuca

Material e jogo: Esses são todos jogos semelhantes que podem ser montados com um cercado feito de blocos. Um palito, pauzinhos que os orientais usam para comer ou um taco longo podem ser usados para bater ou empurrar uma bola ou disco. O alvo pode ser uma bola, uma área marcada no chão ou um espaço entre dois blocos. As crianças podem decidir sobre o número de pontos a ser dado para cada tentativa bem-sucedida.

Outras ações físicas

The spinner game

Material: (Trata-se de um jogo comercializado nos Estados Unidos, semelhante à roleta.) Um recipiente de madeira em forma de cuia (roleta), com orifícios numerados e um pião (ver Fotografia 8.5); seis bolas de madeira.

Jogo: As instruções que acompanham o jogo são boas e podem ser usadas, mas preferimos modificar as regras, conforme segue, para estimular as crianças a fazerem múltiplos de 10.

Fotografia 8.5 *The spinner game*.

As seis bolas são colocadas no centro da roleta, e o pião é girado de forma que projete as bolas para dentro dos orifícios numerados. Os pontos podem ser contados apenas em múltiplos de 10. Por exemplo, se a bola entrar nos orifícios numerados 12, 4, 2, 16, 3 e 9, um jogador poderá encontrar apenas 20 pontos (16 + 4), enquanto outro jogador poderá encontrar 30 pontos (16 + 12 + 2). Um terceiro jogador poderá obter 40 pontos (16 + 12 + 9 +3). O jogador que obtiver o maior número de pontos será o vencedor.

Embora os números do jogo comercial funcionem adequadamente, o valor educacional do jogo pode ser aprimorado, colando-se números tais como os seguintes sobre os originais: 2, 3, 4, 5, 6, 7, 8, 9, 11, 12, 13 e 24.

Shoot the moon

Material: Este é um jogo comercial (ver Apêndice).

Jogo: A criança deve controlar uma esfera de aço, por meio de dois bastões do mesmo material, fazendo-a vir o mais próxima de si possível, antes que caia entre os bastões (ver Fotografia 8.6).

Fotografia 8.6 *Shoot the moon.*

Quanto mais longe a esfera for antes de cair em um dos orifícios, mais pontos terá o jogador. O sistema de pontos para o jogo *Shoot the moon* e duas modificações possíveis podem ser vistos na lista a seguir:

Shoot the moon	Modificação I	Modificação II
– 250	– 10	– 11
250	10	11
500	20	22
1.000	30	33
2.000	50	55
3.000	100	100

Gangorras

Material: O Material Dourado (ou de base dez) pode funcionar bem em um jogo que lembra uma gangorra, como pode ser visto na Figura 8.12.

Jogo: As crianças podem preparar pequenas caixas e inventar um sistema de pontos.

Dominós

Um dia, Linda Joseph apareceu com uma bola de madeira de aproximadamente 5 cm de diâmetro e perguntou às crianças se poderiam imaginar um jogo em que ela fosse utilizada. Imediatamente, uma criança sugeriu que se rolasse a bola para derrubar dominós. O total de pontos do jogador poderia ser o número de pontos de todos os dominós derrubados, disse a criança.

Jogos envolvendo dinheiro (cédulas ou moedas)

Os jogos que envolvem moedas estão em uma categoria à parte, pois tem muita importância na vida real e suas unidades requerem o uso das parcelas 1, 5, 10, 20, 25, 50 e 100.

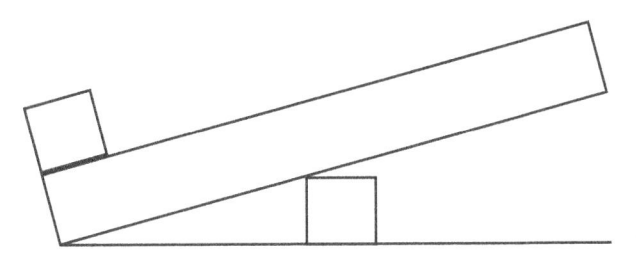

Figura 8.12 Uma gangorra feita com Material Dourado (ou de base 10).

The allowance game

Material: Jogo comercial, que vem com um tabuleiro, dinheiro de brincadeira (20 notas de 5 dólares, 25 notas de 1 dólar, 20 moedas de 25 centavos, 20 moedas de 20 centavos e 20 moedas de 5 centavos), um dado, quatro peões e oito fichas (o jogo listado no Apêndice é melhor para crianças de segunda série).

Jogo: As crianças movem seu peão tantas casas quanto indicadas pelo dado. Então, elas seguem as instruções contidas na casa em que pararam para saber quanto ganharam ou devem gastar. Por exemplo, em uma casa diz: "Entrega de jornais. Receba $0,85", e em outra diz: "Compre material escolar. Gaste $1,00". O primeiro que obtiver um total de $10,00 será o vencedor.

Coin dice (dado de moedas)

Material: Três dados com valores monetários – (ver Apêndice) mostrando um centavo, 5 centavos, 10 centavos, 25 centavos e 50 centavos. Além disso, 68 cartas caseiras, conforme segue (duas de cada, a menos que indicado de outra forma entre parênteses):

0,03	0,35	0,75 (1)
0,07	0,36	0,76 (3)
0,11	0,40	0,80
0,12	0,45	0,85
0,15 (1)	0,51	1,00
0,16	0,52 (3)	1,01
0,20	0,55	1,05
0,21	0,56 (3)	1,10
0,25	0,60	1,25
0,27	0,61 (3)	1,50 (1)
0,30 (1)	0,65	
0,31	0,70	

Jogo: Cada jogador pega 16 cartas e faz uma composição de 4 x 4 como em um jogo de bingo (ver Figura 8.13). Os jogadores revezam-se lançando os três dados. Todos que tiverem uma carta correspondente ao total dos três dados deve virá-la para baixo. Aquele que primeiro virar quatro cartas em uma fileira vertical, horizontal ou diagonal será o vencedor.

Como variação, a primeira pessoa que virar duas fileiras de quatro cartas pode ser o vencedor. Outra variação para o vencedor é conseguir virar primeiro as cartas dos cantos.

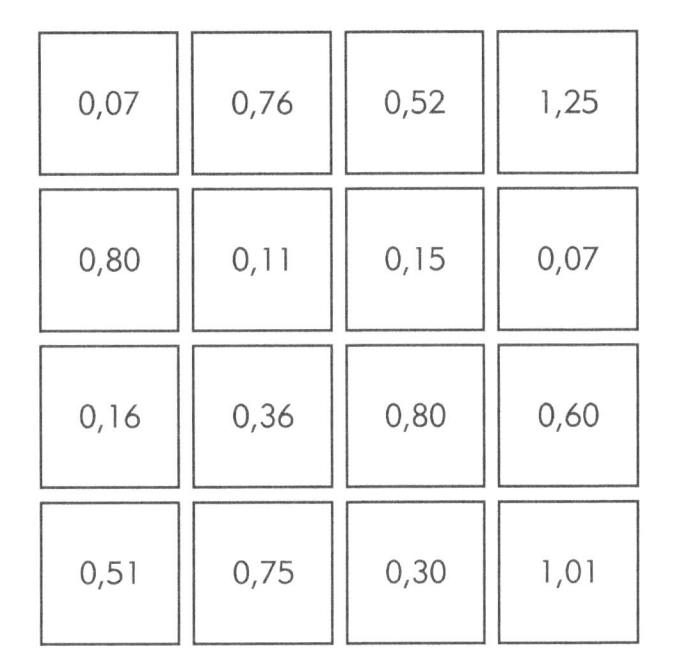

0,07	0,76	0,52	1,25
0,80	0,11	0,15	0,07
0,16	0,36	0,80	0,60
0,51	0,75	0,30	1,01

Figura 8.13 A composição de 16 cartas no *Coin dice*.

JOGOS ENVOLVENDO ADIÇÃO E SUBTRAÇÃO

Jogos de cartas e jogos parecidos com jogos de cartas

Salve!

Número de jogadores: Três.

Material: Um baralho sem as cartas de figuras; Ás = 1. (Quando as crianças estão começando a jogar, é aconselhável utilizar cartas até o 6 e, gradualmente, incluir os números 7, 8, e assim por diante.)

Jogo: As cartas são distribuídas para dois dos três jogadores. Os dois jogadores sentam-se frente a frente, mantendo suas cartas em um monte, voltadas para baixo e sem olhá-las. Simultaneamente, ambos pegam a carta de cima de seus respectivos montes, dizendo: "Salve!" e seguram a carta diante de sua própria testa, de modo que cada um possa ver a carta do oponente, mas não a sua própria.

O terceiro jogador (que pode ver ambas as cartas) anuncia o total. Os outros dois jogadores tentam adivinhar o número de suas cartas, subtraindo o número do oponente do número total. Aquele que primeiro falar o número correto fica com as duas cartas. O vencedor será aquele que juntar o maior número de cartas.

Como uma variação, esse jogo pode também ser jogado usando a multiplicação e a divisão.

Formas de adição e subtração

Material: Dois conjuntos de 24 triângulos comerciais feitos de plástico não-flexível, semelhantes aos feitos para *Tens and Twenties* (ver Apêndice para catálogos que às vezes os apresentam). Um dos conjuntos tem bordas vermelhas e envolve a adição. O outro tem bordas amarelas e envolve a subtração com números até 20. Os dois conjuntos podem ser combinados, mas também usados separadamente.

Jogo: Todos os triângulos são colocados sobre a mesa virados para baixo, cada jogador pega um número igual de triângulos, como quatro, por exemplo. Para dar início ao jogo, um triângulo é virado para cima no centro da mesa. Os jogadores revezam-se combinando um problema (tal como 13 – 4) com uma resposta (tal como 9).

Toda vez que um jogador usar um triângulo, pegará outro do monte. O jogador que não conseguir formar uma combinação deve continuar pegando triângulos até que o consiga.

O vencedor será aquele que primeiro terminar as suas peças.

O mais próximo de dez

Material: Um baralho de cartas *Rook* (quatro para cada 1-14; ver Apêndice), que pode ser feito em casa; papel e lápis para anotar a pontuação.

Jogo: Cada jogador recebe três cartas. O objetivo do jogo é usar a adição ou a subtração com duas das três cartas distribuídas para perfazer um número o mais próximo possível de 10. Podem ocorrer cinco ou mais rodadas, sendo vencedora a pessoa com o mais baixo número total de pontos. A Figura 8.14 é um exemplo de uma tabela de pontos, a qual mostra que Sarah venceu após cinco rodadas, totalizando 7 pontos. (Nem sempre é necessário anotar as cartas recebidas, mas podemos perceber nestas anotações que a primeira jogada de Sarah consistiu de um 1, outro 1 e um 14, tendo ela feito 14 – 1 = 13. Como a diferença entre 13 e 10 é 3, seu número de pontos na primeira rodada foi 3.)

Cada jogador mantém a carta não utilizada, recebendo duas novas cartas para a próxima jogada.

Rodada	Sarah			Jeff		
	Cartas recebidas	Cálculo	Pontos	Cartas recebidas	Cálculo	Pontos
1	1 1 14	14 – 1 = 13	3	12 10 2	12 – 2 = 10	0
2	1 2 14	14 – 2 = 12	2	2 8 3	8 + 2 = 10	0
3	1 4 10	10 – 1 = 9	1	14 10 3	14 – 3 = 11	1
4	4 8 3	8 + 3 = 11	1	10 12 7	12 – 7 = 5	5
5	4 6 7	4 + 6 = 10	0	10 8 9	10 – 8 = 2	8
Total			7			14

Figura 8.14 Folha de pontuação do jogo O mais próximo de 10.

Sempre 12

Material: Setenta e duas cartas (que podem ser redondas, como é mostrado na Figura 8.15) contendo os números de 0 a 6 nas seguintes quantidades:

> 0: 8 cartas
> 1: 10 cartas
> 2: 12 cartas
> 3: 14 cartas
> 4: 12 cartas
> 5: 8 cartas
> 6: 8 cartas

É necessário também um tabuleiro ou folha de papel dividido em 4 setores iguais, de forma que as cartas possam ser empilhadas em cada seção.

Jogo: O objetivo do jogo é completar um total de 12 com quatro cartas. Todas as cartas são espalhadas, voltadas para baixo, e cada jogador pega três cartas. Na sua vez, coloca uma carta em um quadrante e, após, pega outra do monte para ter novamente três cartas. Os quadrantes vazios devem ser preenchidos antes que se possa colocar uma carta sobre outra (ver Figura 8.15 para alguns exemplos deste processo). A pessoa que somar um total de 12 com as quatro cartas de cima, conforme mostrado na Figura 8.15(a), pode pegá-las.

A Figura 8.15(b) já tem um total de 12. Se o próximo jogador colocar zero no espaço vazio, ele poderá pegar as quatro cartas, conforme mostra a Figura 8.15(c). Se tiver apenas cartas com o número 5, ele será obrigado a completar um total de 17, conforme mostra a Figura 8.15(d). Se a próxima pessoa colocar 1 sobre o 6, conforme mostra a Figura 8.15(e), completará um total de 12 e pegará as quatro cartas. O 6 que ficou embaixo do 1 permanecerá para a próxima rodada, assim como qualquer outra carta que tenha ficado embaixo de uma das outras três.

Aquele que conseguir o maior número de cartas será o vencedor.

24 Game

Material: Uma caixa do *24 game*, o qual pode ser encontrado em muitos catálogos (ver Apêndice). Use apenas as cartas marcadas com 2 e 3 pontos, as quais são do nível de dificuldade apropriado.

Jogo: Cada carta tem dois círculos (como nas "rodas da sorte") e um número-alvo (24, por exemplo), e em cada círculo há três números (tais como 12, 14

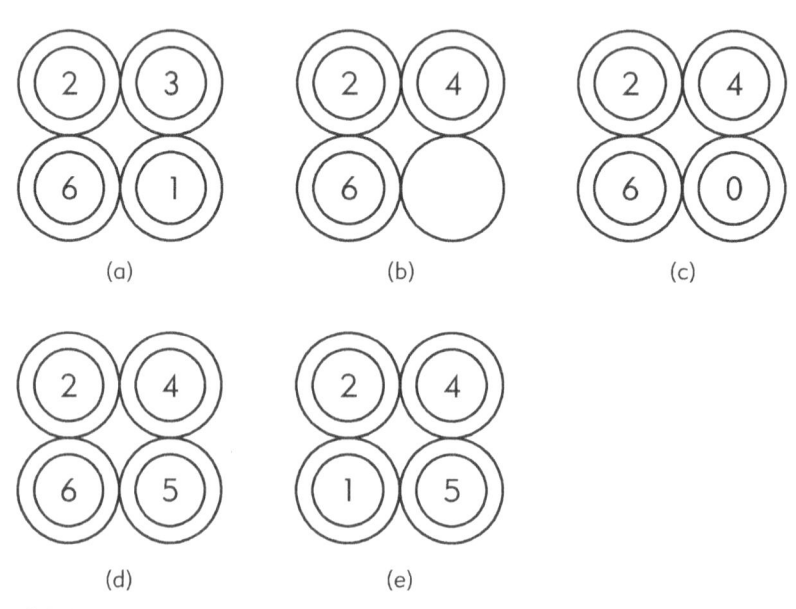

Figura 8.15 Sempre 12.

e 2). O objetivo do jogo é escolher o círculo cujos números, por meio da adição e/ou subtração, dêem como resultado o número-alvo. Todos os jogadores devem lidar com a mesma carta, tentando ser o primeiro a chegar ao número-alvo. Todos os três números da roda devem ser usados *uma vez* (e apenas uma vez).

A primeira pessoa a chegar ao número-alvo, se puder, deve explicar como o fez (no exemplo acima, 14 + 12 = 26, 26 − 2 = 24). O vencedor do jogo será aquele que tiver conseguido o maior número de cartas. Se um erro for notado, o jogador que primeiramente o perceber receberá as cartas.

A desvantagem da versão publicada recentemente é que a solução correta vem impressa no verso de cada carta. Recomendamos que a mesma seja recortada antes de o jogo ser apresentado às crianças. A razão para isso é que as crianças *não* são motivadas *a pensar e a debater* se podem encontrar a solução correta ao olhar no verso da carta.

Jogo da fileira

Material: Cinqüenta e oito ladrilhos contendo os seguintes números: 1 a 10 (cinco de cada, totalizando 50 ladrilhos); -5 e -10 (quatro de cada, totalizando 8 ladrilhos).

Jogo: Cada jogador pega primeiramente um ladrilho -5 e um -10. Todos os outros ladrilhos são, então, espalhados sobre a mesa, voltados para baixo, dos quais cada jogador pega cinco unidades, resultando em um total de sete. Um dos ladrilhos é, então, virado e colocado no centro da mesa para dar início à fileira.

Os jogadores revezam-se juntando um ladrilho ao anterior, formando uma fileira. O objetivo do jogo é ser o primeiro a obter exatamente 45 pontos. Por exemplo, se o primeiro ladrilho for um 7 e os jogadores na seqüência colocarem 10, 3, 10 e 8, o próximo jogador pode vencer a rodada se colocar um 7. Após colocar o ladrilho, cada jogador pega um dos ladrilhos que estão sobre a mesa para voltar a ter novamente sete.

O jogador que ultrapassar 45 pontos perde o jogo e é eliminado. Os ladrilhos -5 e -10 podem ser jogados a qualquer tempo, mas os jogadores aprendem a só usá-los quando estão correndo o risco de ultrapassar os 45 pontos.

Pode-se fazer uso de marcações para registrar as rodadas que cada jogador venceu. No geral, porém, nossas crianças simplesmente continuam a jogar sem muita preocupação com anotações.

Jogo do zero

Material: Um baralho comum, 10 fichas para cada jogador, papel e lápis para anotar a pontuação.

Jogo: Todas as cartas de copas ímpares são eliminadas do baralho. As cartas de figuras podem ser eliminadas ou contadas como se fossem 10. Cada jogador recebe 10 cartas e coloca uma delas voltada para cima, subtraindo o número dela do total prévio. O jogo inicia com 30 e, se o primeiro participante jogar um 10, ele em seguida deve dizer: "Vinte". Se o próximo jogador colocar um 5, ele deve dizer: "Quinze". Aquele que ficar abaixo de zero é o perdedor da rodada, recebendo uma cruz. O jogo acaba quando alguém tiver recebido 10 cruzes.

As cartas de copas (com números pares) são cartas "de adição" e seus números são somados ao total prévio.

Cada vez que alguém jogar uma carta, pega outra do monte para que tenha três cartas novamente nas mãos.

Duas a quatro cartas

Material: Um baralho comum (Ás = 1, figuras = 10).

Jogo: Quatro cartas são distribuídas para cada jogador. A carta superior do monte que sobrou é virada para cima, indicando o número-alvo, que ficará no centro da mesa. Cada jogador tenta compor o número com duas a quatro cartas, usando adição e/ou subtração. Por exemplo, se o número-alvo for 6, e as cartas recebidas por um jogador forem 2, 4, 8 e 8, ele poderá fazer 2 + 4, recebendo duas cartas, 8 − 4 + 2, recebendo três cartas, ou 2 + 4 + 8 − 8, recebendo quatro cartas. A pessoa que ao final tiver coletado o maior número de cartas é o vencedor.

Quando um jogador não puder compor o número-alvo, ele passa a vez e devolve suas quatro cartas ao monte de descarte. Quando um jogador conclui sua jogada, as cartas não usadas também vão para o monte de descarte. A carta utilizada como número-alvo também vai, ao final da rodada, para o monte de descarte.

Na rodada seguinte, mais quatro cartas são distribuídas para cada jogador e um novo número-alvo é estabelecido. Quando não houver mais cartas sobrando no baralho, as cartas do monte de descarte são embaralhadas e usadas novamente.

Aquele que descobrir um erro feito por qualquer outro jogador pega uma carta do que errou.

Com licença!

Material: As 42 cartas apresentadas abaixo; 60 fichas, cada uma valendo $100; papel e lápis para anotação dos pontos.

    Espadas de 1(Ás) a 10 são cartas "negativas"
    Todas as cartas de 1(Ás) a 10 dos demais naipes são cartas "positivas"
    Dois valetes

Jogo: O objetivo do jogo é ter, ao final, mais dinheiro do que qualquer outro jogador. Cada jogador recebe cinco cartas. As restantes são colocadas no cen-

Crianças pequenas continuam reinventando a aritmética **147**

tro da mesa, viradas para baixo, formando o monte para compras. A carta superior é virada para cima e colocada próxima ao monte para compras, dando início ao monte de descarte. Se for um valete, a carta é recolocada no monte para compras e outra é tirada. As fichas são colocadas próximas ao centro da mesa, e cada pessoa recebe $200. O dinheiro de cada jogador *deve ser mantido à vista* durante todo o jogo.

Os jogadores revezam-se colocando uma carta no monte de descarte, voltada para cima, e pegando outra do monte principal (para ter novamente cinco cartas). Cada jogador soma ou subtrai a partir do total corrente e comunica o novo total. No exemplo da Figura 8.16, o total corrente é 0.

O jogador cuja carta faz com que o monte de descarte chegue a exatamente 0, 25, 50, 75 ou 100 ganha $200 do monte para compras. O jogador cuja carta faz com que o monte de descarte chegue a exatamente 33, 66 ou 99 pode pegar $200 de um dos outros jogadores, dizendo "Com licença!".

O valete pode ser jogado em qualquer rodada e faz com que o jogador pegue $200 de um dos outros jogadores.

O *monte de descarte* pode ser iniciado com uma carta de número negativo. Porém, se for confuso iniciar com um número negativo, a regra pode ser alterada para o seguinte: o primeiro número deve ser 1 ou maior do que 1. Se o monte de descarte somar 100, uma carta negativa ou um valete ainda podem ser jogados. Estando o monte de descarte acima de 100, um novo monte de descarte deve ser iniciado.

Quando não houver mais cartas no *monte para compras*, um novo pode ser feito, embaralhando-se as cartas do monte de descarte antigo.

Ninguém pode ficar devendo. Se algum jogador tiver apenas $100, outro jogador poderá tomar dele apenas $100.

É aconselhável anotar os números 0, 25, 50, 75 e 100 e também 33, 66 e 99, pois podem ser ganhos $200 no momento em que alguém fizer esses números. Também é aconselhável anotar os totais cumulativos.

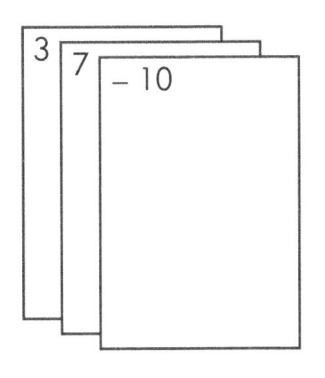

Figura 8.16 Pontos cumulativos em 0 (zero) no jogo Com licença!

Outra versão com 61 cartas caseiras: as 61 cartas seguintes são usadas:

-1 a -10	Uma carta de cada
1, 2, 3 e 5	Três cartas de cada
4, 6, 7, 8, 9 e 10	Cinco cartas de cada
Com licença!	Quatro cartas
Sinto muito!	Uma carta
Revanche!	Quatro cartas

O jogo funciona da mesma forma que a versão de 42 cartas, mas a carta "Sinto muito!" faz com que um jogador pegue $400 de qualquer outro jogador, e a carta "Revanche!" pode ser jogada apenas por alguém que acabou de perder dinheiro devido a uma carta "Sinto muito!" ou "Com licença!". A carta "Revanche!" autoriza o jogador a recuperar a quantidade de dinheiro perdida mais $100.

Jogos de tabuleiro

O tabuleiro da centena

Material: Um tabuleiro não-numerado com cem casas (uma grade de 10 x 10) e um jogo de ladrilhos* numerados de 1 a 100 (ver Apêndice).

Jogo: Este jogo estimula as crianças a pensar sobre a organização espacial de 10 mais, 10 menos, 10 mais + 1, 10 mais – 1, 10 menos + 1, e 10 menos – 1. Todos os ladrilhos são misturados, virados para baixo. Cada jogador, então, pega oito ladrilhos e os mantêm em sua frente, virados para cima.

Após, um ladrilho é colocado no lugar apropriado no tabuleiro (é surpreendente como é difícil para muitas crianças de segunda série determinar onde deve ser colocado o 68, por exemplo). Os jogadores, então, revezam-se colocando um ladrilho de cada vez no tabuleiro, substituindo-o por um dos que estão virados para baixo. Somente podem ser jogados ladrilhos que toquem, diagonal ou lateralmente, outro já colocado. Se, por exemplo, o 68 tiver sido colocado no tabuleiro, os ladrilhos que podem ser colocados a seguir são 57, 58, 59, 67, 69, 77, 78 e 79, conforme demonstrado na Figura 8.17. (Isso pode parecer fácil, mas um número surpreendente de estudantes de segunda série não perceberá que pode jogar o 57, por exemplo.)

Se um jogador não tiver um ladrilho para ser jogado, perde sua vez e pega um dos que estão virados para baixo. O primeiro a usar todos os seus ladrilhos será o vencedor.

Uma variação é iniciar o jogo com o 1 no espaço em que normalmente vai o 5.

---

*N. de R.T. Podem ser usadas tampas plásticas de refrigerante ou fichas, no lugar dos ladrilhos.

57	58	59
67	68	69
77	78	79

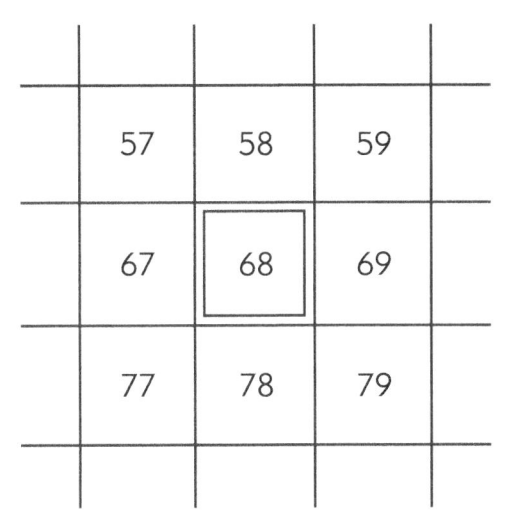

Figura 8.17 A disposição dos números no "Tabuleiro da centena".

Cento e cinqüenta exatos

Número de jogadores: Dois.

Material: Um tabuleiro numerado de 1 até 100 em sequência (dispostos 10 x 10, ver Apêndice), três dados e um peão para cada jogador.

Jogo: Este jogo foi inventado pelas crianças da turma de Linda. Os jogadores revezam-se jogando os três dados, somando os resultados e movendo seus peões. Se o primeiro jogador obtiver um total de 16, por exemplo, ele coloca seu peão no 16. Se ele obtiver um total de 12 na sua próxima jogada, ele soma esse número mentalmente ao seu total anterior e move seu peão para o 28, e assim por diante.

O objetivo deste jogo é atingir a posição 100 no tabuleiro e, então, iniciar novamente no 1, indo até o 50 (completando 150). Se um jogador não conseguir cair exatamente na casa 50, deve movimentar seu peão em sentido inverso, continuando, assim, indo para trás e para frente, até que chegue exatamente no 50.

Três em linha

Número de jogadores: Dois.

Material: Um tabuleiro, conforme mostrado na Figura 8.18, dois clipes para papel e 16 fichas transparentes, em duas cores, 8 de cada cor.

14	13
12	11

A

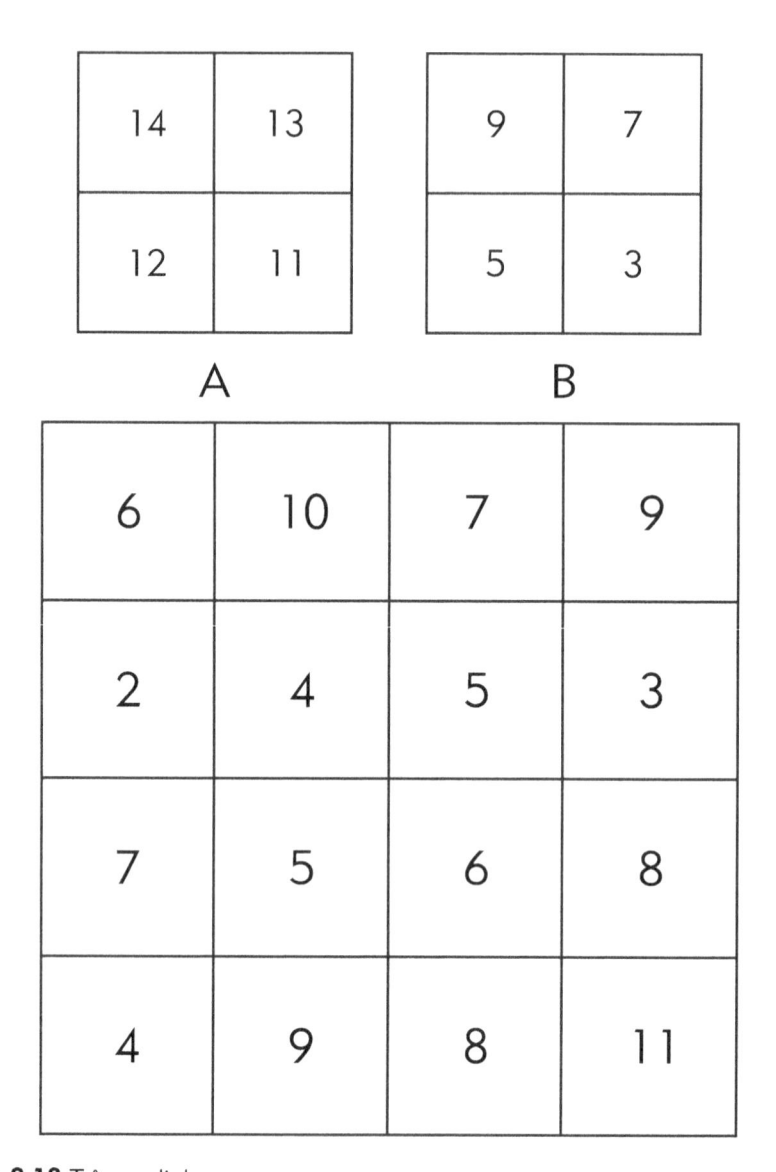

9	7
5	3

B

6	10	7	9
2	4	5	3
7	5	6	8
4	9	8	11

Figura 8.18 Três em linha.

Jogo: Este jogo é semelhante ao *Quatro em linha* (descrito anteriormente). Cada jogador pega todas as fichas de uma cor. Na sua vez, cada um escolhe um número do quadrado A e um do quadrado B, colocando os clipes em cada número. Então, ele subtrai o menor do maior, achando a resposta no quadrado maior, cobrindo-a com uma ficha. Se o número já estiver coberto, a rodada será perdida. O primeiro jogador a fazer uma seqüência de três fichas, no sentido vertical, horizontal ou diagonal, será o vencedor.

Ziguezague

Material: O tabuleiro mostrado na Figura 8.19, três dados e um peão para cada jogador.

				Chegada				
2	9	7	4	6	8	7	5	9
5	4	3	8	9	1	2	5	4
8	7	6	3	5	4	9	2	7
6	2	5	7	8	7	6	4	3
8	7	3	6	4	1	2	5	1
2	4	8	5	9	7	6	8	5
7	3	2	1	5	4	5	7	3
5	8	7	2	8	7	6	9	8
8	4	5	6	7	3	6	5	3
2	8	1	8	10	7	9	4	5
7	5	6	9	4	2	8	1	3
				Largada				

Figura 8.19 Um tabuleiro de Ziguezague.

Jogo: Todos os peões são colocados na posição "Largada". O objetivo do jogo é ser o primeiro a atingir a "Chegada".

Os jogadores revezam-se jogando os três dados. Os três números obtidos podem ser somados e/ou subtraídos em qualquer ordem. Por exemplo, se aparecer um 2, um 3 e um 4, eles podem resultar 9, 1, 3 ou 5, das seguintes formas:

9: (2 + 3 + 4)
1: (2 + 3 − 4) ou (3 + 2 − 4)
3: (2 + 4 − 3) ou (4 + 2 − 3) ou (4 − 3 + 2) ou (2 − 3 + 4)
5: (4 − 2 + 3) ou (4 + 3 − 2) ou (3 − 2 + 4) ou (3 + 4 − 2)

Dessa forma, o jogador pode colocar seu peão nos números 9, 1, 3 ou 5. Conseqüentemente, um jogador pode mover-se apenas uma casa por vez, para frente, para trás, para os lados ou em diagonal. Por exemplo, se estiver no número 5 da primeira fileira, ele poderá mover seu peão para o 7, 2, 8, 1 ou 6.

A primeira pessoa a atingir a "Chegada" será o vencedor.

Tribulações

Material: Vinte e seis cartas, duas de cada com os números de 0 a 12; 49 ladrilhos quadrados de cerâmica (ladrilhos de cerâmica de banheiro são mais pesados e não se movem tão facilmente quanto os de plástico) contendo os números de 1 a 8, conforme segue:

1: 5 ladrilhos
2: 6 ladrilhos
3: 6 ladrilhos
4: 6 ladrilhos
5: 6 ladrilhos
6: 10 ladrilhos
7: 5 ladrilhos
8: 5 ladrilhos

Como alternativa, tabuleiros similares ao da Figura 8.20 podem ser feitos e fotocopiados, mas devem ser feitos tabuleiros diferentes, pois as crianças lembram onde encontrar as combinações que completam certos números (tais como 5 + 5 − 5 = 5).

Jogo: Os ladrilhos são misturados e arranjados aleatoriamente em um quadrado de 7 x 7, conforme mostrado na Figura 8.20. Os números podem ficar virados para diferentes direções.

O primeiro jogador tira uma carta, anuncia o número e a coloca onde todos possam vê-la. Olhando para todos os ladrilhos, todos os jogadores ten-

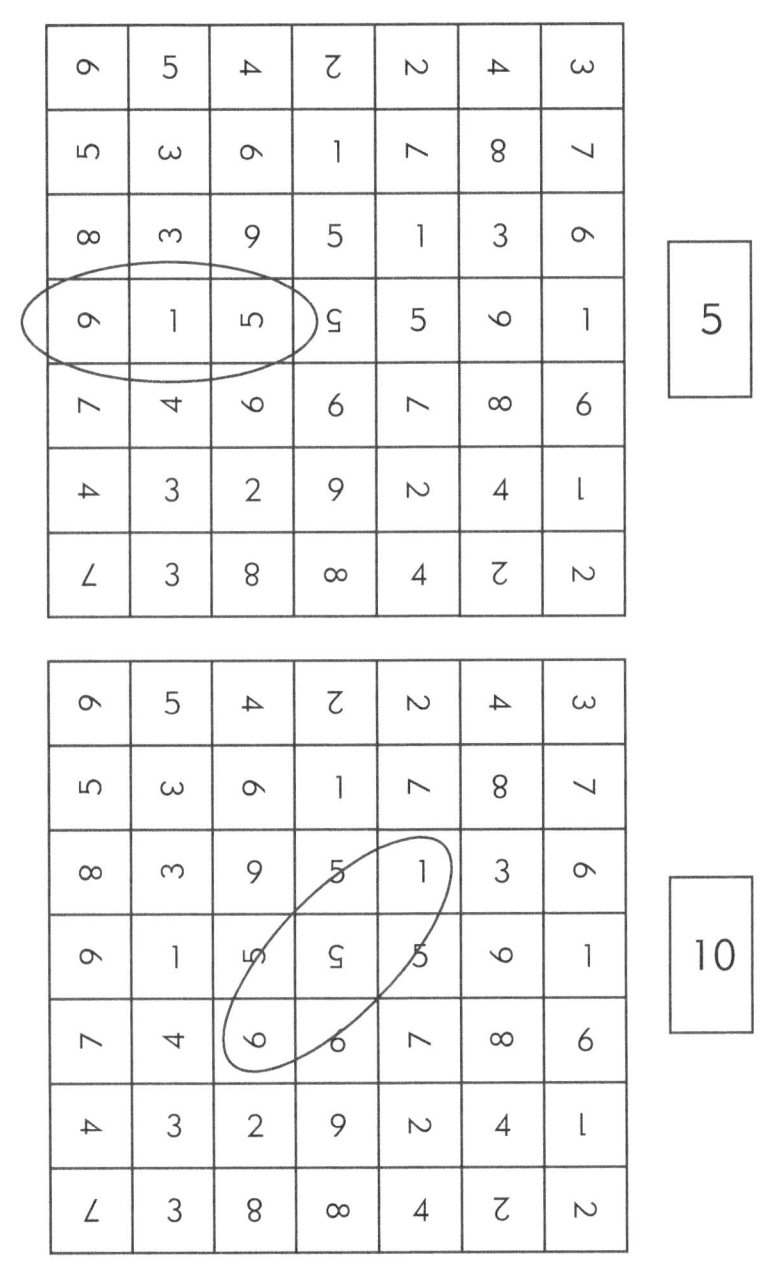

Crianças pequenas continuam reinventando a aritmética **153**

Figura 8.20 Chegando a 5, com 9 + 1 − 5, e a 10, com 6 + 5 − 1, no jogo Tribulações.

tam, silenciosamente, encontrar três números em seqüência que dêem o número da carta. *Os primeiros dois números devem ser somados, e o terceiro deve ser subtraído* para chegar-se ao número da carta. Os três números devem estar em seqüência vertical, horizontal ou diagonal, em qualquer direção. Os números 6 e 9 são intercambiáveis. No primeiro exemplo, 5 foi produzido com 9 + 1 – 5. No segundo exemplo, 10 foi produzido com 6 + 5 – 1.

A primeira pessoa a encontrar a combinação de números correta, comunica a descoberta e poderá pegar a carta se provar que a combinação está correta. Uma nova carta, então, é tirada, e o jogo continua. A pessoa que conseguir o maior número de cartas será a vencedora.

Para muitos estudantes de segunda série, é difícil compor os 49 ladrilhos, mas o raciocínio espacial envolvido ao fazer tal composição é bom para eles. Alguns professores preferem a versão fotocopiada, fazendo vários exemplares de cada tabuleiro para que cada jogador possa manuseá-lo em várias direções e tocar os números em questão.

UMA ATIVIDADE PARA A TURMA TODA

Todos os jogos descritos neste capítulo, até o momento, são para pequenos grupos de duas a quatro crianças. Às vezes, é recomendável fazer jogos com a turma toda para intensificar o sentimento de comunidade em sala de aula. O jogo *Tic-Tac-15* foi descrito anteriormente neste capítulo como um jogo em grupo que a turma jogava com freqüência, com muito entusiasmo. O jogo *Volta ao mundo*, mencionado no Capítulo 6, também é um jogo emocionante que as crianças adoravam jogar.

"Qual é minha regra?" não é exatamente um jogo no qual as crianças tentem ganhar, mas é um jogo para a turma toda. Pelo fato de ter uma regra que diz que ninguém pode determinar a regra, o jogo envolve inteligentemente todos os membros da turma, independentemente do seu nível de desenvolvimento.

Por exemplo, o professor escreve "3" no quadro, desenha uma seta a partir dele e, então, escreve "7", conforme mostrado na Figura 8.21(a). Após, ela escreve outro número e uma seta, conforme mostrado na mesma figura.

As crianças que têm alguma idéia do número que pode ir após a seta levantam suas mãos. Se a criança solicitada disser "11", a professora o escreve e continua escrevendo outro número e uma seta, conforme mostrado na Figura 8.21(b). A regra deste jogo é que as crianças podem ir dando números gerados a partir das hipóteses que têm da regra, mas não podem falar a regra em voz alta.

A beleza deste jogo é que as crianças menos adiantadas podem ter tempo para pensar, sem que os estudantes mais avançados expressem verbalmente a regra. De fato, as crianças menos adiantadas podem usar os números dados pelas mais adiantadas. No momento em que a coluna se parece com a Figura 8.21(c), todas as crianças levantam as mãos, pois sabem qual deve ser o próximo número.

```
(a) 3 → 7        (c) 3 → 7
    7 →             7 → 11
                   18 → 22
                   25 → 29
(b) 3 → 7          36 → 40
    7 → 11         48 → 52
   18 →            59 →
```

Figura 8.21 Um exemplo de "Qual é minha regra?".

A série termina no momento em que alguém diz um número incorreto ou diz: "Discordo". O professor, então, pergunta: "Qual é minha regra?" e pede para alguém dizê-la. Após isso, uma nova série é iniciada.

O jogo pode, naturalmente, ser adaptado para todas as outras operações.

CONCLUSÕES

Concluímos com algumas observações sobre a importância de discussões que envolvam a turma toda e sobre dois problemas que encontramos: um envolve a anotação dos pontos e o outro diz respeito às crianças que não prestam atenção ao que seus colegas estão fazendo.

As discussões envolvendo toda a turma sobre jogos específicos fazem uma grande diferença para a valorização de cada jogo. Imediatamente após os jogos terem sido guardados, o professor pode perguntar: "Quem teve um problema que gostaria de discutir sobre o Max 30?". Uma criança pode dizer: "Nós continuamos somando o 20 que fazia parte do monte de cartas". O professor pode, então, perguntar se alguém mais teve esse mesmo problema. Se alguns estudantes não tiveram esse problema, o professor pode perguntar-lhes o que fizeram de diferente. Um estudante pode explicar: "Eu lembrei de somar apenas os quatro números *em volta* do 20, mas não o 20". Nesta situação, o professor pede ao estudante que organize as cartas em frente à turma, para demonstrar o que estava dizendo.

Outro estudante pode trazer outro problema: "Eu continuei obtendo 0 pontos por ultrapassar 30". O professor pergunta se alguém tem algum conselho a dar, e um estudante adiantado, provavelmente dirá que planeja antecipadamente que se um máximo de 30 deve ser feito com quatro cartas, o melhor é ter em torno de 7 em cada carta, pois 7 + 7 = 14, e 14 + 14 = 28. Outro pode acrescentar que se uma carta tem um número alto, como 13, ele pode compensar este fato procurando por um número menor, como 2. Os estudantes adiantados gostam de falar sobre o *pensamento* estratégico que fizeram, e os menos adiantados freqüentemente se beneficiam com o que eles dizem.

Freqüentemente, recomendamos anotar os pontos em papel, mas os estudantes de segunda série tendem a fazer duas coisas indesejáveis: (1) registram o número de pontos após cada jogada, mas não o somam ao total prévio e (2) apagam o total cumulativo prévio e escrevem apenas o novo. A primeira tendência é indesejável, pois os jogadores não podem dizer quem está ganhando após cada rodada e também porque as crianças não aprendem aritmética se só somam os números apenas quando o professor comunica que é hora de organizar a sala. O segundo aspecto, a tendência das crianças em apagar é indesejável, pois outra pessoa não poderá verificar o cálculo se os números tiverem sido apagados. Além disso, ao analisar posteriormente as folhas com as anotações de pontos das crianças, o professor e os pais podem dizer qual jogo cada criança jogou, com quais números os estudantes trabalharam e quais erros não foram percebidos. As folhas de pontuação servem também como registro do progresso das crianças durante o ano e permitem ao professor conduzir as crianças individualmente a certos jogos que estejam em seu nível.

O professor pode trazer esses problemas para discussão em uma reunião com a turma e explicar por que tais problemas se aplicam a este ou aquele estudante. As crianças respondem bem a essas discussões em turma, pois cada membro da comunidade pode levantar um problema e pedir ajuda para resolvê-lo.

Uma vantagem dos jogos sobre as folhas de exercício é que, nos jogos, as crianças podem supervisionar umas às outras e falar imediatamente sobre um erro que tiver sido feito. Observamos, entretanto, que alguns estudantes raramente prestam atenção ao que os outros estão fazendo. Esse problema também pode ser trazido pelo professor, e os estudantes freqüentemente sugerem a aplicação de alguma punição. Se um jogador pode receber pontos por perceber erros, a punição, por outro lado, pode motivar as crianças a prestar atenção ao que os outros estão fazendo.

A autonomia é tanto moral quanto intelectual, e esse objetivo guia o professor na decisão sobre como interagir com as crianças antes, durante e especialmente após os jogos. Quando tomamos decisões *com as crianças*, nós as auxiliamos a desenvolverem-se moralmente e intelectualmente de dentro para fora. As crianças gostam de jogos matemáticos e querem tornar-se jogadores competentes. Os jogos podem ser bem ou mal utilizados, e a orientação do professor faz uma enorme diferença para o desenvolvimento da fluência na habilidade de calcular das crianças.

PARTE IV
A perspectiva de uma professora e a avaliação

9

Metamorfose

por Linda Joseph

Tendo ensinado por 10 anos na segunda série, pensava ser uma "boa" professora, que complementava o livro-texto básico de matemática com materiais manipuláveis para ilustrar minhas teses e ajudar meus estudantes a entender as lições. Desse modo, quando C. Kamii chegou à minha sala de aula, pensei que ficaria impressionada com o desempenho de minha turma e com meu estilo de ensinar. Em vez disso, ela disse: "Suas crianças não estão pensando". Percebi que ela poderia ter razão, pois muitas vezes havia dito a mim mesma: "Meus estudantes não estão usando a cabeça". A idéia de Kamii era usar situações da vida diária e jogos para estimular as crianças a construir seus conhecimentos de aritmética.

Eu estava um pouco apreensiva por entrar em um território desconhecido e por abandonar meu manual de ensino. Entretanto, decidi ver por mim mesma se poderia haver uma maneira melhor de ensinar aritmética. Iniciei por mudar minha estratégia. Comecei a planejar modos de desafiar as crianças, em vez de dar a elas modelos de soluções a serem imitados. Estava cética, mas como disse o diretor de minha escola, as antigas didáticas tampouco funcionavam. Tinha pouco a perder e muito a provar a mim mesma.

A maior parte do primeiro ano foi uma reprodução da obra *Crianças pequenas reinvetam aritmética"*, Artmed, 2002 (Kamii, 1985). Assim, descreverei rapidamente minhas observações acerca do primeiro ano, passando ao segundo, terceiro e quarto anos.

O PRIMEIRO ANO

Do início ao fim de cada dia de aula, estimulei as crianças a tomar decisões em relação a números, sempre que possível. Por exemplo, estimulei-as a dividir tarefas referentes a festas de aniversário e a dizer-me o que escrever no relatório da chamada diária e nos pedidos de almoço para a lanchonete. Comecei até a dizer: "Nós usamos 5 minutos até aqui. Se cada um que está aqui precisa de 5 minutos, quantos minutos todos nós juntos precisamos?". Dessa maneira, a matemática não era mais algo servido em um pedaço de papel que deveria ser preenchido com respostas certas ou erradas. Na verdade, desde o momento em que não usamos mais folhas de exercícios ou um livro-texto, o uso de papel passou a ser absolutamente raro. A matemática tornou-se algo que aparecia sempre que uma questão relativa a números surgia, e eu parei de dizer: "Não estamos trabalhando com esse assunto hoje" ou "Esperem até a aula de matemática", e comecei a dizer: "Vamos achar a resposta agora", como se aquela questão fosse a parte mais importante do nosso dia.

Descobri que a autonomia era necessária para que os jogos obtivessem êxito. Se as crianças viessem me pedir para resolver discussões que surgiam durante os jogos, eu respondia que elas próprias podiam cuidar desse assunto. Percebi que elas estavam captando a idéia quando um dia ouvi por acaso alguém dizer: "Ela não vai querer fazer nada agora. Vamos voltar e jogar". Ao final dos jogos, entretanto, às vezes perguntava: "Houve problemas hoje?" ou "Alguém fez algo que gostaria de contar para a turma?". Esse era o momento em que as crianças agitadas podiam pedir sugestões sobre suas reclamações anteriores. As outras crianças davam idéias de como tratar problemas, tal como fazer uma votação para que uma criança com mau comportamento voltasse à sua carteira. Essas discussões levavam as crianças a tornarem-se mais autônomas e davam-me tempo para me concentrar mais nos jogos. Eu não contava com esse bônus.

Descobri que, ao mesmo tempo em que meu papel mudava de autoridade onisciente para aquela que pede sugestões, tive de tirar o foco de mim mesma como figura principal ao redor da qual a vida da turma girava. Isso não estava limitado às aulas de matemática. Em vez de dar instruções, eu pedia às crianças idéias, tais como onde colocar seus trabalhos artísticos enquanto secassem. Esse processo, que Piaget chamou de "descentralização" desafiou-me a pensar sobre cada situação a partir do ponto de vista da criança, e foi a coisa mais difícil para mim.

Nunca alguém me disse para fazer das aulas de matemática algo divertido. Nunca alguém me disse: "A matemática pode ser muito empolgante!". Mas foi isso que ocorreu quando permiti, estimulei e até mesmo instiguei as crianças a construir idéias numéricas por conta própria. Eu também inventei meu próprio procedimento para estimular as crianças a construírem.

Iniciei o ano com muitas incertezas; entretanto, tendo visto o quão positivamente as crianças reagiram, mal podia esperar para começar o segundo ano. Eu estava curiosa para ver se a próxima turma poderia atingir os mesmos níveis.

O SEGUNDO ANO

Começar o segundo ano foi mais fácil, após ter sobrevivido a um ano sem o livro-texto e o livro de exercícios. Além disso, a turma para a qual eu iria lecionar na segunda série já havia trabalhado com a orientação de Kamii na primeira série.

Uma vez que a maioria das crianças estava familiarizada com os jogos da primeira série, selecionei alguns que elas já conheciam e os coloquei em uma estante. Então, revi rapidamente alguns jogos, um de cada vez, e pedi às crianças que escolhessem um companheiro e um jogo. Auxiliei aqueles que precisavam, e dedicamos os primeiros dias apenas aos jogos.

Enquanto as crianças estavam jogando, testei-as individualmente com somas de até 9 + 9, para verificar quem sabia calcular rapidamente e quem contava nos dedos (ver Kamii, 2002, Tabelas 5.1 e 5.2). (Fiz isso mais duas vezes durante o ano enquanto as crianças jogavam.) Com esse conhecimento, eu conduzia cuidadosamente as crianças para os jogos que poderiam ajudá-las em suas áreas mais frágeis. Por exemplo, para aqueles que tinham problemas com o dobro, sugeri que poderiam gostar de jogar o *Double Parcheesi* (Ludo Duplo) (Kamii, 2000, p. 174-175).

Como eu queria saber e lembrar quem estava jogando qual jogo, comecei a montar um pequeno caderno de anotações, no qual coloquei nomes, datas, jogos e todas as dificuldades que os estudantes encontravam. Contudo, para mim, a melhor maneira de determinar a habilidade de uma criança era, na verdade, jogando com ela. Jogando diretamente com as crianças, eu poderia estimar em primeira mão como elas raciocinavam com os números.

Quando os pais vinham à escola para as reuniões, eu poderia lhes dar informações específicas, tais como "Seu filho sabe somar até 10 rápida e facilmente, assim como trabalha bem os dobros até 7 + 7. Ele tem dificuldade com a soma de números entre 11 e 18, por isso temos jogado *Quinze* juntos". Se os pais se oferecessem para ajudar, exercitando a criança com exercícios prontos, eu rapidamente recusava. Mostrava-lhes o artigo de Madell (1985), segundo o qual a memorização de "fatos" não é desejável, e pedia-lhes que em vez disso ajudassem por meio de jogos nos quais a criança toma a maior parte das decisões.

Além disso, em setembro, iniciei a discussão descrita no Capítulo 6. Essa foi uma área ausente durante o primeiro ano. Tais discussões foram importantes para a troca de idéias, que provaram ser muito vantajosas. Meu propósito não foi apenas o de obter a concordância da sala de aula em relação à resposta; também foi o de ajudar as crianças a sentirem-se suficientemente à vontade para apresentarem suas idéias, mesmo quando elas às vezes não conseguiam chegar à resposta final. Eu também queria que as crianças vissem que havia muitas maneiras "corretas" de resolver um problema. Em setembro, a discussão normalmente ocorria após meia hora de jogos. Próximo a outubro, entretanto, inverti a ordem e passei a começar a aula de matemática com as discussões.

Por volta do final de outubro, as crianças estavam acostumadas a expressar suas opiniões dizendo "Concordo!" ou "Discordo!" e haviam se adaptado a observar em qual ponto o raciocínio do colega havia falhado. Não era raro, por exemplo, ouvir um estudante dizer a outro: "Eu concordo com a primeira parte, mas você esqueceu de somar o outro 10; por isso, eu discordo". As crianças tinham de escolher cuidadosamente suas palavras para expressar claramente suas idéias aos outros estudantes. Se não o fizessem, alguém diria com certeza: "Isso não faz sentido para mim". Meu papel como professora, então, era o de ajudar as crianças a elucidar suas colocações. Elas passaram a esperar por uma variedade de respostas, pois eu freqüentemente as listava todas no quadro. Algumas crianças observavam: "Espere. Quero conferir a minha", antes de a explicação iniciar, especialmente se havia muitas respostas diferentes. Eu tomava o cuidado de criar uma atmosfera na qual os estudantes se sentissem à vontade quando outros tinham uma opinião diferente.

Ocasionalmente, eu pedia às crianças que escrevessem suas respostas em um papel. Isso me ajudava a saber quem escrevera 10013 em vez de 113, por exemplo. Quando isso acontecia, eu perguntava à turma como achavam que o número deveria ser escrito. As discussões desse tipo pareciam resultar em aprendizado permanente com muito mais freqüência do que ocorria com o ensino direto.

Por volta de novembro, a habilidade das crianças com os números começou a ampliar-se espantosamente. Tendo se tornado hábeis na adição de números com dois algarismos, algumas crianças começaram a solicitar "algo mais difícil". As discussões então começaram a focalizar tudo o que essa verdadeira busca de desafios implicava. Quando diziam, "Dê-nos algo com centenas", algumas crianças de fato tentavam resolver. Foi possível também manter os demais estudantes também envolvidos, apresentando uma seqüência de problemas mais fáceis.

Naquela época do ano, o interesse pelos jogos havia diminuído devido à agitação das crianças por aprenderem a resolver problemas com dois dígitos. As crianças diziam com freqüência: "Vamos fazer exercícios cerebrais". Essa era nossa expressão favorita para problemas solucionados por elas no quadro-negro. Eu estava emocionada com a empolgação das crianças. Elas estavam ampliando suas habilidades e adorando fazê-lo. Divertiam-se especialmente com os problemas que envolviam multiplicação, os quais tentaram resolver de maneiras originais. Para fazer 12 x 6, por exemplo, elas faziam o seguinte cálculo: 12 + 12 = 24, 24 + 24 = 48, 48 + 24 = 72. Nenhum problema era muito difícil para elas, se eu lhes desse tempo suficiente para resolvê-lo. Meu papel de professora limitou-se mais a escrever no quadro enquanto as crianças se concentravam na parte do raciocínio, ou a fazer apenas as perguntas corretas se elas estivessem atrapalhadas. Quando as crianças chegam às suas próprias respostas, as que fazem sentido para elas, ficam alegres e adquirem confiança em si mesmas.

Durante um encontro dos professores em janeiro, uma professora de primeira série perguntou a C. Kamii se nós, como professoras, devíamos fornecer atividades específicas de subtração. Sua resposta foi a de que não havia razão para "ensinar" subtração na primeira série (ver Capítulo 5) e que as crianças estariam aptas a subtrair quando tivessem habilidade suficiente com a soma. Percebendo que meus estudantes estavam somando muito bem, eu os desafiei com o seguinte problema:

$$\begin{array}{r} 46 \\ -18 \\ \hline \end{array}$$

Uma criança resumiu melhor o sentimento da turma, dizendo: "Esse é do tipo difícil". Após uma longa pausa, Eric disse: "Quarenta menos 10 dá 30, e 8 menos 6 são 2". Estando familiarizada com esse tipo de erro, balancei minha cabeça e disse-lhe que não poderia subtrair de cabeça para baixo. Ele ignorou-me e continuou: "E 30 – 2 são 28". Eu estava confusa por descobrir que ele havia achado a resposta correta, assim escrevi um problema similar no quadro. Seu método funcionou por diversas vezes. Eric explicou que só podia tirar 6 de 6, mas que ainda tinha de tirar mais 2 de algum lugar. Por isso, tira-se 2 de 30. Minha reação foi de surpresa. Foi uma solução tão simples. Outros métodos igualmente impressionantes sucederam-se nos dias seguintes.

Eu estava ficando convencida de que os jogos e as discussões eram muito melhores do que os exercícios escritos. As crianças reagiam positivamente às minhas provocações e estavam dispostas a testar todo tipo de problemas. Elas até mesmo tentaram resolver, com tranquilidade, problemas de divisão. Seu método de divisão de 93 por 3 foi: "Temos 3 trintas em 90. Depois, 1, 2, 3; assim a resposta é 31".

Durante os meses de janeiro e fevereiro, variamos o período de matemática, incluindo apenas jogos em alguns dias e apenas discussões em outros, mas a maior parte dos dias incluía ambos. Esse foi um período em que uma criança após a outra, quase diariamente, tornava-se pela primeira vez capaz de realizar a adição e a subtração envolvendo "reagrupamento", obtendo sucesso nas suas tentativas.

Em março, as crianças estavam novamente ansiosas por jogar, especialmente *Volta ao mundo*, que era o seu jogo favorito. Outros jogos frequentemente em pauta eram *Feche a caixa*, *Dominique*, *Quatro em linha* e o *Allowance* (ver Capítulo 8). As crianças também gostavam de fazer suas próprias versões de dominós e jogos com o tabuleiro de cem casas. Durante o momento das discussões, elas aguardavam pelos problemas com enunciado que eu criava, e freqüentemente se organizavam em pequenos grupos para discutir a estratégia que funcionaria mais rapidamente.

Essa tendência continuou nos dois meses finais de aula, com quase todos os estudantes inventando jogos realmente bons (tal como o *Even Dominoes* – "Dominós dos pares") e tornando-se hábeis em outros cada vez mais difíceis. O *Spinner*, um jogo difícil, tornou-se o favorito daqueles que preferiam desafios. Uma lembrança que guardo com carinho é a de um colega estudante de matemática que, em visita à nossa turma, jogou o *Spinner* com três de meus estudantes. Pelo fato de as crianças poderem somar muito mais rápido que o adulto e de o visitante estar surpreso com a sua velocidade, elas rolavam no chão de tanta felicidade. Quando visitantes entravam na sala, a turma os desafiava a resolver problemas de adição. Quando um adulto dizia: "Preciso de papel e lápis para calcular", uma criança respondia firmemente: "Nós não precisamos". Uma resposta de outra criança era: "Esse é um método antigo".

O TERCEIRO E O QUARTO ANOS

O terceiro e o quarto anos do ensino de matemática sem livro-texto deu resultados positivos similares. Cada turma revelou uma paixão pela matemática que eu não havia visto durante minha primeira década de ensino. Uma técnica que comecei a usar freqüentemente durante o terceiro ano foi o ensino por convite. Como nem todas as crianças têm o mesmo interesse ao mesmo tempo, comecei a perguntar, por exemplo: "Quem gostaria de aprender como ver as horas?", ou "Quem gostaria de ficar comigo e trabalhar com a subtração?". As crianças demonstram querer tornar-se competentes quando respeitamos suas individualidades e não tentamos forçá-las a corresponder a um molde. Eu freqüentemente trabalhava com pequenos grupos, enquanto o resto da turma jogava.

Outra invenção que passei a usar foi um diário de matemática. Esse diário foi feito com folhas soltas, blocos de papel ou com cadernos comuns. O diário ofereceu aos estudantes um espaço para registrar os pontos, as contagens nos jogos e também para expressar seus pensamentos. Também significou um espaço para registrar seus exercícios mentais. Por exemplo, se eu perguntasse: "De quantas maneiras pode-se chegar a 30?", o diário trazia páginas com variadas maneiras que cada estudante inventou, usando não apenas a adição mas também a subtração e a multiplicação. O diário também proporcionou um espaço para os estudantes inventarem seus próprios problemas – e soluções. Como os estudantes datavam seus trabalhos sempre que escreviam para o diário, o crescimento do seu raciocínio matemático pôde ser observado por eles próprios e por seus pais.

CONCLUSÃO

Quando olho para trás, fico um tanto emocionada e também orgulhosa de minha metamorfose. Eu nunca havia dado às crianças o crédito por serem capazes de inventar soluções. Como professora, tive de me esforçar muito para entender o que elas estavam tentando dizer e ter muito autocontrole para anular o impulso de tomar o caminho rápido e fácil da imposição de meu ponto de vista e dos métodos adultos. E houve muitas coisas que nunca precisaram ser ensinadas, pois as crianças inventaram todos os tipos de métodos – métodos que muitas vezes não haviam me ocorrido. Agora, nas aulas de matemática, eu vejo empolgação, entusiasmo e concentração na face das crianças. Ouço vozes de crianças autoconfiantes, raramente tímidas e silenciosas somente enquanto pensam.

Pergunto-me como os professores ainda podem continuar dependendo de livros-texto e de exercícios escritos, desenvolvendo todo o raciocínio pelos seus estudantes. Mas lembro-me também do quanto eu era cética e insegura inicialmente quando não mostrava às crianças como solucionar um problema da forma "correta". Agora sei, como se pode ver no Capítulo 10, que essas crianças foram tão longe quanto, ou mais do que, o livro-texto poderia tê-las levado. Estou fortemente convencida de que a grande maioria aprendeu o que nenhum livro ou exercício escrito poderia tê-las ensinado: como pensar.

10
Avaliação

O modo pelo qual avaliamos um programa ou o progresso individual das crianças depende do modelo teórico que adotamos. Diferentes teorias sobre como as crianças aprendem aritmética levam a diferentes metas e objetivos, diferentes métodos de ensino e diferentes métodos e critérios de avaliação.

Na aritmética, o maior objetivo do ensino tradicional é levar as crianças a aprender as *técnicas* certas para a produção de respostas corretas. Na concepção de Piaget, ao contrário, os objetivos são concebidos considerando-se a habilidade das crianças para *pensar*, ou seja, suas habilidades em inventar diferentes maneiras de solucionar problemas e de avaliar se um dado procedimento faz sentido lógico. Não salientamos a correção da resposta, pois se as crianças souberem pensar, mais cedo ou mais tarde elas chegarão à resposta correta.

Os testes de aquisição de conhecimento simplesmente nos mostram quantas respostas corretas a criança obteve (escore bruto) e como esse escore bruto se compara ao dos seus colegas (ordem percentual). A única coisa que importa para os testes de avaliação-padrão é o fato de a resposta estar correta, sendo irrelevante para quem acredita nesse tipo de teste se uma resposta ou procedimento faz sentido para a criança.

Além disso, devido ao fato de os professores de matemática tradicionais não fazerem distinção entre conhecimento lógico-matemático e conhecimento socioconvencional, a maior parte dos testes padronizados lida com aspectos da aritmética que são sociais e convencionais por natureza. Exemplos de conhecimento social são os sinais de "menor que" (<) e se "cento e dezoito" se escreve 10018, 118 ou 180. As formas escritas de frações também aparecem nos testes de aquisição de conhecimento, assim como os problemas que envolvem a leitura de horários em um relógio analógico e se unidades de distância são chamadas quilogramas ou metros.

Neste capítulo, seguiremos a seqüência de metas e objetivos discutidos nos capítulos da Parte II. Ele está, por isso, dividido em seções sobre autonomia, valor posicional, adição com mais de um dígito e problemas com enunciado. Concluiremos com uma discussão sobre a avaliação do progresso individual das crianças.

Durante este capítulo, compararemos o desempenho das crianças de segunda série da Hall-Kent School com o de seus colegas em outra escola, na qual o programa tradicional de matemática foi seguido com livro-texto e livro de exercícios. Havia duas turmas na Hall-Kent School (as turmas nas quais algoritmos não foram ensinados) e duas turmas na outra escola, utilizada como comparação. Os dois grupos serão daqui para a frente chamados de grupo construtivista ($n = 46$) e o grupo tradicional ($n = 41$). As tabelas apresentadas nem sempre incluirão o mesmo número de crianças, pois algumas estavam ausentes no momento em que o teste foi efetuado.

Os dados foram coletados em abril e maio de 1988 e são provenientes das seguintes fontes:

1. *The Stanford Achievement Test* (SAT) aplicado pelo Estado – dividido em três subescalas (ou grupos) chamadas Valor posicional, Adição com números inteiros e Resolução de problemas (problemas com enunciado).
2. Entrevistas individuais, filmadas em vídeo, nas quais examinamos a compreensão das crianças sobre o valor posicional e a adição de números com dois algarismos, assim como a maneira com que lidaram com dígitos desalinhados no seguinte problema:

$$\begin{array}{r} 4 \\ 35 \\ + \ 24 \\ \hline \end{array}$$

3. Um teste em grupo, aplicado a todos os estudantes das classes, consistindo em problemas com enunciado, estimativas e cálculo mental. Havia espaços em branco neste teste, nos quais as crianças deviam escrever suas próprias respostas.

Em abril de 1988, a média do SAT *Total Mathematics* foi de 75 (escore percentual) na Hall-Kent School e "85 ou mais" na outra escola (dissemos "85 ou mais" para proteger a identidade da outra escola). O nível socioeconômico da escola de comparação era também levemente mais elevado.

AUTONOMIA

É difícil avaliar o desenvolvimento da autonomia nas crianças, pois a autonomia é complexa e tem muitos aspectos. Um modo de avaliá-lo em uma turma seria pedindo ao professor para deixar a sala por 20 minutos e observar se as crianças continuam se comportando bem. Entretanto, o único dado que pudemos coletar foram as respostas das crianças à questão 5 do teste em grupo: "Há 26 ovelhas e 10 cabras em um navio. Qual a idade do capitão?". Esse é um problema freqüentemente mencionado em conferências sobre matemática para ilustrar a negligência resultante da educação tradicional. Soubemos que muitas crianças responderam 36, somando o 26 e o 10.

Vinte e sete por cento do grupo construtivista escreveu que essa questão não fazia sentido, mas todas as crianças do ensino tradicional escreveram "36", produzindo uma diferença estatística significativa ($p < 0,001$). As crianças da Hall-Kent School foram ensinadas a ser críticas e a falar quando um argumento não fizesse sentido. No ensino tradicional de matemática, ao contrário, as crianças normalmente não são estimuladas a pensar racionalmente ou a falar quando há algo que não entendem.

Ambas as turmas, a construtivista e a tradicional, reagiram a essa questão de forma confusa e/ou desordenada. Quando as crianças levantaram as mãos e fizeram perguntas durante o teste, simplesmente dizíamos a elas para pensarem profundamente e a darem a melhor resposta que pudessem. Algumas crianças da Hall-Kent School disseram: "Isso não faz sentido!", mas escreviam "36", resmungando algo como: "Ele deve ter recebido um bicho em cada aniversário".

Embora a diferença entre os dois grupos tenha sido estatisticamente significativa, 27% foi muito baixo. Sem dúvida havia muito ainda a se desenvolver em relação à autonomia intelectual no grupo construtivista.

VALOR POSICIONAL

Teste Stanford de Aquisição de Conhecimento

A subescala do valor posicional do SAT (Teste Stanford de Aquisição do Conhecimento) diz respeito principalmente ao conhecimento socioconvencional envolvido no valor posicional e não ao conhecimento lógico-matemático. Ilustraremos esse ponto com dois itens exemplificativos que preparamos e que são similares aos itens do próprio teste. Em um item, mostra-se aos estudantes uma decomposição como 500 + 20 + 0 e as quatro seguintes opções: 700, 520, 50020, 5200. Isso é conhecimento social. A resposta seria DXX em números romanos. Outro item mostra uma figura tal como a da Figura 10.1 e as seguintes possibilidades de resposta: 900, 216, 612 e 20016. Algumas das crianças do grupo construtivista, que nunca haviam visto caixas de valor posicional como a da Figura 10.1, contaram os nove pontos e disseram que não havia a resposta nas alternativas.

A média dos escores brutos para essa subescala foi 12,6 no grupo construtivista e 14,64 no grupo tradicional (ver Tabela 10.1). O escore máxi-

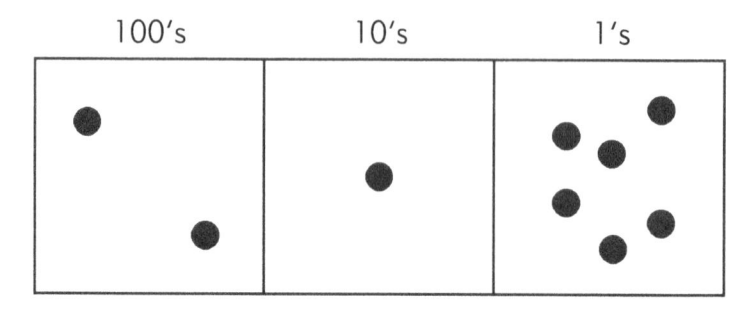

Figura 10.1 Uma figura típica do teste SAT para avaliar o conhecimento das crianças em relação ao valor posicional.

TABELA 10.1 A compreensão do valor posicional nos grupos de ensino construtivista e de ensino tradicional

	Grupo Construtivista (n = 46)	Grupo Tradicional (n = 39)	Diferença	Significância
Teste Stanford de Aquisição de Conhecimento (média de escore bruto)	12,6	14,64	–2,04	0,1
Explicação do 1 em 16 (percentual no nível 3)	67%	15%	52%	0,001

mo possível era 15, e a diferença entre os dois grupos não foi estatisticamente significativa ($p < 0{,}10$).

Entrevistas individuais

Quando a criança entrava na sala para a entrevista filmada, o entrevistador mostrava-lhe uma carta de 7 cm x 12 cm contendo o numeral 16. A primeira solicitação era a de que a criança contasse "essa quantidade" de um monte de fichas que estava próximo. O entrevistador, então, circulava o 6 do 16 com a tampa da caneta e perguntava: "O que *esta parte* [o 6] significa? Você poderia me mostrar com as fichas o que *esta parte* [o 6] significa?". (Nenhuma criança teve problemas em contar 6 fichas.)

A seguir, o entrevistador circulava o 1 do 16 e perguntava: "E *esta parte* [o 1]? Você poderia me mostrar com as fichas o que *esta parte* [o 1] significa?". (Perceba o uso do termo *esta parte*, evitando o uso de qualquer outra palavra.) Quase todo o grupo do ensino tradicional respondeu mostrando apenas uma ficha.

O entrevistador, então, continuou o teste dizendo: "Você me mostrou todas essas fichas [apontando para as 16 fichas] para este número [circulando o 16 na carta], esta parte [apontando para 6 fichas] para esta parte [circulando o 6 da carta] e esta ficha [apontando] para esta parte [circulando o 1 da carta]. Mas você não usou nenhuma destas [apontando para as 9 ou 10 fichas que não tinham sido usadas]. Seria realmente assim ou há algo estranho aqui?" Algumas crianças responderam que havia algo estranho, mas a maior parte delas disse que não via nada de errado com a sua resposta.

As respostas das crianças foram categorizadas nos três seguintes níveis:

Nível 1. A criança mostrou uma ficha correspondendo ao 1 do 16 e não mudou sua resposta no decorrer da entrevista.
Nível 2. Inicialmente a criança mostrou uma ficha para o 1 do 16, mas mudou sua resposta quando questionada, terminando por mostrar 10 fichas.
Nível 3. A criança mostrou imediatamente 10 fichas correspondendo ao 1 do 16.

Como pode ser visto na Tabela 10.1, 67% das crianças do grupo construtivista encontram-se no Nível 3, enquanto apenas 15% das crianças do grupo do ensino tradicional estão nesse nível. A diferença de 52 pontos percentuais entre os grupos foi estatisticamente significante ($p < 0,001$).

Comparação dos resultados do SAT e das Entrevistas

Dois pontos sobre essas descobertas podem ser levantados. O primeiro é que há uma grande diferença entre as informações provenientes do SAT e aquelas provenientes das entrevistas (ver Tabela 10.1). O grupo do ensino tradicional foi muito bem no SAT, saindo-se levemente melhor do que o grupo construtivista. Entretanto, nas nossas entrevistas, apenas 15% do grupo tradicional conseguiu achar o significado do 1 no 16. Os resultados dos dois métodos de avaliação entram em forte contradição.

Esses resultados contraditórios ocorreram devido ao fato de que o SAT cobre mais o conhecimento social, enquanto nossas entrevistas se referem mais ao conhecimento lógico-matemático que as crianças representam para si próprias (ver Capítulos 1 e 2 para um esclarecimento sobre essa afirmação). Os professores que seguem os métodos tradicionais de ensino ficam freqüentemente chocados quando assistem a seus estudantes em entrevistas ao vivo ou, posteriormente, em vídeo. A validade de dados "científicos", conseqüentemente, depende da validade da teoria usada. Uma ciência antiga darnos-á dados ultrapassados (ver o Capítulo 1 para um esclarecimento sobre essa afirmação).

O segundo aspecto a ser apontado é que se as crianças não entendem o valor posicional, não se pode esperar que elas tenham senso numérico ou que entendam a adição de números de mais de um dígito (ou qualquer outra operação com números acima de 10). Esse é o tópico para o qual agora nos voltamos.

ADIÇÃO COM NÚMEROS DE MAIS DE UM DÍGITO

Obtendo respostas corretas (Teste Stanford de Aquisição de Conhecimento – SAT)

A informação mais específica obtida por meio do SAT foi o de escores agrupados (ou subescala), pois os resultados das análises dos itens individuais não estavam disponíveis. O grupo que mais detalhadamente mostra o entendimento das crianças sobre a adição com números de mais de um dígito foi o da "Adição com Números Inteiros". Esse grupo consistiu em 16 problemas de cálculo, alguns deles envolvendo reagrupamento.

Como pode ser visto na Tabela 10.2, os escores médios brutos dos grupos construtivista e tradicional foi quase o mesmo nesse grupo: 14,76 para o grupo construtivista e 15,12 para o grupo tradicional. O escore máximo possível era 16. Esses escores representam números de respostas corretas, e o SAT não

TABELA 10.2 A compreensão dos grupos construtivista e tradicional sobre a adição com mais de um dígito

	Grupo Construtivista ($n = 46$)	Grupo Tradicional ($n = 39$)	Diferença	Significância
Teste Stanford de Aquisição de Conhecimento (média de escores brutos)	14,76	15,12		
Explicação de 16 $+17$ $\overline{33}$	83%	23%	60%	0,001
Tratamento dado a dígitos desalinhados 4 35 $+\,24$ $\overline{99}$	11%	79%	68%	0,001

tem nenhum artifício para descobrir se as crianças entenderam *por que* uma resposta está correta.

Procedimentos explicativos (entrevistas individuais)

Para esta parte da entrevista, a carta e as 16 fichas da atividade sobre valor posicional foram deixadas sobre a mesa, e foi mostrada à criança uma carta de 10 cm x 15 cm em que estava escrito o seguinte:

$$\begin{array}{r} 16 \\ + 17 \\ \hline \end{array}$$

O entrevistador pedia à criança para somar esses números mentalmente e escrever a resposta. Quase todas as crianças em ambos os grupos deram a resposta correta, 33. Todas as crianças ensinadas pelo método tradicional somaram primeiramente o 6 e o 7 e usaram o algoritmo de "transporte". Em contrapartida, quase todas as crianças do grupo construtivista somaram antes as dezenas e após as unidades, como descrito nos Capítulos 2 e 6.

O entrevistador então pedia à criança para separar 17 fichas para a segunda parcela e para explicar, com os dois grupos de fichas, como ela havia chegado à resposta. As respostas das crianças foram categorizadas nos três seguintes níveis:

Nível 1. A criança não conseguia explicar o reagrupamento com as fichas. As crianças desta categoria mostravam sua confusão de vários modos diferentes, mas uma explicação comum era: "Pego 6 do 16 e 7 do 17, o que dá 13. Depois eu pego 1 do 13, e 1 mais 1 mais 1 [pegando 1 de cada pilha de 10] são 3". O entrevistador provocava: "Eu não vejo 33 em nenhum lugar, e não entendo como você chegou ao 33 com o que você me mostrou". Algumas crianças então separavam dois conjuntos de 3 fichas na parte inferior da demonstração (ooo ooo) para explicar o 33.

Nível 2. A criança não conseguia explicar o reagrupamento com as fichas por conta própria, mas conseguia fazê-lo após a intervenção do entrevistador, conforme explicado anteriormente.

Nível 3. A criança conseguia explicar o reagrupamento por si mesma com lógica perfeita. As crianças do ensino tradicional deste nível começaram com 6 + 7, fazendo um monte de 13 fichas. Então, elas separavam 10 das 13 e as colocavam juntas com os outros dois montes de 10. As crianças do grupo construtivista, por outro lado, iniciaram com 10 + 10, mostrando com freqüência que 7 + 3 dava outro 10, e que assim havia 30 e 3.

Pode-se ver na Tabela 10.2 que 83% do grupo construtivista e 23% do tradicional conseguiram explicar o reagrupamento usando as fichas, resultando uma diferença estatisticamente significativa ($p < 0,001$).

Lidando com dígitos desalinhados (entrevistas individuais)

Na parte final da entrevista, demos à criança uma folha de papel com a seguinte conta com dígitos desalinhados:

$$\begin{array}{r} 4 \\ 35 \\ + 24 \\ \hline \end{array}$$

Seguindo Labinowicz (1985, p. 32), cuja técnica adaptamos, o entrevistador pedia à criança para "ler estes números" e após escrever a resposta. Quando a criança terminava, o entrevistador pedia à criança para ler em voz alta e, então, perguntava: "Isso parece correto?".

A proporção que escreveu "99" seguindo mecanicamente a regra da adição de colunas foi de 11% para o grupo construtivista e 79% para o grupo de ensino tradicional (ver Tabela 10.2). A diferença de 68 pontos percentuais foi significante para o nível 0,001.

Estimativa (teste do nosso grupo)

O teste do nosso grupo incluía quatro problemas de estimativa apresentados por 4,5 segundos por meio de um projetor. Como nenhum dos estudantes de segunda série havia tido contato com estimativa, explicávamos o que significava e dávamos dois itens práticos. Após chamar voluntários para dizer o que eram as suas estimativas, estimulamos as crianças a trocar idéias sobre as diferentes maneiras pelas quais elas haviam pensado para chegar a uma estimativa razoável. Quando as crianças entenderam a atividade, demonstramos que teriam apenas 4,5 segundos para ver o problema e 4,5 segundos para escrever a resposta. Esses problemas podem ser vistos na Tabela 10.3. Apenas o primeiro problema, 98 + 43, foi dado no formato de múltipla escolha.

Pode-se ver na Tabela 10.3 que o grupo construtivista obteve melhor desempenho que o grupo tradicional nos itens sobre estimativa, e que a diferença foi estatisticamente significativa na maior parte das vezes. Esses resultados não são surpreendentes, pois nossas crianças somaram primeiramente as dezenas quando havia dois dígitos e as centenas quando havia três dígitos. Nenhuma criança do grupo tradicional chegou à resposta correta para

TABELA 10.3 Estimativas e aritmética mental dos grupos construtivista e tradicional (percentual de escolha ou escrita de estimativas razoáveis ou de respostas corretas)

	Grupo Construtivista (n = 46)	Grupo Tradicional (n = 39)	Diferença	Significação
Estimativa				
98 + 43				
Escolheram "aproximadamente 140"[a]	69	46	23	0,02
347 + 282				
Escreveram um número entre 500 – 700	64	39	25	0,01
Escreveram "629"	7	0	7	0,05
4 x 27				
Escreveram um número entre 80 – 110	48	32	16	n.s.
Escreveram "108"	10	0	10	0,02
$3,49 + $2,75				
Escreveram um valor entre $5 e $7	71	61	10	n.s.
Cálculo mental				
98 + 43	48	17	31	0,002
3 x 31 (31 + 31 + 31)	60[b]	17	43	0,001
4 x 27 (27 + 27 = 54, 54 + 54 = 108)	29	5	24	0,002

[a] As alternativas eram "aproximadamente 110", "aproximadamente 140", "aproximadamente 170" e "não tenho idéia".
[b] Sem o uso de lápis, as crianças de segunda série do grupo construtivista obtiveram melhores resultados que as crianças de terceira série, na quarta avaliação NAEP (National Assessment of Educational Progress – Avaliação Nacional do Progresso na Educação), as quais usaram lápis. Na quarta avaliação NAEP, 56% das crianças de terceira série responderam corretamente (Kouba et al., 1988, p. 15).

347 + 282 e 4 x 27 em 4,5 segundos. Entretanto, 7% (3 crianças) e 10% (4 crianças) do grupo construtivista, respectivamente, conseguiram responder corretamente às questões. Algumas das crianças da segunda série podem fazer somas de números de mais de um dígito até mesmo mais rápido que os adultos.

Cálculo mental (teste do nosso grupo)

Para a parte do cálculo mental teste do nosso grupo, também usamos o projetor, mas aumentamos o tempo de exposição para 9 segundos. Como se pode ver na Tabela 10.3, um percentual significativamente maior do grupo construtivista em relação ao tradicional deu respostas corretas a todos os três problemas de cálculo mental: 98 + 43, 3 x 31 e 4 x 27. Esses resultados não foram surpreendentes pelo fato de que as crianças do grupo construtivista raramente escreviam durante as aulas, e sim refletiam e trocavam idéias sobre o seu raciocínio.

Comparação de resultados do SAT, das entrevistas e do teste em grupo

No Teste Stanford de Aquisição de Conhecimento, o grupo do ensino tradicional e o construtivista avançaram de forma semelhante. Entretanto, nossas entrevistas e testes em grupo revelaram que o grupo construtivista teve resultados superiores na explicação do reagrupamento, no tratamento de dígitos desalinhados e na estimativa de somas, como também no cálculo mental. A total ausência de itens que tratem da compreensão, do senso numérico e da habilidade para calcular mentalmente das crianças é uma falha grave do SAT. Resultados tão contraditórios demonstraram novamente que teorias diferentes conduzem a diferentes métodos e critérios de avaliação.

PROBLEMAS COM ENUNCIADO

Teste Stanford de Aquisição de Conhecimento (SAT)

O SAT tem um item chamado Resolução de problemas, que envolve problemas escritos. Como pode ser visto na Tabela 10.4, os escores brutos médios da Resolução de problemas foram quase idênticos para os dois grupos: 12,62 para o construtivista e 12,76 para o tradicional. O escore máximo possível era 15.

Teste do nosso grupo

A parte relativa aos problemas com enunciado no teste do nosso grupo consistiu em oito tópicos. Eles foram distribuídos primeiramente, antes das partes que envolvem estimativa e cálculo mental, pois algumas crianças ficam perturbadas diante de testes com tempo limitado.

As oito questões foram formuladas em sua maioria com base nos resultados da National Assessment of Educational Progress (NAEP), por causa de suas normas para estudantes de terceira série. A questão 1 foi adaptada da terceira

TABELA 10.4 Desempenho dos alunos de segunda série dos grupos construtivista e tradicional e da terceira série na Avaliação da NAEP de problemas (números percentuais)

		Segunda série			
	Terceira série	Grupo Construtivista (n = 41)	Grupo Tradicional (n = 41)	Diferença	Significância
Teste Stanford de Aquisição de Conhecimento (Escores brutos)		12,62	12,76		
Teste do nosso grupo					
1. 10 carros		61	29	32	0,002
2. 65 centavos	58	93	83	10	n.s.
3. 28 crianças	56	61	51	10	n.s.
4. 6 centavos	29	56	29	27	0,007
59 – 35 = 24 centavos		5	24	–19	0,01
35 – 59		0	7	7	0,05
....					
6. 92 biscoitos		61	49	12	n.s.
Lógica correta		78	54	24	0,02
4 + 23 = 27		5	17	–12	0,05
7. 294 rótulos		20	2	18	0,004
Lógica correta		83	29	54	0,001
21 + 14 = 35		10	29	19	0,02
8. $2,40	59	37	15	22	0,02
doces: 50 centavos		44	29	15	n.s.
bolinhos: 90 centavos		51	34	17	n.s.
pirulitos: $1		44	29	15	n.s.

Notas: Os percentuais que se referem às respostas corretas estão em itálico. Os dados dos alunos da terceira série provêm da quarta avaliação da NAEP (Kouba et al., 1988). Para a questão 5, ver seção "Autonomia", neste capítulo.

avaliação da NAEP (Lindquist, Carpenter, Silver e Matthews, 1983). As questões 2–4, 6 e 8 provêm da quarta avaliação da NAEP (Kouba et al., 1988). A questão 5, como visto anteriormente, fez parte de conferências sobre matemática, e a questão 7 foi inventada por nós.

Neste teste em grupo, cada questão era lida em voz alta enquanto as crianças liam-nas silenciosamente em suas provas. Evitamos o formato de múltipla escolha, pois queríamos conhecer as idéias que surgem nas mentes das crianças, como também seu processo de pensamento. Abaixo de cada questão, havia um espaço designado para a resposta e um grande espaço para as crianças escreverem o que precisassem para chegar à resposta. A maior parte das crianças teve bastante tempo para completar cada resposta, pois esperamos quase todas as crianças acabarem de responder cada questão.

A primeira coluna dos percentuais na Tabela 10.4 oferece os resultados dos estudantes de terceira série para a quarta avaliação da NAEP (Kouba et al., 1988). Pode-se ver que os estudantes de segunda série do grupo construtivista tiveram um resultado melhor do que os da terceira série em três de quatro itens para os quais as normas nacionais estavam disponíveis. Os estudantes de segunda série do ensino tradicional foram tão bem ou melhor do que os estudantes de terceira série em dois dos itens, mas tiveram um resultado pior nos outros dois. Vamos discutir agora os resultados de cada questão.

Questão 1. Há 49 crianças que querem ir ao zoológico. Alguns pais estão dispostos a ir de carro e podem levar cinco crianças em cada automóvel. Quantos carros serão necessários para levar as 49 crianças ao zoológico?

Este é um problema de divisão, que muitos alunos de segunda série tentaram resolver com adição repetida. Duas vezes mais crianças do grupo construtivista (61%), se comparado ao grupo tradicional (29%), deram a resposta correta de 10 carros, sendo significativa a diferença entre os dois grupos ($p < 0,002$).

Apenas 10% em cada grupo disse que 9 carros seriam necessários. Ninguém escreveu "9, com resto 4" (pois ninguém da segunda série recebeu ensino tradicional na divisão).

Questão 2. Na loja, um pacote de folhas de papel custa 30 centavos, um rolo de fita adesiva custa 35 centavos e um conjunto de borrachas custa 20 centavos. Qual o custo de um rolo de fita adesiva e um pacote de papel? Esta questão era semelhante à seguinte questão da quarta avaliação da NAEP: "Na loja, um pacote de parafusos custa 35 centavos, um rolo de fita adesiva custa 35 centavos e uma caixa de pregos custa 20 centavos. Qual o custo de um rolo de fita adesiva e um pacote de parafusos?" (Kouba et al., 1988, p. 18).

Esta questão mostrou ser muito fácil para os estudantes de ambos os grupos, tendo 93% e 83%, respectivamente, dado a resposta correta de 65 centavos. Os nossos dois grupos de segunda série saíram-se melhor do que os de terceira série, testados pela avaliação NAEP. A proporção de estudantes que respondeu 85 centavos (30 + 35 + 20) foi de 5% para o grupo construtivista e de 12% para o grupo tradicional.

Questão 3. Havia 31 crianças na sala de aula no início do ano. Seis mudaram-se para outra cidade, mas, em compensação, três mudaram-se para cá, sendo colegas novos. Quantas crianças há agora na sala de aula? Esse problema foi adaptado de uma questão da avaliação NAEP: "Há 31 pássaros em um cercado. Seis voaram e três pousaram. Quantos pássaros há no cercado?" (Kouba et al., 1988, p. 18).

Esta questão envolvia a adição e a subtração de pequenos números e produziu apenas uma pequena diferença entre nossas duas amostras (61%

para o grupo construtivista e 51% para o grupo tradicional). As nossas duas amostras de estudantes de segunda série foram tão bem quanto os estudantes de terceira série, testados pela avaliação NAEP.

Questão 4. Chris comprou uma Coca-cola por 35 centavos e batatas fritas por 59 centavos. Quanto ela receberá de troco se pagar a conta com um dólar? Esta questão foi adaptada da seguinte questão da quarta avaliação da NAEP: "Chris comprou um lápis por 35 centavos e um refrigerante por 59 centavos. Quanto ela receberá de troco se pagar com um dólar?" (Kouba et al., 1988, p. 18).

Cinqüenta e seis por cento do grupo construtivista e 29% do grupo tradicional responderam corretamente esta questão, sendo significativa a diferença entre os dois grupos ($p < 0,007$).

Um número surpreendente de estudantes do grupo tradicional (24%) respondeu 24 centavos, obtidos pela subtração de 35 de 59. Outros 7% do grupo tradicional escreveram verticalmente "35 – 59", respondendo 86, 16 e 76. Esses são erros de lógica, e o grupo construtivista revelou-se significativamente melhor nesse aspecto.

Questão 5. Como essa questão já foi discutida neste capítulo, na seção de autonomia, os resultados não serão relatados aqui.

Questão 6. A professora trouxe 4 caixas de biscoitos, contendo 23 unidades em cada caixa. Quantos biscoitos há no total para dividir?

A diferença entre os dois grupos (61% *versus* 49%) não foi significativa se comparamos as proporções de respostas corretas obtidas. Entretanto, quando essas proporções são ampliadas para os percentuais que mostram a lógica correta (78% *versus* 54%), a diferença passa a ser significativa ($p < 0,02$). Um exemplo da evidência da lógica correta é a resposta do tipo "23 + 23 + 23 + 23 = 52", em que a lógica estava correta, mas a resposta não.

Um erro relativamente freqüente era "4 + 23 = 27", encontrado entre 17% dos estudantes do grupo tradicional e 5% do grupo construtivista. A diferença entre os dois grupos foi significativa no nível 0,05.

Questão 7. Há 21 crianças na sala de aula. Se cada uma trouxer 14 rótulos de sopa, quantos rótulos teremos?

Esta foi a mais difícil das oito questões para ambos os grupos. A resposta correta, 294, foi dada por 20% dos estudantes do grupo construtivista e por 2% do tradicional, os quais usaram a adição repetida. A diferença entre os dois grupos foi significativa ($p < 0,004$). Quando as percentagens que demonstram a lógica correta foram comparadas (83% *versus* 29%), o grupo construtivista novamente revelou ter desempenho significativamente melhor ($p < 0,001$). Um exemplo de demonstração de lógica correta foi o de escrever "21" quatorze vezes (aproximadamente) ou "14" vinte e uma vezes (aproximadamente). A diferença de 54 pontos percentuais entre os dois grupos é a maior diferença na Tabela 10.4.

A resposta de 35 (obtida pela adição de 21 crianças a 14 rótulos) foi encontrada em 10% do grupo construtivista e 29% do grupo tradicional. A diferença entre os dois grupos foi significativa ($p < 0,02$).

Questão 8. Pete comprou 6 doces, 3 bolinhos e 8 pirulitos. Quanto Pete gastou?

Doces	Bolinhos	Pirulitos
3 por 25 centavos	1 por 30 centavos	4 por 50 centavos

Esta questão também pareceu ser difícil. A resposta correta, $2,40, foi obtida por 37% dos estudantes do grupo construtivista e por 15% do grupo tradicional. A diferença de 22 pontos percentuais entre os dois grupos foi significativa ($p < 0,02$).

O percentual daqueles que escreveram respostas corretas para partes da questão (50 centavos para os doces, 90 centavos para os bolinhos e $1,00 para os pirulitos) foi mais alto no grupo construtivista, mas as diferenças não foram significativas.

Comparação dos resultados do SAT (Teste Stanford de Aquisição de Conhecimento) e do Teste do nosso grupo

Nossos problemas estavam distantes daqueles do Teste Stanford de Aquisição de Conhecimento. Os problemas deste eram muito fáceis, como pode ser visto nos exemplos seguintes: Johnny comprou 14 laranjas e deu 5 delas para Suzie. Com quantas laranjas ele ficou? Outro tipo de problema do SAT relacionava-se ao conhecimento social, como: Suzie tem 4 adesivos. Ela ganhou mais 9. Qual das sentenças matemáticas você pode usar para descobrir quantos adesivos ela tem ao total?

(a) $9 - 4 = $ _____   (b) $4 + 9 = $ _____   (c) _____ $+ 4 = 9$

Os problemas fáceis do SAT e o teto baixo resultante explicam por que o grupo construtivista não pareceu diferente do grupo tradicional no teste.

O teste do nosso grupo revelou que os dois grupos não pareciam diferentes quando a questão era fácil (por exemplo, Questões 2 e 3, que exigiam apenas adição simples e subtração). As diferenças entre os dois grupos surgiram quando uma questão envolveu "divisão" (questão 1), "multiplicação" (questões 6 e 7) ou "divisão", "multiplicação" e adição (questão 8). O grupo do ensino tradicional não fez apenas erros numéricos, mas também lógicos. Para resolver os problemas, as crianças devem *logicizar* cada situação a fim de saber se devem somar ou subtrair antes de *aritmetizar* com números precisos.

Os testes de aquisição de conhecimento não dão informações úteis aos professores, pois o escore bruto ou a ordem percentual não permitem que saibam por que as crianças escolheram respostas corretas ou incorretas. Apenas quando uma criança tem de escrever em uma folha de papel em branco é que o professor poderá ter alguma idéia sobre o raciocínio dela. Com o teste do nosso grupo, entretanto, foi possível saber que a lógica da adição e da subtração era fácil para o grupo tradicional, mas não a lógica da multiplicação e da divisão. Esses problemas também ilustram a afirmação, que fizemos anteriormente, segundo a qual diferentes teorias levam a diferentes métodos e critérios de avaliação.

AVALIAÇÃO DO PROGRESSO INDIVIDUAL DAS CRIANÇAS

Estivemos discutindo a avaliação de um programa de ensino, mas também é necessário avaliar o progresso individual das crianças. Os testes de aquisição de conhecimento não são, também para esse propósito, muito informativos. Como o progresso individual das crianças deve ser avaliado com o passar do tempo, temos de avaliar o que elas sabem e o que não sabem em um determinado momento e comparar esse conhecimento com o que elas sabem e não sabem em um momento subseqüente.

A Tabela 10.5 mostra parte de uma avaliação do progresso no cálculo mental das crianças da turma de Linda Joseph. Essa entrevista consistiu em problemas de cálculo de tipos variados. A criança recebeu uma folha de papel na qual esses problemas apareciam em uma coluna, no lado esquerdo. Pedia-se à criança que respondesse à primeira questão e passasse para a próxima deslizando uma régua pelo papel. O entrevistador tinha o mesmo formulário e escrevia as respostas da criança, fazendo perguntas quando necessário.

As 10 crianças listadas no cabeçalho da Tabela 10.5 foram escolhidas para representar as extremidades do desempenho da turma, como também o setor intermediário. Cada criança está representada uma vez em setembro (início do ano letivo norte-americano) e outra em abril/maio (final do ano letivo) do mesmo ano escolar. Os sinais de mais no corpo da tabela representam as ocasiões em que as crianças deram respostas corretas aos vários problemas do teste, sob as condições especificadas.

A última coluna da Tabela 10.5, intitulada "Classe %", mostra o percentual de toda a turma que passou em cada item em abril/maio. Esse percentual pode ser muito útil aos professores quando definem os objetivos para o ano. Pela análise dessa coluna, podemos ver que a subtração com números de 2 algarismos envolvendo reagrupamento foi mais difícil para essas crianças do que alguns problemas de multiplicação.

Os sinais de mais nas primeiras duas páginas da Tabela 10.5 representam as respostas corretas que cada criança deu em até 5 segundos a problemas de

TABELA 10.5 Desempenho individual das crianças em aritmética mental

Cálculos	Setembro										Abril/Maio										Classe %
	Criança 1	Criança 2	Criança 3	Criança 4	Criança 5	Criança 6	Criança 7	Criança 8	Criança 9	Criança 10	Criança 1	Criança 2	Criança 3	Criança 4	Criança 5	Criança 6	Criança 7	Criança 8	Criança 9	Criança 10	
Adição, 1 dígito																					
Dobros																					
4 + 4	+								+		+	+	+	+	+	+	+	+	+	+	100
6 + 6		+		+				+	+	+	+	+	+	+	+	+	+	+	+	+	96
9 + 9	+	+	+	+			+				+	+	+	+	+	+		+		+	87
8 + 8										+	+	+	+	+	+	+	+	+	+	+	96
7 + 7									+	+	+		+	+	+	+	+	+	+	+	92
Combinação até 10																					
8 + 2	+	+	+	+		+	+	+			+	+	+	+	+	+	+	+	+	+	96
3 + 7	+	+	+	+	+	+	+	+	+		+	+	+	+	+	+	+	+	+	+	96
4 + 6	+	+	+	+	+	+	+	+			+	+	+	+	+	+	+	+	+		83
2 + 2 + 6	+	+		+				+			+	+	+	+	+	+	+	+	+		87
Outros																					
5 + 3	+	+	+	+	+	+	+				+	+	+	+	+	+	+	+	+	+	83
Usando dobros																					
3 + 4	+	+	+	+		+	+	+			+	+	+	+	+	+	+	+	+	+	87
4 + 5	+	+	+	+	+		+	+	+			+	+	+	+	+	+	+		+	75
5 + 6	+	+		+	+			+			+	+	+	+	+	+	+	+	+	+	83
5 + 7	+		+					+			+		+	+	+	+	+	+			66
7 + 8								+			+	+	+	+	+	+	+	+			66
Combinação de 10																					
7 + 4	+		+	+	+		+	+			+		+	+	+	+	+	+	+		79
8 + 4	+	+	+	+				+			+	+	+	+	+	+	+	+	+	+	87
9 + 4	+	+	+	+			+	+			+		+	+	+	+	+	+	+	+	96
8 + 5				+			+	+			+	+	+	+	+	+	+	+	+	+	83
9 + 7				+				+			+	+	+	+	+	+	+	+		+	79

(Continua)

TABELA 10.5 (Continuação)

Adição, 1 dígito (Continuação)													%
3 ou mais parcelas													
4 + 1 + 6	+	+	+	+	+	+	+	+	+	+	+	+	75
4 + 3 + 5	+	+	+	+	+	+	+						58
5 + 2 + 8	+	+	+	+	+			+	+				58
6 + 3 + 7 + 2				+	+								33
Subtração, 1 dígito													
Inversão de dobro													
12 − 6	+	+	+	+	+			+					75
Combinação de 10 invertida													
10 − 8	+	+	+	+	+	+	+	+	+				83
10 − 6	+	+	+	+	+	+	+	+	+				83
Inversão de +2													
7 − 2	+	+	+	+	+	+	+	+	+	+			87
Adição, 2 ou mais dígitos													
22 + 7	+	+	+	+	+	+	+	+	+	+	+		92
28 + 31	+	+	+	+	+	+	+	+	+	+	+		96
13 + 8	+	+	+	+	+	+	+	+	+	+	+		92
27 + 13	+	+	+	+	+	+	+	+	+				75
27 + 82	+	+	+	+	+	+	+	+	+	+			83

(Continua)

TABELA 10.5 Desempenho individual das crianças em aritmética mental (*Continuação*)

Cálculos	Setembro										Abril/Maio										Classe %
	Criança 1	Criança 2	Criança 3	Criança 4	Criança 5	Criança 6	Criança 7	Criança 8	Criança 9	Criança 10	Criança 1	Criança 2	Criança 3	Criança 4	Criança 5	Criança 6	Criança 7	Criança 8	Criança 9	Criança 10	
Adição, 2 ou mais dígitos (*Continuação*)																					
28 +72	+	+	+	+							+	+	+		+	+	+				71
254 +363	+		+								+	+		+	+	+	+				50
448 +274	+										+	+	+	+							46
7 52 +186	+											+			+						42
7 + 52 + 186	+										+	+	+	+	+	+	+				33
Subtração, dois dígitos																					
48 -27							+				+	+	+	+	+	+	+				79
27 -8	+										+	+		+	+	+	+				62
63 -24				+				+			+	+	+	+	+	+	+				62
Multiplicação																					
3 x 7	+			+							+	+	+	+	+	+	+				79
4 x 10	+			+							+	+	+	+	+	+	+				71
3 x 4				+							+	+	+	+	+	+	+	+	+	+	87
10 x 4	+			+							+	+	+	+	+	+	+	+			71

adição e subtração de dígito simples. O propósito dessa parte da avaliação foi obter informações sobre como a criança constrói a rede de relações numéricas discutidas no Capítulo 5.

Pode-se perceber, por meio dessa parte da entrevista, que a Criança 1, a qual obteve o melhor desempenho ao final do ano, já tinha, no início do ano, uma rede elaborada de relações numéricas. Ao contrário, a Criança 10, última na ordem de classificação ao final do ano, era também a última colocada em setembro (início do ano letivo). Embora a Criança 10 não tenha se saído bem ao final do ano, ela fez considerável progresso ao longo do período. Apesar de ainda não conseguir usar, no final do ano, nenhum tipo de dobros (como 3 + 3) em problemas do tipo 3 + 4, ela parecia haver construído todos esses mesmos dobros. Ela também deu prova de estar começando a usar combinações que somam 10. Por exemplo, ela parece ter transformado cálculos do tipo 8 + 4 em (8 + 2) + 2.

Os dados de parte da segunda e da terceira páginas da Tabela 10.5 dizem respeito à adição, à subtração e à multiplicação de números com mais de um algarismo. Não houve limite de tempo para inclusão de respostas corretas nesta parte, e os sinais de mais representam as respostas corretas obtidas pela criança, independentemente da maneira como as obteve. Algumas crianças contavam para resolver problemas como 13 + 8 e 27 – 8.

Pode-se ver na Tabela 10.5 que a Criança 1 conseguia resolver quase tudo nessa parte do teste, no início do ano escolar. O único ponto no qual ela tinha problema era a subtração envolvendo o reagrupamento. Apesar dessa tabela poder dar a impressão de que a Criança 1 não aprendeu muito na segunda série, sua evolução ocorreu em termos de velocidade e desempenho de operações com números de três e quatro algarismos. Essa foi uma das crianças que obteve a resposta exata da conta 347 + 282 e 4 x 27 nos 4,5 segundos do teste de estimativa.

As Crianças 2 e 4, nessa parte do teste, em setembro, estavam bem próximas da Criança 1. A Criança 2 passou em todos os itens dessa parte, ao final do ano letivo. A Criança 3, na verdade, vinha acompanhando as crianças mais adiantadas, mas esse foi um "mau dia" para ela.

Ao final da ordem de classificação estavam as Crianças 9 e 10. Durante o ano, essas crianças não conseguiram construir o valor posicional, e essa foi a razão pelo seu baixo desempenho. A Criança 9 freqüentemente fazia risquinhos para resolver os problemas. Seu desempenho em uma atividade com números desalinhados está reproduzida na Figura 10.2. Ela desenhou uma linha de risquinhos, representando 24, e mais 11, para completar a representação do 35. Após, ela contou nos dedos para acrescentar mais 4, obtendo a resposta de 62. Embora sua resposta esteja errada em uma unidade, esse é um procedimento muito mais inteligente do que somar as colunas desalinhadas, de forma mecânica, escrevendo como resposta "99". Por sua vez, a Criança 10, que aprendeu algoritmos em casa, escreveu "499" como resposta à questão do cálculo de colunas desalinhadas.

```
    4
   35
  +24
```

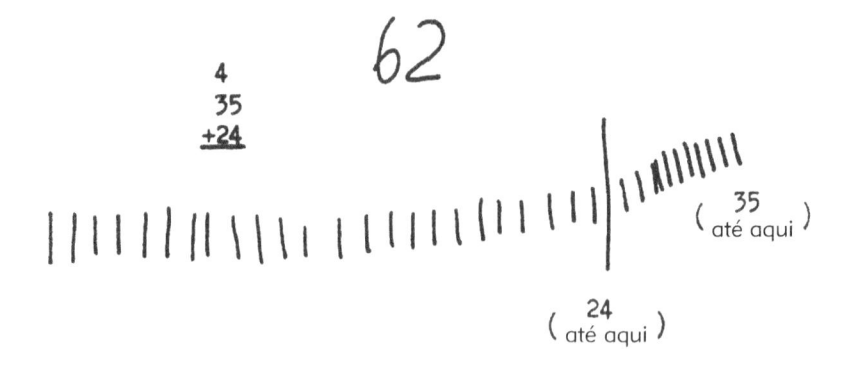

         62

|||||/||\|\| ||||||(|| ||||/|⁄|\|||||| (35)
                                          até aqui

                    (24   )
                     até aqui

Figura 10.2 A ferramenta inventada por uma criança para somar números de dois algarismos sem o sistema de dezenas.

A Criança 5 "desabrochou" durante o ano, como pode ser visto na Tabela 10.5, especialmente na segunda parte. Sua coluna para a segunda parte estava totalmente em branco em setembro, mas ficou repleta de sinais de mais em abril/maio. Todos os anos encontramos crianças como essa, que revelam um crescimento espetacular.

As Crianças 6, 7 e 8 fizeram um progresso mediano. Em abril/maio, elas somavam com segurança números de dois dígitos envolvendo reagrupamento, mas números com três dígitos lhes eram muito difíceis. Elas também tinham dificuldade com a subtração envolvendo reagrupamento.

Esse tipo de avaliação parece muito mais informativo aos pais, professores e pesquisadores do que a afirmação de que, em abril, a Criança 10 estivesse no 25º percentil em Matemática Geral ou em algum aspecto do conteúdo do SAT (Teste Stanford de Aquisição de Conhecimento).

CONCLUSÃO

Gostaríamos de concluir com uma palavra sobre testes de aquisição de conhecimento e responsabilidade final. Os educadores tradicionais, ou empiristas, admitem que o trabalho de um professor é colocar conhecimento nas cabeças das crianças. Eles também admitem que a prova dessa transmissão é a obtenção de um escore alto em testes de aquisição de conhecimento padronizados. Tais suposições, como acreditamos que este livro tenha provado, são errôneas e ultrapassadas.

Piaget provou cientificamente, em mais de meio século de pesquisa, que as crianças constroem o conhecimento lógico-matemático de dentro para fora. Tudo o que o professor pode fazer é estimular a construção do conhecimento pela própria criança partindo do interior dela, como se explica neste livro. As crianças chegam à escola com a inteligência dada por sua família, que fornece a carga hereditária e o ambiente que explicam essa mesma inteligência.

É muito mais fácil aos professores dar modelos de procedimentos para as crianças imitarem do que estimulá-las a inventar suas próprias soluções. Vimos neste capítulo e no Capítulo 2, contudo, que a imposição de algoritmos adultos servem apenas para reforçar a heteronomia, ou dependência, das crianças e para impedir o desenvolvimento de sua capacidade natural para o raciocínio. A Criança 9, na Tabela 10.5, *certamente construirá* o valor posicional e a adição de dupla coluna, provavelmente na terceira série, se estimulada a desenvolver seu próprio raciocínio.

O que a educação precisa não são escores mais altos em testes, mas uma reavaliação de suas metas e objetivos, e dos modos pelos quais tentamos chegar a essas metas e objetivos. Se realmente quisermos adultos independentes e criativos, que pensem racionalmente e tenham iniciativa, confiança e autonomia moral, devemos seriamente incentivar essas qualidades desde o início da vida da criança.

Apêndice

JOGOS COMERCIALIZADOS NO MERCADO NORTE-AMERICANO

Addition and Subtraction Shapes. (Listado nos catálogos da Nasco e da Didax.)
The Allowance Game. Carson, CA: Lakeshore Curriculum Materials, 1984. (Listado no catálogo da Toys to Grow on. Existem outras versões, que podem ser destinadas a crianças mais velhas.)
Coin Dice (Cubes). (Listado nos catálogos da Nasco e da ETA/Cuisinaire.)
Dice with many sides. (Listado nos catálogos da Nasco, ETA/Cuisinaire e Didax.)
Flinch cards. Beverly, MA: Parker Brothers (Divisão da Kenner Parker Toys), 1988. Também em Pawtucket, RI: Hasbro, 1998. (Distribuído por Winning Moves, wmoves@cove.com.)
Fudge. Ellijay, GA: Old Fashioned Crafts, 1991. (Listado no catálogo da Nasco.)
Hundred Number Board and Hundred Number Tiles. (Listado nos catálogos da Nasco, ETA/Cuisinaire e Didax.)
Knock-out. Ellijay, GA: Old Fashioned Crafts, 1992. (Listado no catálogo da Nasco.)
Ring Toss. (Listado no catálogo da S&S.)
Rook cards. Salem, MA: Parker Brothers, 1972. (Disponível a preço mais acessível. Distribuído também pela Winning Moves, wmoves@cove.com.)
Roulette. (Às vezes aparece no catálogo da Hearth Song.)
Safety Darts. (Listado no catálogo da Hearth Song.)
Shoot the Moon. (Não mais disponível em catálogo, mas disponível pelo telefone da S&S.)
Shut the box. (Listado nos catálogos da Nasco e da S&S.)
Tens and Twenties. (Às vezes aparece nos catálogos da Nasco e da Didax.)
Tri-Ominos. (Listado nos catálogos da Nasco e da ETA/Cuisinaire.)
24 Games. (Listado nos catálogos da Nasco e da ETA/Cuisinaire.)

EMPRESAS COM CATÁLOGOS DISPONÍVEIS PELO CORREIO E/OU SITES

Didax, 800-458-0024, www.didaxinc.com
ETA/Cuisinaire, 800-445-5985, www.etacuisinaire.com
Hearth Song, 800-325-2502, www.hearthsong.com
Nasco, 800-558-9595, info@eNASCO.com, modesto@eNASCO.com
S&S, 800-243-9232, www.ssww.com
Toys to Grow On, 800-542-8338, www.ttgo.com

Referências

Abbott, B., Faren, C., Gillham, M., Jenkins, M., Keith, A., North, M., & Pressentin, S. (1998). *CGI mathematics: Classroom action research, 1997-98*. Madison, WI: Madison Metropolitan School District.

Adjei, K. (1977). Influence of specific maternal occupation and behavior on Piagetian cognitive development. In: P. R. Dasen (Ed.), *Piagetian psychology: Cross-cultural contributions* (p. 227-256). New York: Gardner Press.

Ashlock, R. B. (1986). *Error patterns in computation*. Columbus, OH: Merril. (Primeiras edições publicadas em 1972, 1976 e 1982.)

Bovet, M. (1974). Cognitive processes among illiterate children and adults. In: J. W. Berry & P. R. Dasen (Eds.), *Culture and cognition: Readings in cross-cultural psychology* (p. 311-334). London: Methuen.

Brown, J. S., & Burton, R. R. (1978). Diagnostic models for procedural bugs in basic mathematical skills. *Cognitive Science, 2,* 155-192.

Carpenter, T. P., Ansel, E., Franke, M. L., Fennema, E. & Weisbeck, L. (1993). Models of problem solving: A study of kindergarten children's problem-solving processes. *Journal for Research in Mathematics Education, 24*(5), 428-441.

Carpenter, T. P., Fennema, E., Franke, M. L., Levi, L. & Empson, S. B. (1999). *Children's mathematics: Cognitively Guided Instruction*, Portsmouth, NH: Heinemann.

Carraher, T. N., Carraher, D. W. & Schliemann, A. D. (1985). Mathematics in the streets and in schools. *British Journal of Developmental Psychology, 3,* 21-29.

Carraher, T. N., & Schliemann, A. D. (1985). Computation routines prescribed by schools: Help or hindrance? *Journal for Research in Mathematics Education, 16,* 211-215.

Cauley, K. M. (1988). Construction of logical knowledge: Study of borrowing in subtraction. *Journal of Educational Psychology, 80,* 202-205.

Clark, F. B., & Kamii, C. (1996). Identification of multiplicative thinking in children in grades 1-5. *Journal for Research in Mathematics Education, 27*, 41-51.

Dasen, P. R. (1974). The influence of ecology, culture and European contact on cognitive development in Australian Aborigines. In J. W. Berry & P. R. Dasen (Eds.), *Culture and cognition: Readings in cross-cultural psychology* (p. 381-408). London: Methuen.

De Lemos, M. M. (1969). The development of conservation in Aboriginal children. *International Journal of Psychology, 4*(4), 255-269.

Doise, W., & Mugny, G. (1984). *The social development of the intellect.* New York: Pergamon. (Originalmente publicado em 1981.)

Economopoulos, K. & Russell, S. J. (1998). *Putting together and taking apart: Addition and subtraction* (Part of Investigations in Number, Data, and Space). White Plains, NY: Dale Seymour.

Empson, S. B. (1995). Using sharing situations to help children learn fractions. *Teaching Children Mathematics, 2*, 110-114.

Fosnot, C. T. & Dolk, M. (2001). *Young mathematicians at work: Constructing number sense, addition, and subtraction.* Portsmouth, NH: Heinemann.

Furth, H. G. (1966). *Thinking without language.* New York: Free Press.

Ginsburg, H. P. & Opper, S. (1988). *Piaget's theory of intellectual development* (3. ed.). Englewood Cliffs, NJ: Prentice-Hall.

Hatwell, Y. (1966). *Privation sensorielle et intelligence.* Paris: Presses Universitaires de France.

Hiebert, J., Carpenter, T. P., Fennema, E., Fuson, K. C., Wearne, D., Murray, H., Olivier, A. & Human, P. (1977). *Making sense: Teaching and learning mathematics with understanding.* Portsmouth, NH: Heinemann.

Hyde, D. M. G. (1959). *An investigation of Piaget's theories of the development of the concept of number.* Tese de doutorado não-publicada, University of London.

Inhelder, B. (1968). *The diagnosis of reasoning in the mentally retarded.* New York: John Day. (Originalmente publicado em 1943.)

Inhelder, B., & Piaget, J. (1964). *Early growth of logic in the child.* New York: Harper & Row. (Originalmente publicado em 1959.)

Inhelder, B., Sinclair, H. & Bovet, M. (1974). *Learning and the development of cognition.* Cambridge, MA: Harvard University Press.

Jones, D. A. (1975). Don't just mark the answer – have a look at the method! *Mathematics in School, 4* (3), 29-31.

Kamii, C. (1985). *Young children reinvent arithmetic.* New York: Teachers College Press.

Kamii, C. (1989a). *Double-column addition: A teacher uses Piaget's theory* [videoteipe]. New York: Teachers College Press.

Kamii, C. (1989b). *Young children continue to reinvent arithmetic, 2nd grade.* New York: Teachers College Press.

Kamii, C. (1994). *Young children continue to reinvent arithmetic, 3rd grade.* New York: Teachers College Press.

Kamii, C. (2000). *Young children reinvent arithmetic* (2. ed.). New York: Teachers College Press. (Traduzido pela Artmed: *Crianças pequenas reinventam a aritmética*. 2. ed. Porto Alegre, 2002.)

Kamii, C. & Clark, F. B. (2000). *First graders dividing 62 by 5* [videoteipe]. New York: Teachers College Press.

Kamii, C. & DeVries, R. (1993). *Physical knowledge in preschool education*. Englewood Cliffs, NJ: Prentice-Hall. (Originalmente publicado em 1978.) (Traduzido pela Artmed: *O conhecimento físico na educação pré-escolar: implicações da Teoria de Piaget*. Porto Alegre, 1986.)

Kamii, C., Lewis, B. A. & Kirkland, L. D. (2001). Fluency in subtraction compared with addition. *Journal of Mathematical Behavior, 20*, 33-42.

Kamii, M. (Maio de 1980). *Place value: Children's efforts to find a correspondence between digits and numbers of objects*. Ensaio apresentado no décimo simpósio anual da Jean Piaget Society, Philadelphia.

Kamii, M. (1982). Children's graphic representation of numerical concepts: A developmental study (Tese de Doutorado, Harvard University, 1982). *Dissertation Abstracts International, 43*, 1478A.

Kato, Y., Kamii, C., Ozaki, K. & Nagahiro, M. (2002). Young children's representations of groups of objects: The relationship between abstraction and representation. *Journal for Research in Mathematics Education, 33*, 31-45.

Kohlberg, L. (1968). Early education: A cognitive developmental view. *Child development, 39*, 1013-1062.

Kouba, V. L., Brown, C. A., Carpenter, T. P., Lindquist, M. M., Silver, E. A. & Swafford, J. O. (1988). Results of the fourth NAEP assessment of mathematics: Number, operation, and word problems. *Arithmetic Teacher, 35*(8), 14-19.

Kuhn, T. S. (1970). *The structure of scientific revolutions*. Chicago: University of Chicago Press.

Labinowicz, E. (1985). *Learning from children: New beginnings for teaching numerical thinking*. Menlo Park, CA: Addison-Wesley.

Laurendeau-Bendavid, M. (1977). Culture, schooling, and cognitive development: A comparative study of children in French Canada and Rwanda. In: P. R. Dasen (Ed.), *Piagetian psychology: Cross-cultural contributions* (p. 123-168). New York: Gardner Press.

Lindquist, M. M., Carpenter, T. P., Silver, E. A. & Matthews, W. (1983). The third national mathematics assessment: Results and implications for elementary and middle schools. *Arithmetic Teacher, 31*(4), 14-19.

Locke, J. (1974). *Essay concerning human understanding*. Oxford: Oxford University Press. (Originalmente publicado em 1690.)

Ma, L. (1999). *Knowing and teaching elementary mathematics*. Mahwah, NJ: Erlbaum.

Madell, R. (1985). Children's natural processes. *Arithmetic Teacher, 32*(7), 20-22.

McNeal, B. (1995). Learning not to think in a textbook-based mathematics class. *Journal of Mathematical Behavior, 14*, 205-234.

Mohseni, N. (1966). *La comparaison des reactions aux epreuves d'intelligence en Iran et en Europe*. Tese não-publicada, University of Paris.

Narode, R., Board, J. & Davenport, L. (1993). Algorithms supplant understanding: Case studies of primary student's strategies for double-digit addition and subtraction. In J. R. Becker & B. Pence (Eds.), *Proceedings of the 15th Annual Meeting, North American Chapter of the International Group for the Psychology of Mathematics Education, I*, 154-260.

National Council of Teachers of Mathematics. (2000). *Principles and standards for school mathematics*. Reston, VA: Author.

Opper, S. (1977). Concept development in Thai urban and rural children. In: P. R. Dasen (Ed.), *Piagetian psychology: Cross-cultural contributions* (p. 89-122). New York: Gardner Press.

Pack, S. (1997). Agreement against algorithms. *Teaching Children Mathematics, 3*, 469.

Parker, R. (1993). *Mathematical power*. Portsmouth, NH: Heinemann.

Perret-Clemont, A.-N. (1980). *Social interaction and cognitive development in children*. New York: Academic Press. (Originalmente publicado em 1979.)

Piaget, J. (1951). *Play, dreams, and imitation in childhood*. New York: Norton. (Originalmente publicado em 1945.)

Piaget, J. (1965). *The moral judgment of the child*. New York: Free Press. (Originalmente publicado em 1932.)

Piaget, J. (1966). Need and significance cross-cultural studies in genetic psychology. *International Journal of Psychology, 1*(1), 3-13.

Piaget, J. (1971). *Biology and knowledge*. Chicago: University of Chicago Press. (Originalmente publicada em 1967.)

Piaget, J. (1973). *To understand is to invent*. New York: Grossman. (Originalmente publicado em 1948.)

Piaget, J. (1978). *Recherches sur la généralisation*. Paris: Presses Universitaires de France.

Piaget, J. (1980a). *Experiments in contradiction*. Chicago: University of Chicago Press. (Originalmente publicado em 1974.)

Piaget, J. (1980b). Foreword. In: C. Kamii & R. DeVries, *Group games in early education* (p. vii). Washington, DC: National Association for the Education of Young Children. (Traduzido pela Artmed: *Jogos em grupo: implicações da Teoria de Piaget*. Porto Alegre, 1991.)

Piaget, J. (1987). *Possibility and necessity*. Minneapolis: University of Minnesota Press. (Originalmente publicado em 1983.)

Piaget, J. & Garcia, R. (1989). *Psychogenesis and the history of science*. New York: Columbia University Press. (Originalmente publicado em 1983.)

Piaget, J. & Inhelder, B. (1973). *Memory and intelligence*. New York: Basic Books. (Originalmente publicado em 1968.)

Piaget, J. & Szeminska, A. (1965). *The child's conception of number.* New York: Norton. (Originalmente publicado em 1941.)

Plunkett, S. (1979). Decomposition and all that rot. *Mathematics in School, 8*(3), 2-7.

Price-Williams, D. R. (1961). A study concerning concepts of conservation of quantities among primitive children. *Acta Psychologica, 18,* 297-305.

Resnick, L. B. (1982). Syntax and semantics in learning to subtract. In: T. P. Capenter, J. M. Moser & T. A. Romberg (Eds.), *Addition and subtraction: A cognitive perspective* (p. 136-155). Hillsdale, NJ: Erlbaum.

Resnick, L. B. (1983). A developmental theory of number understanding. In: H. P. Ginsburg (Ed.), *The development of mathematical thinking* (p. 110-151). New York: Academic Press.

Richardson, K. (Abril de 1996). *Simple tasks-complex thinking: Providing appropriate mathematical experiences for children.* Conferência ministrada na Reunião Anual do Conselho Nacional de Professores de Matemática, San Diego.

Richardson, K. (1999). *Developing number concepts (book 3): Place value, multiplication, and division.* White Plains, NY: Dale Seymour.

Ross, S. (Abril de 1986). *The development of children's place value numeration concepts in grades two through five.* Ensaio apresentado na Reunião Anual da American Educational Research Association, San Francisco. (ERIC Document Reproduction Service No. ED 273 482)

Shifter, D., Bastable, V. & Russell, S. J. (1999). *Developing mathematical ideas: Number and operations, Part 1. Building system of tens.* Parsippany, NJ: Dale Seymour.

Steffe, L. (1988). Children's construction of number sequences and multiplying schemes. In: J. Hiebert & M. Behr (Eds.), *Number concepts and operations in the middle grades* (Vol. 2, p. 119-140). Reston, VA: National Council of Teachers of Mathematics.

Steffe, L. (1992). Schemes of action and operation involving composite units. *Learning and Individual Differences, 4,* 259-309.

Taylor, F. S. (1949). *A short history of science and scientific thought.* New York: Norton.

Trafton, P. R. & Thiessen, D. (1999). *Learning through problems: Number sense and computational strategies.* Portsmouth, NH: Heinemann.

Wakefield, A. P. (1998). *Early childhood number games.* Boston: Allyn and Bacon.

Yackel, E., Cobb, P., Wood, T., Wheatley, G., & Merkel, G. (1990). The importance of social interaction in children's construction of mathematical knowledge. In: T. J. Cooney & C. R. Hirsch (Eds.), *Teaching and learning mathematics in the 1990s: 1990 yearbook* (p. 12-21). Reston: VA: National Council of Teachers of Mathematics.

Índice

A

Abbot, B., 95-96
Abstração, 23-27
  construtiva, 24-27
  empírica, 24-26
  "reflexiva", 24-25
Adição
  de dois algarismos, 63-64, 79, 87, 163-164, 168-169, 182-187
  de quatro algarismos, 61-62
  de um só algarismo, 61-62, 87, 181-182
  de vários dígitos, 62-65, 171-172, 176-177, 181-185
  e atividades para a segunda série, 79, 87-88, 91-92, 95-96
  e avaliação, 168-169, 171-172, 176-183, 186
  e objetivos para a segunda série, 61-62, 67-68, 75-76
  e subtração, 69-71, 73-76, 141-153
  fluência na, 69-70
  jogos que envolvem, 112-113, 140-141, 153
  na terceira série, 187
  repetida, 64-68, 95-96, 126-127, 130, 176-177
  somando rótulos de sopa, 101-103

Ver também Algoritmos
Adjei, K., 18
Álgebra, 61-62
Algoritmos
  como um impedimento para o pensamento, 187
  e autonomia, 58
  e avaliação, 186
  e princípios de ensino, 82
  e valor posicional, 21-22, 29-30, 40
Allowance Game, 140, 163-164
Almoço, fazendo um pedido de, 97-99, 159-160
Alunos de quatro anos, 16-17, 25-26
Ansell, E., 68-70
Argumento compensatório, 14-15
Argumento da identidade, 14-15
Aritmética
  mental, 174-177, 181-187
  significado de, 61-62
Aritmetização lógica da realidade, 80, 95-96
Arremesso de argolas, 135-136
Arremessos, jogos que envolvem, 135-137
Atividades
  iniciadas pelo professor, 79-96
  planejadas pelo professor, 103-104, 108-109
  tipos de, 79

Atividades culinárias, 104-106
Autonomia
  como meta da educação, 49-50, 53-54, 59-60, 99-100, 111-112
  definição e desenvolvimento da, 53-57
  e a reforma educacional, 187
  e atividades para a segunda série, 95-96
  e avaliação, 168-170
  e jogos, 111-113, 156, 160-161
  e o uso das situações do cotidiano, 99-100
  e o uso de situações fortuitas, 102-103
  intelectual, 56-58
  moral, 54-58
Avaliação
  de crianças, individualmente, 180-187
  e adição, 168-169, 171-172, 176-183, 186
  e autonomia, 168-170
  e conhecimento lógico-matemático, 171, 187
  e construtivismo, 168-169, 187
  e divisão, 176-177, 180-181
  e multiplicação, 180-185
  e problemas com enunciado, 168-169, 176-177, 180-181
  e segunda série, 163-164, 187
  e subtração, 178-187
  programa, 167-181

B

Banheiro, registro do tempo necessário para ir ao, 99-100
Basquete, 133-135
"Batalhas matemáticas", 19-20
Behaviorismo, 55-56
Blackjack, 120
Board, J., 40
Borboleta (jogo), 120
Bovet, M., 14-15, 17
Brown, C. A., 175-179

C

Cálculo mental, 174-177, 181-187
Calendário, mudança, 99-101
Campbell Soup Company, 101-102
Carpenter, T. P., 68-70, 175-179
Carraher, D. W., 40
Carraher, T. N., 40
Cauley, K. M., 21-27
Causalidade, 12-13
Cento e cinqüenta, exatamente (jogo), 148-149
Centro de mídia, 99-101
Chamada diária, 159-160
Chamada, fazendo a, 97-99
Chegando a 10 com dois números (jogos), 112-115
Chegando a 10 com quatro números (jogos), 115
Chegando a 20 com dois ou mais números (jogos), 118-119
Cinco em linha (jogo), 121, 123
Clark, F. B., 64-69
Coin Dice (jogo), 140-141
Com licença! (jogo), 146-147
Comprimento, conservação do, 42, 45-46, 48-50
  desiguais, 45-46
  iguais, 44-45
Conhecimento
  a natureza do conhecimento lógico-matemático, 13-18
  fontes de, 13-15
  inato, 12-13
  tipos de, 12-15
Conhecimento físico
  características da, 13-14
  e abstração, 24-26
  e conservação dos números, 14-15
  e valor posicional, 24-26
  fonte de, 13-14, 25-26
  jogos que envolvem o, 112-113, 133-139
Conhecimento lógico-matemático
  de dezenas e unidades, 26-30
  e abstração, 24-26
  e autonomia, 57-58
  e avaliação, 167-168, 171, 187
  e conservação dos números, 14-15, 17
  e construtivismo, 13-14
  e inclusão hierárquica, 15-17
  e interação social, 41-42, 49-50
  e jogos, 112-113
  e objetivos da segunda série, 61-68
  e princípios de ensino, 81

e representação, 25-26
e valor posicional, 24-29
fonte de, 13-15, 41-42
natureza do, 12-18
universalidade do, 17-18
Conhecimento socioconvencional
características do, 13-14
e a teoria da representação, 25-26
e avaliação, 167-171
e conservação, 17
e o valor posicional, 25-26, 28-30
e objetivos para a segunda série, 64-65
e princípios de ensino, 81-82
fonte de, 13-14, 25-26
Conservação
de comprimento, 42-46, 48-50
e a universalidade do conhecimento lógico-matemático, 18
e construtivismo, 11-12
e interação social, 42-46, 48-50
e objetivos para a segunda série, 63-64
e razões para conservar e não conservar, 17
Construtivismo
defensores do, 20
e a importância da teoria científica, 19-20
e a interação social, 45-47
e a subtração, 69-73
e autonomia, 57-60
e avaliação, 168-169, 187
e exemplos do cotidiano e de outras atividades, 97-98
e o valor posicional, 29-30, 40
e os objetivos para a segunda série, 61-66
e os princípios de ensino, 80
e problemas com enunciado, 80
na história da epistemologia, 11-13
Contexto social e autonomia, 58
Crianças
avaliação individual das, 180-187
como supervisoras dos colegas, 156
de baixa condição econômica, 37-40
estímulo às, 81-85
intercâmbio dos adultos com as, 42-47
intercâmbio entre as, 46-50, 57-58, 69-70, 80, 82, 84, 174-175
Cubra 28-29 (jogo), 28-29, 132-134
Cubra os dobros (jogo), 131-133

D

Dasen, P. R., 18
Davenport, L., 40
De Lemos, M. M., 18
DeClark, Georgia, 18
Democracia, 59
Descartes, René, 12-13
Descentralização, 160-161
Desenvolvimento sociomoral, 112-113
DeVries, R., 108-109, 133-134
Dez com nove cartas (jogo), 112-113
Dezenas
conhecimento lógico-matemático das, 26-30
e a subtração, 73-74
e atividades para a segunda série, 85, 106-108
e o valor posicional, 26-30, 38-40
e objetivos para a segunda série, 61-65
Diários, de matemática, 164-165
Dinheiro, 67-69, 97-99, 112-113, 139-140
Discussões
e a metamorfose de Linda Joseph, 160-164
iniciadas pelo professor, 79-96
que envolvem toda a turma, 79, 85-96, 155-156, 160-164
sobre problemas de cálculos e de histórias, 79-96
Discussões para a turma inteira, 79, 85-96, 155-156, 160-164
Divisão, 67-70, 81, 96, 163-164, 176-177, 180-181
Dois, como número perceptivo, 13-14
Doise, W., 41-42, 49-50
Dominique (jogo), 125-126, 163-164
Dominós, 139, 163-164
Double Parcheesi (jogo), 130-131, 161-162
Duas a quatro cartas, 146-147
Duvido (jogo), 126-129

E

Educação intelectual, 59
Educação moral, 59
Educação, meta da, 49-50, 53-54, 59-60, 99-100, 111-112
Empirismo, 11-18, 20, 25-26, 59-60, 187

Empréstimo
  e a universalidade do conhecimento lógico-matemático, 18
  e atividades para segunda série, 95-96
  e objetivos para a segunda série, 61-62, 75-76
  e valor posicional, 20-24, 29-31, 37-38
Empson, S. B., 68-70
Encontre 18 (jogo), 112-113
Ensino
  do valor posicional, 63-65
  por convite, 164-165
  princípios de, 79-85
Epistemologia, o construtivismo de Piaget na história da, 11-13
Escola de educação infantil, 26-27, 58, 64-68
Escolha (jogo), 128-130
Escolha dupla, 130
Esconderijo (jogo), 130-133
Escores, nos jogos, 112-113, 155-156
Escrita
  e a metamorfose de Linda Joseph, 162-163
  e atividades para a segunda série, 95-96
  e avaliação, 180-181
  e princípios de ensino, 80, 82-85
  pensamento em vez da, 80, 82-85, 180-181
Estimativa, 104-108, 168-169, 174-177, 186
Exemplos
  de aulas de matemática, 89, 95-96
  do cotidiano e de outras atividades, 97-98, 108-109

F

Fazer ter sentido, 81, 84, 169-170
Feche a caixa (jogo), 116-118, 163-164
Fennema, E., 68-70
Flinch (jogo), 112-113
Fluência, 62, 69-70, 156
Formas de adição e subtração, 141-143
Frações, 68-70, 167-168
Franke, M. L., 68-70
Fudge (jogo), 111-112
Furth, H. G., 18

G

Gangorras (jogo), 139
Garcia, R., 49-50
Geometria, 61-62
Ginsburg, H. P., 17
Go fish, 115
Golfe, 133-137
Grupos de alunos de baixa renda, 37-40
Grupos pequenos, trabalho com, 164-165

H

Hall-Kent School, e avaliação, 167-170, 187
Hasbro, 112-113
Hatwell, Y., 18
Heteronomia, 53-60, 187
Hóquei, 136-137
Horas, identificando as, 99-100
Hume, David, 11-12
Hyde, D. M. G., 17

I

Inclusão hierárquica, 14-17, 25-29, 64-65
Indivíduos
  avaliação de, 180-187
  diferença entre, 61-62, 95-96
  entrevistas para a avaliação de, 168-172, 174-176
Inhelder, B., 13-18, 72-73
Instrução guiada cognitivamente (Carpenter et al.), 68-70
Interação social
  e a conservação do comprimento, 42-46, 48-50
  e atividades para a segunda série, 108-109
  e o conhecimento lógico-matemático, 41-42, 49-50
  e o construtivismo, 45-47
  importância da, 41-42, 49-50
  Ver também Intercâmbio
Intercâmbio
  adulto-criança, 42-47, 55-56
  e a metamorfose de Linda Joseph, 161-162

e atividades de segunda série, 80-82, 84, 88-89
e avaliação, 174-175
e objetivos da segunda série, 69-70
e princípios de ensino, 80, 82, 84
entre as crianças, 46-50, 57-58, 69-70, 80, 82, 84, 174-175
estímulo de pontos de vista, 81
Ver também Interação social; discussões para a turma inteira
Intercâmbio adulto-criança, 42-47, 55-56
Irmãos Parker, 112-113

J

Jogo da fileira, 145-146
Jogo da Velha, 118-119
Jogo de dardos, 135-137
Jogo do arremesso, 135
Jogo do zero, 145-146
Jogos
 adição, 112-113, 140-153
 arremessos, 135-137
 com bastões, 136-137
 com dinheiro, 112-113, 139-140
 como um tipo de atividade, 79
 dados, 112-113, 130-134
 de subtração, 70-71, 73, 141-153
 disponíveis comercialmente, 189-190
 e a metamorfose de Linda Joseph, 159-165
 e autonomia, 59, 111-113, 156, 160-161
 e certificação de que peças não foram perdidas, 100-101
 e conhecimento físico, 112-113, 133-134, 139
 e conhecimento lógico-matemático, 112-113
 e fluência, 156
 e objetivos da segunda série, 67-68
 escore nos, 112-113, 155-156
 funções/propostas dos, 156
 na primeira série, 161-162
 para toda a turma, 154-156
 problemas com os, 112-113, 155
 prosposta/ função dos, 111-113
 Ver também os jogos em particular

Jogos com bastões, 136-137
Jogos de carta, 112-113, 141-148.
 Ver também cada jogo individualmente
Jogos de dado, 112-113, 130-134
Jogos de dominós pares, 123-125, 163-164
Jogos de tabuleiro, 130-134, 148-154
Jogos para a turma inteira, 154-156
Jones, D. A., 40
Joseph, Linda, 20, 133-134, 139
 a metamorfose de, 159-160, 164-165
 e a discussão de problemas de cálculo e de histórias, 85-96
 e o uso de situações do cotidiano e outras atividades, 97-98, 108-109

K

Kamii, C., 18, 26-27, 30-31, 39-40, 49-50, 56-57, 61-70, 72-74, 82, 89, 108-109, 111-112, 130, 133-134, 159-163
Kamii, Mieko, 21-22
Kant, Immanuel, 12-13
Kato, Y., 26-27
King, Martin Luther, 54
Kirkland, L. D., 69-73
Knock-out (jogo), 111-112
Kohlberg, L., 18
Kouba, V. L., 175-179
Kuhn, T. S., 20, 49-50

L

Labinowicz, E., 63, 174-175
Laurendeau-Bendavid, M., 18
Lewis, B. A., 69-70, 72-73
Lindquist, M. M., 175-179
Livros, atraso na entrega de, 100-101
Livros-textos, 67-70, 79, 87, 160-161, 164-165, 168-169
Locke, John, 11
Lógica, 17, 179-181

M

M&Ms, 81, 104-108
Ma, L., 87
Madell, R., 82, 161-162

Matemática, significado, 61-62
Material Dourado, 25-27
Matthews, W., 176-177
Max 30 (jogo), 123-124, 155
McNeal, B., 40
Medida, 108-109
Memória de dez (jogo), 112-114
Mohseni, N., 17
Mugny, G., 41-42, 49-50
Multas, por entrega de livros com atraso, 100-101
Multiplicação
   e a metamorfose de Linda Joseph, 162-163
   e avaliação, 180-185
   e objetivos para segunda série, 64-68, 75-76
   e valor posicional, 27-28
   implícita ou explícita, 27-28

N

Nagahiro, M., 26-27
Narode, R., 40
National Assessment of Education Progress (NAEP), 175-179
National Council of Teachers of Mathematics, 18-19, 49-50, 69-70
Necessidade lógica, 14-17
Números
   amigáveis, 81
   desalinhados, 168-169, 173-176, 186
   e a síntese da inclusão hierárquica e ordem, 14-18
   perceptivos, 13-14

O

O mais próximo de 10 (jogo), 142-144
O problema da colméia, 92-96
Old maid (jogo), 114
Opper, S., 17-18
Ordem, numérica, 14-17, 25-26
Ozaki, K., 26-27

P

Pack, S., 40
Pára-quedas, a física dos, 104-105, 108-109
Parker, R., 40
Pegue dez (jogo), 115-116
Pensamento
   aditivo, 64-68
   algoritmos como impedimento para o, 187
   e a metamorfose de Linda Joseph, 159-165
   e atividades para a segunda série, 95-96
   e avaliações, 167-168, 180-181
   e escrita, 80, 82-85, 180-181
   e princípios de ensino, 80, 82-85
   estimulando o, 80, 82-85
   multiplicativo, 64-68
Perret-Clermont, A.-N., 49-50
Piaget, J., 11-12, 17-18, 49-50, 54, 58
   a teoria da representação de, 23-27
   com Inhelder, 13-14, 16-17, 72-73
   e a interação social, 41-42, 49-50
   e a teoria da abstração, 23-26
   e aritmetização lógica da realidade, 80
   e autonomia, 53-54, 59-60
   e avaliação, 167-168, 187
   e conservação dos números, 14-17
   e descentralização, 160-161
   e Garcia, 49-50
   e inclusão hierárquica e ordem, 14-17
   e objetivos para a segunda série, 64-65, 69-70, 72-73
   e Szeminska, 14-15
   e tipos de conhecimento, 12-15
   e valor posicional, 23-26
   Ver também Construtivismo
Pizza, 102-103
Plunkett, S., 40
Pool, 133-137
Price-Williams, D. R., 17
Primeira série
   e adição, 62
   e autonomia, 56-58
   e divisão, 68-69
   e multiplicação, 64-65
   e valor posicional, 21-22, 26-27, 34-39
   jogos na, 161-162
   subtração na, 69-70, 72-73, 162-163
Princípios e padrões para a matemática escolar (National Council of Teachers of Mathematics), 18-19, 69-70
Problema do picolé, 67-70, 79, 101-102

Problemas
  com colunas desiguais, 87
  com muitos números, 87-89
  de duas etapas, 67-68
  forma horizontal vs. forma vertical, 84
  maneiras diferentes de resolver, 80, 81-82
  no quadro-negro, 162-163
  Ver também tipo de problema
Problemas com enunciado
  e atividades para a segunda série, 95-96
  e avaliação, 168-169, 176-177, 180-181
  e construtivismo, 80
  e multiplicação, 65-68
  e objetivos para a segunda série, 65-68, 75-76
  e princípios de ensino, 80, 85
  e situações da vida real, 80
  na terceira série, 176-177
Problemas com histórias (enunciado)
  discussões sobre, 79, 96
  e a metamorfose de Linda Joseph, 162-164
  e atividades para a segunda série, 89-91
  e avaliação, 168-169
  exemplos de, 89, 95-96
  iniciados pelo professor, 79-96
Problemas de cálculo
  discussões sobre, 79-96
  e atividades para a segunda série, 90-91
  e avaliação, 171-172, 181-187
  e multiplicação, 65-68
  e objetivos para a segunda série, 65-68
  e princípios de ensino, 80
  exemplos de, 89, 95-96
  iniciados pelo professor, 79-96
Problemas de colunas desiguais, 87
Problemas de dois passos, 67-68
Professor
  atividades planejadas pelo, 103-109
  e autonomia, 59
  e discussões sobre problemas de cálculo com enunciado, 79-96
  e o uso de situações do cotidiano, 97-98
  e objetivos para a segunda série, 69-70
  papel do, 160-163, 187
  poder do, 59
Punições, 54-57

Q

Quadro-negro, resolvendo problemas no, 162-163
Qual é a regra?, 154-155
Quarta série
  e autonomia, 57
  e subtração, 61-62, 69-70, 72-74
  e valor posicional, 21-27, 30-35
Quatro em linha (jogo), 111-112, 120-123, 149, 163-164
Quinta série, 22, 26-27, 61-62, 73-74
Quinze (jogo), 117-118, 161-162

R

Raciocínio, 64-68
  aditivo, 64-68
  espacial, 61-62
  multiplicativo, 64-68
  numérico, *ver* Aritmética
Racionalismo, 11-13
Reagrupamento, 163-164, 171-176, 181-182, 186-187
Realidade, aritmetização lógica da, 80, 95-96
Recompensas, 55-57
Rede de relações numéricas, 62-63, 82, 181-182
Reforço, 56-57, 80-81, 187
Reforma educacional, 53-54, 59-60, 187
Reinvenção da aritmética, razões para a defesa da, 11-12, 20
Representação e valor posicional, 23-27
Resnick, L. B., 21-22
Responsabilidade final, 20, 53-54, 187
Respostas "certas"
  e a metamorfose de Joseph, 160-165
  e atividades para a segunda série, 88
  e autonomia, 57-58
  e avaliação, 167-168, 171-172, 175-176
  e os objetivos para a segunda série, 57-58, 61-62
  e os princípios de ensino, 83
  reforço das, 57, 80-81
Respostas corretas, *Ver* Respostas certas
Respostas erradas, 81, 83, 160-161.
  Ver também Respostas "certas"

Reversibilidade, 14-17
Richardson, K., 40
Roleta, 136-137
Rook (jogo), 112-113, 142-143
Rosquinhas, 105-106
Ross, Sharon, 21-29, 63-64, 106-108
Rótulos de sopa, somando, 101-103

S

Salve! (jogo), 141
Sanduíches, 104-105
Schliemann, A. D., 40
Segunda série
  atividades para a, 79-96
  e a importância da teoria científica, 19
  e a universalidade do conhecimento lógico-matemático, 18
  e autonomia, 59
  e avaliação, 167-168, 187
  e princípios de ensino, 80-85
  e problemas de colunas desiguais, 87
  e valor posicional, 22-24, 26-33, 37-40
  objetivos para a matemática da, 61-62, 75-76
Sempre 20 (jogo), 142-144
Senso comum, 11-12
Shoot the Moon (jogo), 136-139
Silver, E. A., 175-179
Sinclair, H., 14-15
Situações da vida real
  e princípios de ensino, 80
  e problemas de enunciado, 80
  uso das, 97-98, 108-109
Situações fortuitas, 102-104
Somar (jogos)
  até 12 com dois ou mais números, 116-118
  até 15 com dois ou mais números, 117-119
  até 21 com dois ou mais números, 120
  até 30, 120-124
  superiores a 38-39, 123-127
Spinner Game (jogo), 136-138, 163-164
Stanford Achievement Test (SAT), 168-172, 175-181, 187
Steffe, L., 64-65
Subtração
  como desenvolvimento secundário depois da adição, 69-70
  de dois algarismos, 73-76, 163-164, 181-185
  de um só algarismo, 72-74, 181-182
  e a metamorfose de Linda Joseph, 162
  e adição, 70-76, 141-153
  e atividades para a segunda série, 91
  e avaliação, 178-179, 181-187
  e objetivos para a segunda série, 61-65, 69-70, 75-76
  fluência na, 62, 69-70, 73-74
  jogos que envolvem, 141-153
  na primeira série, 162-163
  Ver também Algoritmos
Suprimentos, pagando por, 100-102
Swafford, J. L., 175-179
Szeminska, A., 14-15

T

Tabuleiro de cem casas, 148-149, 163-164
Tarefa de conservação de número, 14-17, 24-27
Tarefa de inclusão de turma, 16-17
Taylor, F. S., 19
Tênis (calçado), 102-104
Tens and twenties (jogo), 119
Teoria
  explicação científica, 18-20
  revolucionária, 20
  transmissão e internalização, 45-46
  Ver também as teorias em separado
Teoria da transmissão e internacionalização, 45-46
Teoria explicativa científica, importância da, 18-20
Teoria heliocêntrica, 19-20, 56-57
Terceira série
  adição na, 187
  e avaliação, 175-179
  e o valor posicional, 22-24, 26-27, 30-40, 187
  escrita na, 95-96
  problemas de enunciado na, 176-177
Testes
  e a metamorfose de Linda Joseph, 161-162
  e autonomia, 53-54, 57-58
  e valor posicional, 40
  individuais, 161-162

na segunda série, 19
padronizados, 167-168, 187
Ver também Testes de aquisição de conhecimento; Avaliação
Testes de aquisição de conhecimento, 19, 167-168, 180-181, 187
Tic-Tac-15 (jogo), 99-100, 117-119, 154
Tire 18 (jogo), 112-114
Toque-toque (jogo), 125
Transporte
  e atividades para a segunda série, 95-96
  e avaliação, 171-172
  e objetivos para a segunda série, 61-62, 75-76
  e universalidade do conhecimento lógico-matemático, 18
  e valor posicional, 20-22, 29-31, 38-40
Três em linha (jogo), 149-150
Tribulações, 152-154
Tri-ominos (jogo), 126-127

U

Unidades
  conhecimento lógico-matemático das, 26-30
  e atividades para a segunda série, 85
  e objetivos para a segunda série, 62-65
  e valor posicional, 26-32, 38-39

V

Vá ao 18 (jogo), 112-115
Valor posicional
  aprendizagem do, 23-24, 29-30
  definição de, 21-22
  desaprendendo o, 29-30, 40
  e a tarefa de conservação, 26-27
  e abstração, 23-27
  e algoritmos, 21-22, 29-30, 40
  e autonomia, 56-57
  e avaliação, 168-172, 186
  "ensinando", 63-65
  e objetivos para a segunda série, 63-65, 75-76
  e princípios de ensino, 80, 82, 84
  e representação, 23-27
  na terceira série, 187
  o conhecimento deficiente que as crianças têm do, 21-24
  visão geral do, 21-22, 39-40
Verdade
  como fenômeno social, 20, 49-50
  e o construtivismo de Piaget, 12-13
Vida cotidiana, uso de situações da, 79, 97-98, 108-109, 159-160
24 Game (jogo) 144-146
Vinte-vinte (jogo), 118-119
Volta ao mundo (jogo), 85-86, 99-100, 154, 163-164
Votação, 99-100, 160-161

W

Wakefield, A. P., 111-112
Watergate, 54, 55-57

Z

Ziguezague, 149-435